高等职业教育物流类专业精品系列教材
“互联网+”新形态教材

物流基础

陈　勇　侯志强◎主　编
李会杰　李咏梅　张洋洋　李梦艺　赵红良◎副主编
王海英◎主　审

中国轻工业出版社

图书在版编目（CIP）数据

物流基础 / 陈勇，侯志强主编. —北京：中国轻工业出版社，2022.6

高等职业教育物流类专业精品系列教材

“互联网+”新形态教材

ISBN 978-7-5184-3865-5

Ⅰ. ①物… Ⅱ. ①陈… ②侯… Ⅲ. ①物流—高等职业教育—教材 Ⅳ. ①F252

中国版本图书馆CIP数据核字（2021）第279480号

责任编辑：张文佳　韩　泽　　责任终审：李建华　　整体设计：锋尚设计
策划编辑：韩　泽　　责任校对：吴大朋　　责任监印：张　可

出版发行：中国轻工业出版社（北京东长安街6号，邮编：100740）
印　　刷：三河市国英印务有限公司
经　　销：各地新华书店
版　　次：2022年6月第1版第1次印刷
开　　本：787 × 1092　1/16　印张：16
字　　数：370千字
书　　号：ISBN 978-7-5184-3865-5　定价：48.00元
邮购电话：010-65241695
发行电话：010-85119835　传真：85113293
网　　址：http://www.chlip.com.cn
Email：club@chlip.com.cn
如发现图书残缺请与我社邮购联系调换
211262J2X101ZBW

前言

现代物流业迅猛发展，已经成为国民经济中的一个重要的新兴产业。在我国，物流作为经济活动的一个过程越来越显现出其重要性，物流的地位、功能都发生了深刻的变化，物流已成为企业提高市场竞争力和提升核心竞争力的重要手段。

本书共分4个学习模块11个学习项目。编写过程中在借鉴和吸收国内外物流管理的基本理论与近年来研究成果的基础上，密切结合我国物流业的发展和高职高专物流管理教学的实际，从介绍物流的基本概念、基本理论入手，结合当前物流业界的实践，以及近年来国内外物流管理领域中的最新技术和研究成果来编写本书内容。

教材内容的设置紧扣高职高专专业课程教学大纲要求，从职业岗位及岗位群对技能要求的实际出发，以“适用、实用”为度，通过教学与实践培养学生物流运作的认知能力、物流业务的操作能力、物流经营管理能力，提高学生独立进行业务操作、分析和解决问题的水平。教材理论性、实践性和适用性均较强，能满足当前我国高等院校物流管理专业的教育和企业物流管理人员的实践需要；教材将技能训练作为提升学生实践能力的重要板块，根据每个学习项目的实践技能需要，匹配以合理的技能实训科目，教师易组织、学生易上手，可以取得较好的教学效果。

本书适用于高职高专各类物流、交通运输、电子商务、工商企业管理、市场营销等专业的“物流管理”“物流工程”方向课程的教学用书，也适用于物资管理、流通管理等领域在职从业人员的职业培训用书和岗位培训的参考用书。

本书各部分的学时分配如下：

《物流基础》内容		理论知识板块课时	实践技能板块课时	总课时
模块一 物流认知	项目一　物流概述	4	2	6
模块二 物流功能	项目二　包装	4	2	6
	项目三　装卸搬运	2	2	4
	项目四　运输管理	4	4	8
	项目五　仓储	4	4	8
	项目六　流通加工	2	2	4
	项目七　配送	4	4	8
	项目八　物流信息	2	2	4
模块三 物流应用	项目九　企业物流	4	2	6
	项目十　物流企业	4	2	6
模块四 物流案例	项目十一　物流案例研究	4	4	8
总课时		38	30	68

本书由王海英担任主审，陈勇、侯志强担任主编，李会杰、李咏梅、张洋洋、李梦艺、赵红良担任副主编。具体编写人员及分工如下：陈勇编写了项目一，李咏梅编写了项目二、项目三，赵红良编写了项目四，李会杰编写了项目五、项目六，侯志强编写了项目七、项目八，张洋洋编写了项目九、项目十，李梦艺编写了项目十一。

由于物流管理的某些领域的理论和实际操作还正在探索之中，加上时间的紧迫及作者认识的局限性，书中难免存在不足之处，衷心希望读者予以指正，以利于进一步完善本书内容。同时，向对本书的编写给予热心支持与关心的同志表示衷心的感谢。

编者

目录

模块一

物流认知

项目一 物流概述

项目目标

【知识目标】

1. 了解物流产生与发展的过程
2. 掌握物流和物流管理的概念
3. 掌握物流的基本功能
4. 熟悉物流管理的内容

【能力目标】

1. 能认识并总结出物流对经济社会的作用
2. 能准确对物流进行分类
3. 能利用物流学说解读经济现象
4. 能对不同的物流管理岗位匹配出适合的职业能力

【素质目标】

1. 明确物流作业和物流管理的正确社会价值导向
2. 理解现阶段物流发展对物流从业人员的新要求
3. 形成遵守诚信守法、爱岗敬业、务实创新的职业规范
4. 能对不同的物流管理岗位创新出更适合的职业实践能力

思维导图

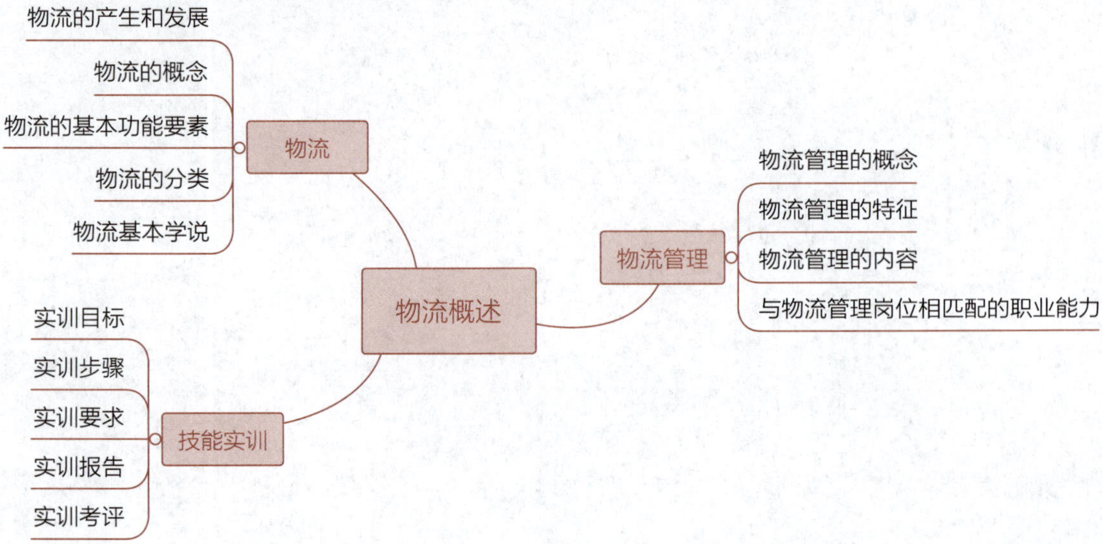

案例导入

2021“双十一”

天猫

截至2021年11月11日00:45，已有411个2020年成交额过百万元的中小品牌，2021年销售额突破千万元，更有40个2020年“双十一”成交额千万级的品牌，在2021年“双十一”成交额突破了1亿元大关。

从2021年11月1日到11日00:45，已有382个品牌在天猫“双十一”的成交额超过1亿元。其中，不仅有华为、鸿星尔克等一大批人气国货品牌，也有苹果、欧莱雅等国际品牌。百雀羚、回力这样的老字号，蕉内、添可等新品牌，跻身成交额过亿之列。

截至2021年11月12日00:00，天猫“双十一”总交易额定格在5403亿元。开售第一小时，超过2600个品牌成交额超过去年首日全天；截至11月11日23:00，698个中小品牌的成交额实现从百万级到千万级的跨越；78个去年“双十一”成交额千万级的品牌，今年“双十一”成交额突破了1亿元大关。

京东

2021年11月10日20:00，京东“双十一”率先开启打响2021年“双十一”最后一战。来自京东的统计数据显示，该平台家电成交额在20:05突破了20亿元。其中，华为智慧屏系列电视开售10分钟成交额超去年3倍，大屏冰箱成交额同比增长超4.5倍，蒸烤一体集成灶销量同比增长3.5倍。

截至2021年11月11日23:59，京东累计下单金额超3491亿元，创造了新的纪录。其中，31个品牌销售破10亿元，苹果破百亿；43276个商家成交额同比增长超200%，中小品牌新增数量同比增长超4倍。

2021京东“双十一”宣传海报如图1-1所示。

特别提醒

目前，国内疫情呈多点散发，全市疫情防控形势严峻复杂，眼下，正是各大电商平台“双十一”火爆促销期间，要做好活动期间电商、物流、冷链等重点环节的检测消毒，从业人员要做好个人防护、健康监测等防控措施。北京市疾病预防控制中心提醒快递员及市民朋友收发快递时应注意疫情防控期间，非必需不要从境外高风险地区邮购商品，谨慎邮购国内有本土疫情报告所在地区的商品。

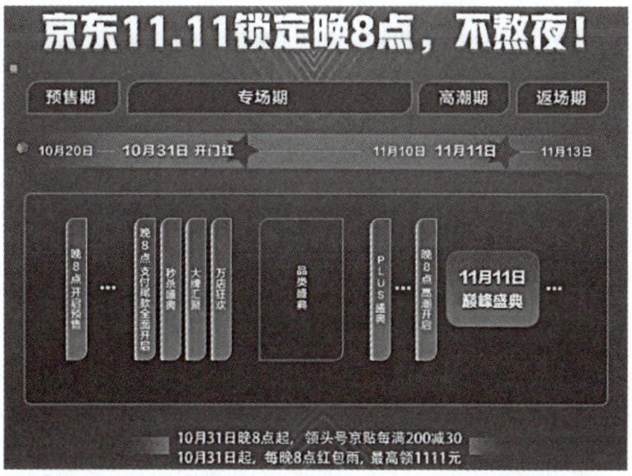

图1-1　2021京东“双十一”宣传海报

案例分析：

1. 物流对我们生活有哪些影响？
2. 疫情下，2021年的“双十一”物流应注意哪些方面？

• 项目知识

任务一 了解物流

一、物流的产生和发展

（一）物流的产生

物流的产生源于物流实践，是随着商品的出现而产生的，随着市场经济的完善而发展的。一般而言，物流是与商流相伴而生的，商品生产是物流产生的客观基础。然而，远在商品流通出现之前，甚至人类还在进化的朦胧时期，物流这种形态就已存在。在早期的物流活动中，运输和仓储成为主体活动。

【物流小故事】

商祖王亥

王亥，又名振，商丘人氏，商朝君主、阏伯的六世孙，冥的长子。

王亥在商丘服牛驯马发展生产，发明了牛车，用牛车拉着货物，到外部落去搞交易物流，让部落的农业和畜牧业快速发展的同时，发展了贸易业，使商部落得以强大，有效缓解了农牧产品过剩。

王亥开创了商业贸易的先河，久而久之人们就把从事贸易活动的商部落人称为“商人”，把用于交换的物品叫“商品”，把商人从事的职业叫“商业”成了现今商业用词的来源。

商朝建立后，追尊王亥庙号为商高祖，殷墟甲骨文中称“商高祖王亥”“高祖王亥”。现在人们普遍尊称王亥为“华商始祖”（图1–2）。

图1–2 商祖王亥

推出现代意义上的物流理论并加强物流实践活动的国家是美国。在第二次世界大战中，围绕战争供应，美国军队建立了后勤（Logistics）理论，并将其用于战争活动中。其所提出的后勤是指将战时物资生产、采购、运输、配给等活动作为一个整体进行统一布置，以求战略物资补给的费用更低、速度更快、服务更好。后来，后勤一词在企业中广泛应用，出现了商业后勤、流通后勤的提法，这时的后勤包含了生产过程和流通过程的物流，因而是一个包含范围更广泛的物流概念。在第二次世界大战后，物流开始在企业组织机构中应用，涉及运输、仓储、包装和物资搬运，已初具物流理论认识的核心。少数商业公司还在公司中设立流通经理一职，以负责运输、仓储、包装和搬运等物流业务。物流到20世纪50年代后期被西方的企业组织广泛采用。

日本是亚洲最早推行现代物流业的代表。在1964年，日本开始使用物流这一术语。在使用物流这个术语以前，日本把与商品实体有关的各项业务，统称为“流通技术”。1956年10月下旬到11月末，日本生产性本部派出流通技术专门考察团，由早稻田大学教授宇野正雄等一行12人去美国各地进行了考察，首次接触了物流这个当时的新事物，弄清楚了日本以往称为“流通技术”的内容，相当于美国称为“Physical Distribution”的内容，从此便把“流通技术”按照美国对“Physical Distribution”的简称，称为“PD”。PD这个术语得到了广泛的使用。1965年，日本在政府文件中正式采用“物的流通”这个术语，简称为“物流”。到了20世纪70年代，日本已经成为世界上物流最发达的国家之一。

（二）物流的发展

从传统物流到现代物流，从单一功能的物流形式到综合物流，无论是国内还是国外，都经历了一个发展过程。物流的发展不仅与社会经济和生产力的发展水平有关，而且与科学技术发展的水平有关。按照时间顺序，物流发展大体经历了以下4个阶段。

1. 第一阶段（20世纪初至50年代）

20世纪初，在北美和西欧一些国家，随着工业化进程的加快，以及大批量生产和销售的实现，人们开始重视降低物资采购及产品的销售成本。技术的发展也为大批量配送提供了条件，同时也让人们开始逐步认识物流。

2. 第二阶段（20世纪60年代至80年代）

20世纪60年代以后，世界经济环境发生了巨大变化。这个时期的市场由推动型（卖方市场）转为拉动型（买方市场）。科学技术的发展，尤其是管理科学的进步，以及生产方式、组织规模化生产的改变，大大促进了物流的发展。物流逐渐被管理学界所重视，企业界也开始注意到物流在经济发展中的作用，并将改进物流管理作为激发企业活力的重要手段。这一阶段是以流通型为主的物流阶段，也是属于实体分配阶段。

3. 第三阶段（20世纪80年代至90年代）

这一阶段欧美国家的信息水平提高很快，物流管理的内容从企业内部延伸到企业外部，物流管理的重点已经转移到对物流的战略研究上。电子数据交换、准时制生产、配送计划和其他物流技术的不断涌现，为物流管理提供了强有力的技术支持和保障。在20世纪80年代，美国的互联网技术的发展和互联网技术的成熟，使美国的物流建立在现代化物流信息平台上，形成了现代物流，并且把商流、物流、信息流、资金流结合起来，形成了四流合一，这又进一步提高了流通效率，促进了物流的发展。

4. 第四阶段（20世纪90年代至今）

20世纪90年代以来，随着新经济和现代信息技术的迅速发展，现代物流呈现一体化阶段。随着企业物流管理的发展，原先提供运输服务的物流企业也相应地扩大了服务范围，开始出现第三方物流业，专门提供综合物流服务。同时，企业开始把着眼点放到物流活动的整个过程，包括原材料的供应商和制成品的分销商，这就形成了供应链的概念。供应链理论的产生和应用，使物流企业把产品供应链上的各个企业联合起来，协调产品供应链上各企业之间的关系，使产品在供应链中达到最低成本、最优效益，在提高产品竞争力方面使供应链上各企业达到共赢。

二、物流的概念

物流概念的正式形成经历了漫长的道路，从美国于20世纪初最先提出物流的概念至今，对物流活动和物流管理的认识几乎经历了一个世纪。物流一词最早出现在流通领域的营销活动中，由“管理学之父”彼得·德鲁克（Peter F.Drucker）提出。1901年格罗威尔（J.F.Growell）在美国的政府报告“关于农产品的配送”中，第一次论述了对农产品配送成本产生影响的各种因素，揭开了人们对现代物流认识的序幕。1915年，阿奇·萧（Arch.W.Shaw）在《市场流通中的若干问题》一书中也提到物流一词，并指出“物流是与创造需求不同的一个问题”。美国在战时采用的后勤管理这一名词后被引入到商业部门，被人称之为商业后勤，定义为“包括原材料的流通、产品分配、运输、购买与库存控制、储存、用户服务等业务活动”，其领域统括原材料物流、生产物流和销售物流。因为在20世纪初，西方一些国家已出现生产大量过剩、需求严重不足的经济危机，企业因此提出了销售和物流的问题，此时的物流指的是销售过程中的物流。1933年，美国市场营销协会最早给物流下定义，为“物流是销售活动中所伴随的物质资料从产地到消费地的种种企业活动，包括服务过程”。

1963年美国成立了物流管理协会，该协会于1985年正式用“Logistics”替代“Physical Distribution”，改名后的美国物流管理协会对“Logistics”所做的定义是，“物流是对原材料、在制品、产成品以及相关信息从供应地到消费地的有效率、有效益的流动和储存而进行的计划、实施和控制，以满足客户需求为目的过程”。2005年，美国物流管理协会更名为美国供应链管理专业协会，标志着全球物流进入供应链时代。此时，美国供应链管理专业协会对物流重新界定为，“物流是供应链流程的一部分，是为了满足客户需求而对产品、服务及相关信息从原产地到消费地的高效率、高效益的正向或逆向流动及储存进行计划、实施与控制的过程”。

面对物流的发展，为了提高物流效率，日本、加拿大、欧盟国家也纷纷采用新的物流概念。日本物流系统协会专务理事稻束原树1997年在《这就是“Logistics”》一文中对“Logistics”下的定义是：“‘Logistics’是对原材料、半成品和成品的有效率的流动进行规划、实施和管理的思路，它同时协调供应、生产和销售各个部门的个别利益，最终达到满足顾客的要求。”

在中国，“物流”一词是20世纪70年代从日文资料引进来的外来词，源于日文资料中对“Logistics”一词的翻译为“物流”。2001年《物流术语》（GB/T 18354—2001）发布，该标准是我国制定的第一个物流类国家标准，由于物流术语标准属于物流领域最基础的标准，许多后续的国内相关标准都纷纷引用该标准，开创了我国物流类国家标准的先河，在中国加入WTO的关键时刻及时引进国外物流先进理念，并在国内加以普及应用，提高了人们对物流的认识，对推动国内改革开放和物流产业发展立下了汗马功劳。此标准于2006年第一次修订，目前已第二次修订并颁布2021版《物流术语》（GB/T 18354—2021），2021年12月1日起实施。《物流术语》标准的修订，除了进一步推动国内物流产业和物流理论发展外，还将为国家更大规模、更高层次对外开放提供物流术语传播、沟通和应用标准，从而推动中国物流理论、技术、方法和模式在国际上的应用。其对物流（Logistics）定义为“物品从供应地向接收地的实体流动过程。根据实际需要，将运输、储存、装卸搬运、包装、流通加工、配送、信息处理等基本功能实施有机结合”。

【物流小知识】

《物流术语》等6项物流领域国家标准获批发布

2021年8月20日，国家市场监督管理总局、国家标准化管理委员会发布公告（2021年第11号），批准发布由全国物流标准化技术委员会提出并归口的《物流术语》（GB/T 18354—2021）、《果蔬类周转箱尺寸系列及技术要求》（GB/T 39907—2021）、《果蔬类周转箱循环共用管理规范》（GB/T 40065—2021）、《通用半托盘尺寸及性能要求》（GB/T 40479—2021）、《联运通用滑板托盘尺寸及性能要求》（GB/T 40481—2021）、《物流追溯信息管理要求》（GB/T 40480—2021）6项物流领域国家标准。

三、物流的基本功能要素

根据我国2021版《物流术语》（GB/T 18354—2021），物流是指“根据实际需要，将运输、储存、装卸、搬运、包装、流通加工、配送、信息处理等基本功能实施有机结合，使物品从供应地向接受地进行实体流动的过程”。以上“运输、储存、装卸、搬运、包装、流通加工、配送、信息处理”内容也常被称之为“物流的基本功能要素”。由此可以看出，现代物流的构成要素不同于传统物流，不仅有实现物品实体空间位移的运输要素和实现时间变化的储存要素，而且更有保证物流顺利进行以及实现物流高效率的装卸、搬运、包装、流通加工、配送、信息处理等要素，它们相互联系、相互制约。

物流七大功能要素如图1-3所示。

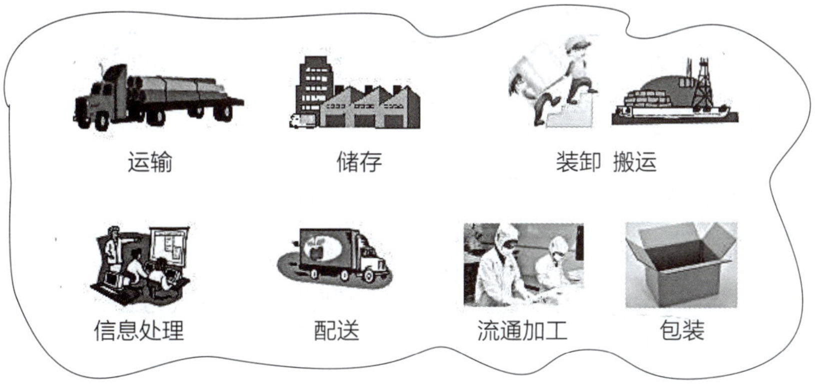

图1-3 物流七大功能要素

（一）包装

包装是指为了在流通过程中保护商品、方便储运、促进销售，按一定技术要求而采用的容器、材料及辅助物等的总体名称，也指为了达到上述目的而在采用容器、材料和辅助物的过程中施加一定技术方法等的操作活动。

包装处于生产过程的终端和物流过程的开端，既是生产的终点，又是物流的始点，与运输、搬运、保管关系密切。例如：运输件杂货时，若用货船载运，则必须用木箱包装，而用集装箱装运时，则用纸箱包装就可以了。

现代物流条件下，包装对物流服务的成本和效率影响也较大，如对存货盘存的控制主要依赖于人工或自动化的识别系统与商品的包装密切相关，因为商品分选的速度、准确性和效率都要受包装识别、包装形状和作业简便性的影响。

（二）装卸搬运

装卸是物品在指定地点以人力或机械装入运输设备或卸下；搬运是指在同一场所，对物品进行水平移动为主的物流作业。在实际操作中，装卸与搬运是密不可分的，两者往往相伴而生。搬运与运输的区别在于：搬运是在同一地域的小范围发生的，而运输则是在较大范围内发生的。

在物流过程中，装卸搬运活动是不断出现和反复进行的，它出现的频率高于其他各项物流活动。每次装卸搬运活动都需花费较长时间，所以往往成为影响物流速度的关键。装卸搬运活动消耗的人力、物力也很多，装卸搬运费用在物流成本中所占比例较高。我国铁路运输的始发和到达的装卸搬运作业费大致占运费的20%，船运占40%左右。此外，在装卸搬运过程中，也可能造成货物破损、散失、损耗等，因此装卸搬运是物流中的重要环节。

（三）运输

运输是指运用设备和工具，将物品从一个地点向另一个地点运送的物流活动。其中，包括集货、分配、搬运、中转、装入、卸下、分散等一系列操作。

运输是物流的主要功能要素之一。运输是改变物品空间状态的主要手段，与搬运、装卸、配送等活动结合，就能圆满完成物品空间状态的改变。人们最初往往将运输看成是物流，其原因就是运输承担了物流中很大一部分责任，是物流的最主要部分。

运输可以创造场所效用，实现物品的使用价值。同种物品，由于空间场所不同，其使用价值的实现程度不同。场所的改变能发挥物品最大的使用价值，进而实现资源的优化配置。

（四）储存

储存是对物品进行保存及对其数量、质量进行管理控制的活动。储存是包含库存和储备在内的一种广泛的经济现象，是任何社会形态都存在的经济现象。与运输概念相对应，储存是以改变“物”的时间状态为目的的活动，以克服产需之间的时间差异而获得更好的效用。

储存在物流体系中是唯一的静态环节。在社会生产与生活中，由于生产与消费节奏不统一，总会存在暂时不用或留待以后使用的物品，因此在生产与消费或供给与需求的时间差异里，需要妥善地保持物质实体的有用性。随着社会经济的发展，需求方式出现了个性化、多样化的改变，生产方式也变为多品种、小批量的柔性生产方式，仓库的功能也从单纯重视保管效率转变为重视流通功能的实现，储存是物流中的重要环节，既有缓冲与调节作用，也有创造价值与增加效用的功能。

【物流小故事】

丝绸之路的前世今生

“丝绸之路”是指起始于古代中国，连接亚洲、非洲和欧洲的古代陆上商业贸易路线。狭义的丝绸之路一般指陆上丝绸之路。广义上讲又分为陆上丝绸之路和海上丝绸之路。“陆上丝绸之路”是连接中国腹地与欧洲诸地的陆上商业贸易通道，形成于公元前2世纪与公元1世纪间，直至16世纪仍保留使用，是一条东方与西方之间经济、政治、文化进行交流的主要道路。汉武帝派张骞出使西域形成其基本干道，它以西汉时期长安为起点（东汉时为洛阳）。“海上丝绸之路”是古代中国与外国交通贸易和文化交往的海上通道，该路主要以南海为中心，所以又称南海丝绸之路。海上丝绸之路形成于秦汉时期，发展于三国至隋朝时期，繁荣于唐宋时期，转变于明清时期，是已知的最为古老的海上航线。

“一带一路”（The Belt and Road，缩写B&R）是“丝绸之路经济带”和“21世纪海上丝绸之路”的简称。它将充分依靠中国与有关国家既有的双多边机制，借助既有的、行之有效的区域合作平台，一带一路旨在借用古代丝绸之路的历史符号，高举和平发展的旗帜，积极发展与沿线国家的经济合作伙伴关系，共同打造政治互信、经济融合、文化包容的利益共同体、命运共同体和责任共同体。

课堂活动：讲述古代“丝绸之路”和“一带一路”路线沿线国家和主要节点城市。

课堂讨论：物流如何助推“一带一路”建设。

（五）流通加工

流通加工是指物品在从生产地到使用地的过程中，根据需要施加包装、分割、计量、分件、刷标志、拴标签、组装等简单作业的总称。

流通加工有效地完善了流通。尽管流通加工不如运输和储存两个要素重要，但它起着补充、完善、提高、增强的作用，是提高物流水平，促进流通向现代化发展的不可缺少的环节。流通加工是物流中的重要利润源。流通加工可以达到低投入、高产出的效果，以简单加工解决大问题。实践证明，有的流通加工通过改变装潢使商品档次提升，售价提高；有的流通加工（如批量套裁）可将产品利用率提高20%～50%，从而获得较大利润。

（六）配送

配送是指在经济合理区域范围内，根据用户要求，对物品进行拣选、加工、包装、分割、组配等作业，并按时送达指定地点的物流活动。

配送是物流的一个缩影或在某小范围中物流全部活动的体现。一般的物流是运输及保管，而一般的配送则是分拣配货及运输，其更关注于按待运输货物的目的地来将其区分，以便于物流操作，集装卸、包装、保管、运输于一身，通过这一系列活动完成。物流配送的主要工作有：备货、储存、加工、分拣及配货、配装、配送运输、送达服务。

配送是直接与客户相连的活动，服务对象满意与否，与配送质量直接相关，只有在客户希望的时间内，以客户希望的方式配送送达客户需要的物品，客户才会满意。因此，整个网络系统的意义和价值的体现，最终完全依赖于配送功能的价值实现程度。

（七）信息处理

信息处理的对象是物流活动中的物流信息；物流信息是反映物流各种活动内容的知识、资料、图像、数据、文件的总称。

物流活动中会产生大量的信息，现代物流与传统物流最主要的区别就是物流信息，物流信息分为系统内信息与系统外信息，系统内信息对各种物流活动起着相互联系、相互协调的纽带作用，如车辆选择、线路选择、库存决策、订单管理等。而系统外信息有市场信息、商品交易信息等。要提高物流服务水平，必须有准确的信息保证。现代物流信息以网络和计算机技术为手段，为实现物流的系统化、合理化、高效率化提供了技术保证。

四、物流的分类

社会经济领域中的物流活动无处不在。对于各个领域的物流，虽然其基本要素都存在且相同，但由于物流空间范围不同，物流主体不同，物流客体不同，范畴不同，形成了不同的物流类型。

（一）按空间范围分类

按照物流活动的空间范围可以划分为地区物流、国内物流和国际物流。

1. 地区物流

地区物流是指在一国疆域内，根据行政区或地理位置划分的一定区域内的物流。地区物流有不同的划分原则：可以按行政区域划分，我国可以划分东北、华北、西北、西南、中南、华东等；还可以按省级行政区来划分，可划分为北京、天津等34个省（市、自治区）；还可以按经济圈划分，如苏锡常经济区等；还可以按地理位置划分的地区，如长江三角洲地区、河套地区、环渤海地区、珠江三角洲地区等。地区物流系统对于提高该地区企业物流活动的效率，以及保障当地居民的生活福利环境，具有不可缺少的作用。不同的经济区域物品的类型、结构不同，物流的形式也不同。例如：在东北地区，货物主要是原木、粮食、煤炭、钢铁等大批量、低价值货物，适合使用火车、船舶等能装载大量货物、长距离运输的工具，适合采用堆场（货场）存放。

实施地区物流的目的在于提高所在地区企业物流活动的效率，以及保障当地居民的生活福利环境。应根据所在地区的特点，从本地区的利益出发组织好相应的物流活动，并充分考虑其利弊两方面，与地区和城市的建设规划相统一并妥善安排。

2. 国内物流

国内物流是指为国家的整体利益服务，在国家自己的领地范围内开展的物流活动。国内物流作为国民经济的一个重要方面，应该纳入国家总体规划的内容。我国的物流事业是国家现代化建设的重要组成部分。因此，国内物流的建设和发展必须从全局着眼，清除部门和地区分割所造成的物流障碍，尽早建成一些大型物流项目为国民经济服务。国内物流作为国家的整体物流系统，其规划和发展应该充分发挥政府的行政作用，包括：一是物流基础设施的建设，如公路、高速公路、港口、机场、铁道的建设，以及大型物流基地的配置等；二是制定各种交通政策法规，如铁道运输、卡车运输、海运、空运的价格规定，以及税收标准等；三是提高物流活动有关的各种设施、装置、机械的标准化；四是进行物流新技术的开发，引进和培养物流技术专门人才。

3．国际物流

国际物流是指在两个或两个以上的国家或地区之间所进行的物流。国际物流的实质是根据国际分工的原则，依照国际惯例，利用国际化的物流网络、物流设施和物流技术，实现货物在国际的流动与交换，以促进区域经济的发展与世界资源的优化配置。国际物流的总目标是为国际贸易和跨国经营服务，即选择最佳的方式与路径，以最低的费用和最小的风险，保质、保量、适时地将货物从某国的供方运到另一国的需方。

国际物流的一个非常重要的特点是物流环境的差异，这里的物流环境主要指物流的软环境。由于物流环境的差异，迫使一个国际物流系统需要在多个不同法律、人文、习俗、语言、科技环境下运行，无疑会大大增加国际物流活动的难度和系统的复杂性。

（二）按物流主体分类

按照物流的主体可分为企业自营物流、外包物流与第三方物流。

1．企业自营物流

企业自营物流是指生产制造企业自行组织的物流。一般来说，工业企业自营物流包含3个层次。

（1）物流功能自备。就如同我们在传统企业中看到的那样，企业自备仓库、自备车队等，企业拥有一个自我服务的体系。其中，又包含两种情况：一是企业内部各职能部门彼此独立地完成各自的物流工作；二是企业内部设有物流运作的综合管理部门，通过资源和功能的整合，专设企业物流部或物流公司来统一管理企业的物流工作。

（2）物流功能外包。一是将有关的物流服务委托给物流企业去做，即从市场上购买有关的物流服务，如由专门的运输公司负责原料和产品的运输；二是物流服务的基础设施为企业所有，但委托有关的物流企业来运作，如请仓库管理公司来管理仓库，或请物流企业来运作、管理现有的企业车队，从产业进化的角度来看这是一个进步。

（3）物流系统组织。企业自己既不拥有物流服务设施，也不设置功能性的物流职能部门，而是通过整合市场资源的办法获得相应的物流服务。包括供应链的设计，物流服务标准的制定，供应商和分销商的选择等，直至聘请第三方物流企业来提供一系列的物流服务。

2．外包物流

外包物流是指企业将其物流业务对外承包，由承包者去完成。这些承包者可以是生产企业、流通企业、专业物流企业、第三方物流企业或个体经营者。外包物流是企业业务外包的一种主要形式，也是供应链管理环境下企业物流资源配置的一种新形式。外包物流有效提高了企业的工作效率。近年来，把更多业务转向中国的跨国企业无不期望通过外包物流环节，以降低供应链成本；而国内企业为了应对降低成本、增强核心竞争力的挑战，也纷纷增加了对外包物流的需求。而企业营销方式不断发展，营销渠道网络化的趋势，更使我国的物流业务外包市场迅速发展。

3．第三方物流

第三方物流（Third Party Logistics，TPL或3PL）的概念源自于管理学中的“Out-souring”，意指企业动态地配置自身与其他企业的功能和服务，利用外部的资源为企业内部的生产经营服务；将“Out-souring”引入物流管理领域，就产生了第三方物流的概念。2021版《物流术语》（GB/T 18354—2021）对第三方物流的定义是：“由独立于物流服务供需双方之外且以物流服务为主营业务的组织提供物流服务的模式。”这样，生产经营企业为集中精力做好主业，把原来属于自己处理的物流活动，以合同方式委托给专业物流服务企业，同时通过信息系统与物流企业保持密切联系，以达到对物流全程管理的控制的一种物流运作与管理方式。因此，第三方物流又叫合同制物流。

第三方物流既不属于第一方，也不属于第二方，而是通过与第一方或第二方的合作来提供其专业化的物流服务，它不拥有商品，不参与商品的买卖，而是为客户提供以合同为约束，以结盟为基础的系列化、个性化、信息化的物流代理服务。最常见的第三方物流服务包括设计物流系统、电子数据交换（EDI）能力、报表管理、货物集运、选择承运人、货代人、海关代理、信息管理、仓储、咨询、运费支付、运费谈判等。

（三）按物流客体分类

按照物流客体可以分为粮食物流、钢材物流、医药物流、烟草物流。

1．粮食物流

粮食物流是指粮食从生产布局到收购、储存、运输、加工到销售整个过程中的商品实体运动，以及在流通环节的一切增值活动。它包含了粮食运输、仓储、装卸、包装、配送和信息应用的一条完整的环节链。我国是一个农业大国，政府及相关部门对粮食物流一直给予高度重视，长期以来，在粮食物流体系的建设上做了大量的工作，基本保证了粮食商品流通的顺利进行和军需民食的需要。在基础设施建设方面，已形成了庞大的粮食商品流通网络和基础设施格局。

2．钢材物流

钢材物流是以钢铁为载体，以物流为运作，以信息为核心，集钢材贸易、电子商务、三方物流为一体，资金流、信息流、物流相互促进、相互融合，涵盖建筑行业、冶金行业、信息产业、现代物流行业的交叉行业。

我国是世界上钢铁物流规模最大的国家。伴随着我国经济高速发展和钢铁产量的快速增长，钢铁行业物流也得到了迅速发展。我国钢铁物流量增长速度位居世界前列。近几年，我国钢铁物流业不仅总体规模在扩大，而且在传统的钢铁现货交易基础上发展了许多具有现代服务功能的新领域。涌现了一批集钢材仓储、运输和交易等为一体的现代化钢铁物流园区，钢铁电子商务也得到不断地完善、创新和推广，这些都有助于全面提升我国的现代钢铁物流加工、配送服务功能，以及改善我国的钢铁流通格局。

3．医药物流

一般来说，医药物流是指在普通物流基础上，对存储、分拣、配送等环节进行优化，以符合医药品供销配送的要求。从定义可知，医药物流要求明显要高于普遍物流。医药物流要依托一定的物流设备、技术和物流管理信息系统，有效整合营销渠道上下游资源，通过优化药品供销配运环节中的验收、存储、分拣、配送等作业过程，提高订单处理能力，降低货物分拣差错，缩短库存及配送时间，减少物流成本，同时提高服务水平和资金使用效益的自动化、信息化和效益化的物流活动。近年来，医药体制改革不断深入，行业竞争越发激烈，药企面临巨大的降成本压力，急需医药物流的配合。医药物流的发展，对于我国医药行业健康有序发展也具有重要的指导作用。因此，医药物流有着很大的发展空间和前景。

目前，我国的医药物流业最大的特点是起步较晚，大多数已经上马或即将上马的医药物流项目还停留在企业内部进、销、存业务整合、流程优化的阶段，很少涉及对上游药品生产厂、供应商和下游药品批发零售企业、医院的整合，从而无法根本性地解决重复运输、牛鞭效应、库存积压等现象，导致供应链效率低下，药品配送成本增加，药价抬高等一系列不合理现象。在未来，我国的医药物流行业有两个显著的趋势：一是把物流整合上升到企业战略管理高度；二是物流服务与主营业务分开，实行专业化管理。

4．烟草物流

广义上的烟草物流是指烟草、烟草制品原辅料及其制品，从生产、收购、储存、运输、加工到销售、服务整个过程中的物质实体运动，以及流通环节的所有附加增值活动。狭义上的烟草是指烟草行业基于社会职能分工的不同，工业企业、商业企业及相互之间发生的烟草制品和相关物资实物的移动活动。

（四）按物流业种分类

1．军事物流

军事物流是指用于满足平时、战时军事行动物资需求的物流活动。军事领域的物流概念是现代物流概念的来源。在军事上，物流是支持战争的一种后勤保障手段，是伴随战争和战场的转移而发生的军事物资的运动。最初，这种活动本身完全不是经济活动。所以，它具有和一般经济活动的物流不同的特点。近年来，随着军事科学的发展，军事物流已纳入军事经济系统之中。尤其在和平时期，经济性的比重正在加重。因而军事物流又出现了新的特点，使其外延不但涉及政治、军事，而且涉及分配、调度及各种购销活动。

2．生产物流

对于物流的研究并非始于流通领域，而是始自生产领域，是以生产企业为中心，形成对物流系统的认识。生产物流（Production Logistics）是指企业生产过程中发生的涉及原材料、在制品、半成品、产成品等所进行的物流活动。无论在传统的贸易方式下，还是在电子商务下，生产都是流通之本，而生产的顺利进行需要各类物流活动支持。生产的全过程从原材料的采购开始，便要求有相应的供应物流活动，将所采购的材料组织到位，否则，生产就难以进行；在生产的各工艺流程之间，也需要原材料、半成品的物流过程，即所谓的生产物流，以实现生产的流动性；部分余料、可重复利用的物资的回收，就需要所谓的回收物流；废弃物的处理则需要废弃物物流。可见，整个生产过程实际上就是系列化的物流活动。合理化、现代化的物流，通过降低费用从而降低成本、优化库存结构、减少资金占压、缩短生产周期，保障了现代化生产的高效进行。

3．销售物流

销售物流指企业在销售商品时发生的物流活动。物流与流通领域有天然不解之缘，流通领域的销售物流是典型的经济活动。在网络化时代，电子商务发展迅速，由此产生的企业对企业、企业对消费者的电子交易行为必然产生大量商品实体的物理性位移，使物流主体更趋向于流通领域。

4．生活物流

生活物流就是从生活的角度，从细小的需求出发的物品流通。在生活消费领域也存在着物流活动，这种物流活动对支撑日常的生活是不可少的，也是使生活更为科学化，并创造一个良好的生活环境，保证现代化生活节奏不可少的组成部分。生活领域的物流现在研究较少，但是随着企业对消费者的电子商务的开展，物流进入个人生活领域将成为现代物流越来越重要的组成部分。

（五）其他分类形式

物流的分类方法很多，除了以上的分类方式，还可以按其他方式来划分。例如：按性质来划分，可分为社会物流、行业物流和企业物流；按物流在社会再生产中的作用来划分，可分为微观物流和宏观物流；按物流过程来划分，可以分为供应物流、生产物流、销售物流、回收物流和废弃物流；按物流的内容来划分，可以分为一般物流和特殊物流；按物流的流向来划分，可以分为正向物流和逆向物流等。

五、物流基本学说

（一）商物分流

商物分流是物流科学赖以存在的先决条件。所谓商物分流是指流通中的两个组成部分，即商业流通和实物流通各自按照自己的规律和渠道独立运动。

（二）效益背反理论

“效益背反”又称为“二律背反”，这一术语表明着两个相互排斥而又被认为是同样正确的命题之间的矛盾。“效益背反”指的是物流的若干功能要素之间存在着损益的矛盾，即某一功能要素的优化和利益发生的同时，必然会存在另一个或几个功能要素的利益损失，反之也如此。

（三）“黑大陆”学说

在财务会计中把生产经营费用大致划分为生产成本、管理费用、营业费用、财务费用，然后再把营业费用按各种支付形态进行分类。这样，在利润表中所能看到的物流成本在整个销售额中只占极少的比重。因此，物流的重要性不会被认识到，这就是物流被称为“黑大陆”的一个原因。

由于物流成本管理存在的问题及有效管理对企业盈利和发展的重要作用，1962年，彼得·德鲁克将物流比作“流通是经济领域里的黑暗大陆”，强调应高度重视流通及流通过程中的物流管理。德鲁克泛指的是流通，但由于流通领域中物流活动的模糊性特别突出，它是流通领域中人们认识不清的领域，所以“黑大陆”学说主要针对物流而言。

（四）“第三利润源”学说

“第三利润源”的说法是日本早稻田大学教授、日本物流成本学说的权威学者西泽修在1970年提出的。西泽修教授在他的著作《物流——降低成本的关键》中谈到，企业的利润源泉随着时代的发展和企业经营重点的转移而变化。从历史发展来看，人类历史上曾经有过两个大量提供利润的领域。在生产力相对落后、社会产品处于供不应求的历史阶段，由于市场商品匮乏，制造企业无论生产多少产品都能销售出去，于是就大力进行设备更新改造、扩大生产能力、增加产品数量、降低生产成本，以此来创造企业剩余价值，即第一利润源。当产品充斥市场，转为供大于求，销售产生困难时，也就是第一利润达到一定极限，很难持续发展时，便采取扩大销售的办法寻求新的利润源泉。人力领域最初是廉价劳动，其后则是依靠科技进步提高劳动生产率，降低人力消耗或采用机械化、自动化来降低劳动耗用，从而降低成本，增加利润，称之为“第二利润源”。然而，在这两个利润源潜力越来越小，利润开拓越来越困难的情况下，物流领域的潜力被人们所重视，形成第三利润源。

（五）物流冰山学说

物流冰山学说是日本早稻田大学西泽修教授提出来的，他发现现行的财务会计制度和会计核算方法都不可能掌握物流费用的实际情况，因而人们对物流费用的了解一片空白，甚至有很大的虚假性，他把这种情况比作“物流冰山”。物流就像一座冰山，其中沉在水面以下的是看不到的黑色区域，而看到的不过是物流成本的一部分，人们过去所以轻视物流，正是因为只看见了冰山的一角，而没有看见冰山全貌的缘故。

除了上述较有影响的物流理论学说之外，还有一些物流成本学说在物流学界广为流传。例如：成本中心说、利润中心说、系统说、服务中心说、战略说等。

任务二　物流管理

物流管理科学是近一二十年以来在国外兴起的一门新学科，它是管理科学新的重要分支。随着生产技术和管理技术的提高，企业之间的竞争日趋激烈。人们逐渐发现，企业在降低生产成本方面的竞争似乎已经走到了尽头，产品质量的好坏也仅仅是一个企业能否进入市场参加竞争的敲门砖。这时，竞争的焦点开始从生产领域转向非生产领域，转向过去那些分散、孤立的，被视为辅助环节而不被重视的，诸如运输、存储、包装、装卸、流通加工等物流活动领域。人们开始研究如何在这些领域里降低物流成本，提高服务质量，创造“第三个利润源泉”。物流管理从此从企业传统的生产和销售活动中分离出来，成为独立的研究领域和学科范围。物流管理科学的诞生使得原来在经济活动中处于潜隐状态的物流系统显现出来，它揭示了物流活动的各个环节的内在联系，它的发展和日臻完善，是现代企业在市场竞争中制胜的法宝。

【物流知识拓展】

2021年中国物流行业十件大事

第一，《中华人民共和国国民经济和社会发展第十四个五年规划和2035年远景目标纲要》21处部署建设现代物流体系，13处强调提升产业链供应链现代化水平。

第二，习近平总书记提出要大力发展智慧交通和智慧物流，实现人享其行、物畅其流，行业数字化转型提速。

第三，国务院印发《2030年前碳达峰行动方案》，交通运输绿色低碳行动纳入“碳达峰十大行动”之一。

第四，国务院办公厅印发《“十四五”冷链物流发展规划》，要求加强顶层设计和工作指导，推动冷链物流高质量发展。

第五，国家发展改革委发布“十四五”首批国家物流枢纽建设名单，国家物流枢纽增至70家。

第六，商务部、中物联等8单位公布首批全国供应链创新与应用示范城市和示范企业，10个城市和94家企业榜上有名。

第七，交通运输部等16部门印发《关于加强货车司机权益保障工作的意见》，货车司机生产经营环境和合法权益保障引起政府重视。

第八，经国务院批准，中国物流集团正式成立，央企物流“国家队”重组整合拉开序幕。

第九，我国快递年业务量首次突破千亿级别，已连续8年稳居世界第一。

第十，受世纪疫情影响，国际集装箱“一箱难求”，国际海运价格再创历史新高。

（资料来源：中国物流与采购联合会http://www.chinawuliu.com.cn）

一、物流管理的概念

根据中华人民共和国国家标准《物流术语》（GB/T18354—2021），物流管理（Logistics Management）是指“为达到既定的目标，从物流全过程出发，对相关物流活动进行的计划、组织、协调与控制”。

现代意义上的物流管理出现在20世纪80年代。人们发现利用跨职能的流程管理的方式去观察、分析和解决企业经营中的问题非常有效。通过分析物料从原材料运到工厂，流经生产线上每个工作站，产出成品，再运送到配送中心，最后交付给客户的整个流通过程，企业可以消除很多看似高效率却实际上降低了整体效率的局部优化行为。例如：由于每个职能部门都想尽可能地利用其产能，没有留下任何富余，因此一旦需求增加，则处处成为瓶颈，导致整个流程中断。再如，运输部作为一个独立的职能部门，总是想方设法降低其运输成本，但若其因此而将一笔必须加快的订单交付海运而不是空运，这虽然省下了运费，却失去了客户，导致整体的失利。所以，传统的垂直职能管理已不适应现代大规模工业化生产，而横向的物流管理却可以综合管理每一个流程上的不同职能，以取得整体最优化的协同作用。

现代物流管理是系统整合的协作物流，以企业整体最优为目的。从商品供应体系的角度来看，现代物流不是单个生产、销售部门或企业的事，而是包括供应商、批发商、零售商等有关联企业在内的整个统一体的共同活动，从而使物流管理成为一种供应链管理。从供应链战略管理的角度出发，现代物流管理指挥着跨企业组织的物流作业，通过强化流通过程中所有企业的关系，以实现产品供应链全过程的价值和经营行为的最适化。现代企业物流是客户服务物流，客户服务是物流管理创新的原动力。传统物流认为物流是“内部事务”，只对组织体内部产生影响，其服务对象是组织内部的生产或销售部门；现代物流认为物流是“外部事务”，其服务对象是组织体外的顾客，与此相适应，企业经营理念的核心已从产品制造转向市场营销和客户服务。企业的物流活动以客户服务为价值取向，同时向生产过程的上下游延伸，通过提供顾客所期望的服务，在积极追求自身交易量扩大的同时，强调实现与竞争者顾客服务的差别化。现代企业物流管理依靠高度发达的信息网络和全面、准确的市场信息，来实现企业各自的经营目标和实现整个供应链的效率化。信息已成为物流管理的核心，现代物流活动必须及时了解和反映市场的需求，并将之反馈到供应链的各个环节，才能保证生产经营决策的正确和再生产的顺利进行。

二、物流管理的特征

物流管理的发展使物流活动从被动、从属的职能活动上升到企业经营战略的一个重要组成部分，因而要求将物流活动作为一个系统整体加以管理。现代物流管理的特征具体有以下表现。

（一）以客户满意为首要目标

物流是以客户需要为出发点的，是基于企业经营战略基础上从客户服务目标的设定开始，追求客户服务的差别化战略，以满足客户个性化需求。在现代物流中，客户服务的设定优先于其他各项活动。为了使物流客户服务能有效地开展，在物流体系的基本建设上，要求物流中心、信息系统、作业系统和组织构成等条件应具备与完善。例如：在物流系统中必须做到物流作业效率化，即在配送、装卸、加工等过程中应当运用最恰当的方法、手段使企业能最有效地降低物流成本。

（二）以整个流通渠道的商品运动为管理过程

传统物流认为物流是从生产阶段到消费阶段的货物流动，也就是说物流管理的主要对象是销售物流和生产物流；现代物流管理的范围不仅包括销售物流和生产物流，还包括采供物流、回收物流及废弃物流。这里需要注意的是，现代物流管理中的销售物流概念也有新的延伸，即不仅是阶段的销售物流活动（如厂商到批发商、批发商到零售商、零售商到消费者的相对独立的物流活动），而且是一种整体的销售物流活动，也就是将销售渠道的各个参与者（厂商、批发商、零售商和消费者）结合起来，以保证销售物流行为的合理化。

（三）以追求企业整体最优为主要目标

充分的分工与合作是当今市场的发展趋势，如果企业物流仅仅追求部分最优或部门最优，将无法在日益激烈的企业竞争中取胜。从原材料的调拨到产品向最终消费者移动的物的运动等各种活动，是将各部门有效结合，发挥综合效益的活动。也就是说，物流管理所追求的费用、效益，是针对调拨、生产、销售、物流等整体最优而言的。应当注意的是，追求整体最优并不是说可以忽略物流的效率化。物流部门在充分知晓调拨理论、生产理论和销售理论的基础上，在强调整体最优的同时，应当与现实相对应，彻底实现物流部门的效率化。

（四）以重视效率和效果并重

物流从原来重视物流的设备等硬件要素转向重视信息等软件要素；从以前运输储存为主的活动转向物流的全过程；从原来的作业层次转向管理层次；从原来强调运力确保、降低成本等企业内需求的对应，转变为强调物流服务水平的提高等市场需求对应，进而更进一步地发展到重视环境等社会需求的对应。因此，物流管理重视效率方面的因素，更强调整个流通过程的物流效果。也就是说，从成果的角度来看，有些物流活动虽然使成本上升，但如果它能有利于整个企业战略的实现，那么这种物流活动仍然是可取的。

（五）以信息为核心来满足市场实际需要

物流活动已不是单个生产、销售部门或企业的事，而是包括供应商、批发商、零售商等有关联企业在内的整个统一体（供应链）的共同活动，因而现代物流通过这种供应链强化了企业间的关系。如果部门间的采购、生产、销售、物流结合追求的是企业内经营最优的话，那么供应链管理则是通过所有市场参与者的联盟追求全过程效率的提高。这种供应链管理带来的一个直接效应是产需的结合在时空上比以前任何时候都要紧密，并带来了经营方式的改变。即从原来的投机型经营（生产建立在市场预测基础上的经营行为）转向实需型经营（根据订单生产）。同时，伴随着这种经营方式的改变，在经营管理要素上，信息已成为物流管理的核心。因为没有高度发达的信息网络和信息支撑，实需型经营是无法实现的。

（六）对商品运动的一元化管理

物流管理强调运用系统方法解决问题。现代物流通常被认为是由运输、存储、包装、装卸、流通加工、配送和信息等环节构成的。系统方法就是利用现代管理方法和现代技术，使各个环节共享总体信息，作为一个一体化的系统来进行组织和管理，使系统能够在尽可能低的总成本条件下，提供有竞争优势的客户服务。系统方法认为，系统的效益并不是它们各个局部环节效益的简单相加。这就意味着，对出现的某一个方面的问题，要对其全部的影响因素进行分析和评价。从这一思想出发，物流系统并不简单地追求在各个环节上各自的最低成本，因为物流各环节的效益之间存在相互影响、相互制约的倾向，存在着交替易损的关系。例如：过分强调包装材料的节约，就可能因其易于破损造成运输和装卸费用的上升。因此，系统方法强调要进行总成本分析，避免次佳效应，进行成本权衡应用的分析，以达到总成本最低，同时满足既定的客户服务水平的目的。

三、物流管理的内容

物流管理是通过物流的计划—实施—评价过程反复进行的，内容十分广泛。总的来说，物流管理包括物流作业管理、物流战略管理、物流成本管理、物流服务管理，以及物流组织与人力资源管理。

（一）物流作业管理

商品价值是在一系列的作业活动（包括采购、制造、加工、配送、销售等）中形成的。企业通过连续的作业活动为消费者创造和提供价值，同时实现自身的价值增值。同样，贯穿供应链的所有物流作业也形成了一条联系链上所有企业的作业链，并且对该供应链的价值增值过程产生重要影响。因此，供应链物流管理是以流程为基础的价值增值过程的管理。企业要实现物流作业链的整体最优，就必须站在供应链的角度对物流作业环节进行作业分析和管理。

1．物流作业管理的优化实施

通过物流作业成本核算和物流作业分析，获得了大量物流作业的相关信息，就可利用这些信息进一步对物流作业流程进行优化管理。从企业物流作业管理的角度出发，通常采用以下几种方式以实现作业链整体最优和总成本最低：

（1）作业消除。作业消除即消除无附加价值的物流作业。首先，企业必须确认不能实现价值增值的作业，进而才有可能采取有效措施予以消除。例如：厂商为确保产品是用优质的原料生产，常对购入的原料进行检验，这就导致对产品进行拆箱和装箱的重复物流作业。如果企业选择高质量原料的供应商，即可消除检验作业，从而减低成本。

（2）作业选择。作业选择是指从多个不同的作业（链）中选择最佳的作业（链）。不同的物流策略通常会产生不同的物流作业。例如：不同的产品分销策略会产生不同的分销作业，因每项产品不同的分销策略将会产生不同的物流成本。在其他条件不变的情况下，应优先选择物流成本最低的分销策略。

（3）作业减少。作业减少是指以改善已有物流作业的方式来降低企业物流活动所耗用的时间和资源。例如：改善产品的包装作业，通过整合包装降低装卸次数及其成本。

（4）作业分享。作业分享是指利用规模经济提高相应物流作业的效率，也就是提高作业的投入产出比，以降低作业动因分配率和分摊到产品中去的物流成本。例如：对多个零售店共同配送，可以提高货车的重载率，从而减少单位产品的运输成本，降低总物流成本。

2．企业物流作业管理目标

在物流系统设计和作业管理方面，每一个企业都必须同时实现至少6个不同的作业目标。这些作业目标构成了物流表现的主要方面，其中包括快速响应、最小变异、最低库存、整合运输、作业质量，以及逆向物流支持。

（1）快速响应。快速响应是指一个企业是否能及时满足客户的服务需求能力。快速响应能力把作业重点从根据预测和对存货储备的预期，转移到以装运和装运的方式对顾客需求做出反应方面上来。不过，由于在不知道客户需求和尚未承担任务之前，存货实际上并没有发生移动，因此必须仔细安排不同的作业环节，不能存在任何环节衔接上的缺陷。信息技术的应用，提高了在最短的可能时间内完成物流作业和尽快交付所需存货的能力，避免了传统物流根据预期的顾客需求过度地储备存货的情况。

（2）最小变异。最小变异是指破坏系统表现的任何突发事件，它可以产生于任何一个领域的物流作业，诸如客户收到订货的期望时间被延迟、制造中发生意想不到的损坏、货物到达顾客所在地时发现受损，或者把货物交付到不正确的地点——所有这一切都将使物流作业时间遭到破坏，对此，必须予以解决或提前预防。物流系统的所有作业领域都容易遭受潜在的变异，减少变异的可能性关系到内部作业和外部作业。传统的解决变异的办法是建立安全储备存货或使用高成本的溢价运输，现在应用了信息技术，可以实现积极的物流控制，在某种程度上，变异已可减少至最低限度，并且作为经济的作业结果提高了物流生产率。因此，整个物流表现的基本目标是要使变异减少到最低限度。

（3）最低库存。最低库存的目标涉及资产负担和相关的周转速度。通过整个物流系统进行存货配置的金融价值是物流作业的总负担。结合存货可得性的高周转率，意味着分布在存货上的资金得到了有效的利用。因此，保持最低库存的目标是要把存贷配置减少到与顾客服务目标相一致的最低水平，以实现最低的物流总成本。随着管理者谋求减少存货配置的设想，类似“零库存”的概念已变得越来越流行。重新设计系统的现实是，作业上的缺陷一直要到存货被减少到其最低可能的水平时才会显露出来。虽然消除一切存货的目标很具吸引力，但必须注意，存货在一个物流系统中能够并且确实有助于某些重要的利益。当存货在制造和采购中产生规模经济时，它能提高投资报酬率。其目标是要将存货减少和控制在最低水平上，并同时实现所期望的作业目标。要实现最低存货的目标，物流系统设计必须控制整个企业而不仅是每一个业务点的资金负担和周转速度。

（4）整合运输。运输是最重要的物流成本之一。运输成本与产品的种类、装运的规模和距离直接相关。许多具有溢价服务特征的物流系统所依赖的高速度、小批量装运的运输，是典型的高成本运输。要减少运输成本，就需要实现整合运输。一般说来，整个装运规模越大且需要运输的距离越长，则每单位运输成本就越低。这就需要有创新的规划，把小批量的装运聚集成集中的、具有较大批量的整合运输。

（5）作业质量。物流作业目标之一是寻求持续的质量改善。全面质量管理已成为各个行业承担的主要义务。这种义务是物流业发展的主要动力之一。物流作业是发展和维持全面质量管理不断改善的主要组成部分。如果一个产品因为物流而变得有缺陷，或者服务承诺没有得到履行；那么，物流实质上并没有增加价值，反而会降低信誉价值。同时，物流的各种费用一旦支出，也就无法收回。在作业中，由于不正确装运或运输中的损坏而导致重新作业，其费用远比第一次就正确地履行作业所支付的费用要多。事实上，当作业质量不合格时，物流作业中的其他表现会同时被否定。因此，物流作业必须履行所需要的质量标准。

（6）逆向物流支持。物流设计的最后一个目标是逆向物流支持。企业大多会对商品出售做出各种保证，如保质期、保鲜期、失效期、退换货等。在某些情况下，还必须回收那些已流向市场的超时存货。产品收回是由于不断地提高具有强制性的质量标准、产品有效期和因危害而产生的责任等，引起客户对产品不满意所造成的结果。逆向物流需求也产生于某些法律规定。例如：有些法律规定，对某些饮料容器和包装材料禁止任意处理或鼓励回收，以致回收的数量不断增加，最终导致逆向物流的增加。逆向物流作业最重要的意义是，当存在潜在的健康责任时（如一种易污染产品），需要进行最大限度的控制。在这个意义上，产品收回规划不论代价大小，都必须最大限度地执行，这同执行客户服务战略相类似。逆向物流作业的重要之处还在于，如果不仔细地审视逆向物流需求，就无法制定有效的整体物流战略。设计一个完整的物流系统，必须具有逆向物流支持能力，即从货物的发出到废旧物资回收的循环过程。

（二）物流战略管理

物流战略管理是指通过物流战略设计、战略实施、战略评价与控制等环节，调节物流资源、组织结构等最终实现物流系统宗旨和战略目标的一系列动态过程的总和。物流战略管理包括企业物流战略和第三方物流（企业）战略，涉及不同层次的战略设计、战略组织和战略过程。

物流战略管理属于管理学的范畴，是管理科学的一个新发展阶段，是一门具体的管理学科。其从管理学的角度研究如何把企业物流的各项具体管理提高到战略的高度，用战略的理念进行企业物流的科学管理，从而实现发展战略的目标。物流战略管理属企业内部管理的范畴，是企业的一种管理理论、方法与手段。物流管理战略的内容包括以下几个方面。

1．全局性的战略

物流管理的最终目标是满足用户需求（把企业的产品和服务以最快的方式、最低的成本交付用户），因此用户服务应该成为物流管理的最终目标，即全局性的战略性目标。

2．结构性的战略

物流管理战略的第二层次是结构性的战略，包括渠道设计和网络分析。渠道设计包括重构物流系统、优化物流渠道等；网络分析的内容主要包括库存状况的分析，用户服务的调查分析，运输方式和交货状况的分析，物流信息及信息系统的传递状态分析，合作伙伴业绩的评估和考核。

3．功能性的战略

物流管理第三层次的战略为功能性的战略，包括物料管理、仓库管理、运输管理3个方面。其主要内容有运输工具的使用与调度，采购与供应及库存控制的方法与策略，仓库的作业管理等。物料管理与运输管理是物流管理的主要内容，必须不断地改进管理方法，使物流管理向零库存这个极限目标努力，降低库存成本和运输费用，优化运输路线，保证准时交货，实现物流过程适时、适量、适地的高效运作。

4．基础性的战略

物流管理第四层次的战略是基础性的战略，其主要作用是为保证物流系统的正常运行提供基础性的保障。其内容包括组织系统管理、信息系统管理、政策与策略、基础设施管理。信息系统是物流系统中传递物流信息的桥梁，库存管理信息系统、配送分销系统、用户信息系统、数据交换与传输系统、电子资金交易系统等对提高物流系统的运行效率起着关键作用，因此必须从战略的高度去规划与管理，才能保证物流系统高效运行。

（三）物流成本管理

物流成本管理是对物流相关费用进行的计划、协调与控制。物流成本管理是通过成本去管理物流，即管理的对象是物流而不是成本。物流成本和其他成本相比有许多不同之处，其最突出的两点是物流冰山现象和效益背反（交替损益）现象。

1．物流成本管理的内容

物流企业的最主要特点是将物资流转各环节的经营活动进行有机整合，使物流成本最低化，从而提高物流企业的经营效益。因而，物流成本管理覆盖了物流活动的全过程。物流成本管理的具体内容包括物流成本核算、物流成本预测、物流成本决策、物流成本计划、物流成本控制、物流成本分析等。

（1）物流成本核算。物流成本核算是根据企业确定的成本计算对象，采用相适应的成本计算方法，按照规定的成本项目，通过一系列的物流费用汇集与分配，从而计算出各物流环节成本计算对象的实际总成本和单位成本。通过物流成本计算，可以如实地反映物流经营过程中的实际耗费，同时也是对各种物流费用实际支出的控制过程。

（2）物流成本预测。物流成本预测是根据有关成本数据和企业的具体发展情况，运用一定的技术方法，对未来的成本水平及其变动趋势做出科学的估计。物流成本预测是成本决策、成本计划和成本控制的基础工作，它可以提高物流成本管理的科学性和预见性。在物流成本管理的许多环节都存在成本预测问题，如仓储环节的库存预测，流通环节的加工预测，运输环节的货物周转量预测等。

（3）物流成本决策。物流成本决策是在成本预测的基础上，结合其他有关资料，运用一定的科学方法，从若干个方案中选择一个满意方案的过程。从物流整个流程来说，有配送中心新建、改建、扩建的决策；装卸搬运设备、设施添置的决策；流通加工合理下料的决策等。进行成本决策、确定目标成本是编制成本计划的前提，也是实现成本的事前控制，提高经济效益的重要途径。

（4）物流成本计划。物流成本计划是根据成本决策所确定的方案、计划期的生产任务、降低成本的要求及有关资料，通过一定的程序，运用一定的方法，以货币形式规定计划期物流各环节耗费水平和成本水平，并提出保证成本计划顺利实现所采取的措施。通过成本计划管理，可以在降低物流各环节方面给企业提出明确的目标，推动企业加强成本管理责任制，增强企业的成本意识，控制物流环节费用，挖掘降低成本的潜力，保证企业降低物流成本目标的实现。

（5）物流成本控制。物流成本控制是根据计划目标，对成本的发生和形成过程，以及影响成本的各种因素和条件施加主动的影响，以保证实现物流成本计划的一种行为。从企业生产经营过程来看，成本控制包括事前成本控制、事中成本控制和事后成本控制。事前成本控制是整个成本控制活动中最重要的环节，它直接影响以后各作业流程成本的高低。物流事前成本控制活动主要有物流配送中心的建设控制，物流设施、设备的配备控制，物流作业过程改进控制等。物流事中成本控制是对物流作业过程实际劳动耗费的控制，包括设备耗费的控制、人工耗费的控制，以及劳动工具耗费和其他费用支出的控制等。物流事后成本控制是通过定期对过去某一段时间成本控制的总结、反馈来控制成本。通过成本控制，可以及时发现存在的问题，采取纠正措施，保证成本目标的实现。

（6）物流成本分析。物流成本分析是在成本核算及其他有关资料的基础上，运用一定的方法，揭示物流成本水平的变动，进一步查明影响物流成本变动的各种因素。通过物流成本分析，可以提出积极的建议，采取有效的措施，合理地控制物流成本。

上述各项成本管理活动的内容是互相配合、相互依存的一个有机整体。成本核算为成本预测提供基础资料，成本预测是成本决策的前提，成本计划是成本决策所确定目标的具体化，成本控制是对成本计划的实施进行监督，以保证目标的实现。

2. 降低物流成本的途径

降低物流成本是企业的“第三利润源”。物流成本的降低成为企业获得利润的重要方面，从长远的角度来看，降低物流成本可以通过以下几个途径加以实现：

（1）物流合理化。物流合理化就是使一切物流活动和物流设施趋于合理，以尽可能低的成本获得尽可能好的物流服务。根据物流成本的效益背反理论，物流的各个活动的成本往往此消彼长，若不综合考虑，必然会造成物流成本的增大，造成物流费用的极大浪费。对于一个企业而言，物流合理化是降低物流成本的关键因素，它直接关系到企业的效益，也是物流管理追求的总目标。物流的合理化要根据实际的流程来设计、规划，不能单纯地强调某环节的合理、有效、节省成本，而是要进行系统考虑。

（2）物流质量。加强物流质量管理也是降低物流成本的有效途径。这是因为，只有不断提高物流质量，才能减少并最终消除各种差错事故，降低各种不必要的费用支出，降低物流过程的消耗，从而保持良好的信誉，吸引更多的客户，形成规模化的集约经营，提高物流效率，从根本上降低物流成本。物流质量内涵丰富。其主要包括以下内容：

商品质量指商品运送过程中对原有质量（数量、形状、性能）的保证，要尽量避免商品的破损。

物流服务质量是指物流企业对客户提供服务，使客户满意的程度。例如：第三方物流企业采用中国北斗卫星导航系统（BeiDou Navigation Satellite System，BDS），能使客户对货物的运送情况进行随时跟踪。由于信息和物流设施的不断改善，企业对客户的服务质量必然会不断得到提高。

物流工作质量是指物流服务各环节、各岗位具体的工作质量。这是相对于企业内部而言的，是在一定标准下的物流质量的内部控制。其具体的控制有物流工作质量指标，包括运输工作质量指标、仓库工作质量指标、包装工作质量指标、配送工作质量指标、流通加工工作质量指标及信息工作质量指标等。

物流质量管理与一般商品质量管理的主要区别有两点：一是要满足生产者的要求，使其产品能及时准确地运送给用户；二是要满足用户的要求，即按用户要求将其所需的商品送达，并使生产者与用户在经济效益上求得一致。

（3）物流速度。提高物流速度可以减少资金占用，缩短物流周期，降低存储费用，从而节省物流成本。提高物流速度可以通过加快采购物流、生产物流、销售物流的速度来缩短整个物流周期，提高资金的利用率。

（四）物流服务管理

物流服务是指物流企业或企业的物流部门从处理客户订货开始，直至商品送交客户过程中，为满足客户的要求，有效地完成商品供应、减轻客户的物流作业负荷所进行的全部活动。

1. 以客户为核心的物流服务

以客户为核心的物流服务包括向买卖双方提供利用第三方专业人员来配送产品的各种可供选择的方式。处理客户向制造商的订货，直接送货到商店或客户家中，以及按照零售店货架储备所需的明细货品规格持续地提供递送服务，这类专门化的物流服务可以被有效地用来支持新产品的引入，以及基于当地市场的季节性配送。

2. 以促销为核心的物流服务

以促销为核心的物流服务涉及独特的销售点和展销人的配置，以及旨在刺激销售的其他范围很广的各种服务。在有选择的情况下，以促销为核心的物流服务还对储备产品的样品提供特别介绍，甚至进行直接邮寄促销。许多以促销为核心的物流服务包括销售点广告宣传和促销材料的物流支持等。

3. 以制造为核心的物流服务

以制造为核心的物流服务是通过独特的产品分类和递送来支持制造活动的。既然每一位客户的实际设施和制造装配都是独特的，那么，从理想上来说，递送和引入内向流动的材料和部件应进行客户定制化。以制造为核心的服务，与其说是在预测基础上生产独特的产品，还不如说是对基本产品进行了修正，以适应特定的客户需求。

4. 以时间为核心的物流服务

以时间为核心的物流服务涉及使用专业人员在递送以前对存货进行分类、组合排序，主要采用准时化形式来最大限度地满足物流服务对象的各种时间需要。以时间为核心的物流服务就是排除不必要的仓库设施和重复劳动，以期最大限度地提高服务速度。

（五）物流组织与人力资源管理

1. 物流组织管理

物流组织作为专门从事物流经营和管理活动的组织机构，一般按从事物流管理的机构设置和管理权限及范围来划分，既包括企业内部的物流管理和运作部门、企业间的物流联盟组织，也包括从事物流及其中介服务的部门、企业和政府物流管理机构。物流组织管理的主体是物流管理人员，行为准则是健全的规章制度，媒介是企业物流信息。

（1）确定物流企业组织机构的基本原则如下：

①精简原则。精简是指物流企业经营管理的各类机构的组建应同企业的经营规模和经营任务相适应，应精简机构设置的管理层次，压缩管理人员的编制。

企业要在服从经营需要的前提下，因事设机构、设职位，因职用人，尽量减少不必要的机构和人员，以达到组织机构设置的合理化，以提高工作效率。同时，要求企业各级组织机构具有明确的职责范围、权限，以及相互间的协作关系；具有健全和完善的信息沟通渠道；制定合理的奖惩制度，有利于发挥职工的主动性和积极性，使他们全力投身工作。

②统一原则。统一是指物流企业各部门、各环节的组织机构必须是一个有机结合的统一的组织体系。在这个组织体系中，各层次的机构形成一条职责、权限分明的等级链，不得越级指

挥与管理。优点是：谁下命令谁执行都很清楚，执行者负执行的责任，指挥者负指挥的责任，自上而下地逐级负责，层层负责，保证经营任务的顺利进行。

③自主原则。自主是指物流企业等级链上的各部门、各环节的机构都在各自的职责和权限范围内，独立自主地履行职能，充分发挥各级组织机构的主动性和积极性，提高管理工作效率。上级对下级在其职权范围内做出的决定不能随意否定。自主的原则是统一领导与分级管理、原则性与灵活性相结合的需要。

④高效原则。组织机构必须以完成经营目标和任务为准绳，必须具有管理工作的高效率和经营的高效益。因此，组织机构必须讲求科学分工，明确职责，实行责、权、利的统一，以提高管理效率和全员劳动效率。

（2）物流组织管理的内容主要有：

①物流组织机构的设计。确定整个企业物流组织的框架和结构，确定企业中各职能部门、各层次及各个环节的联系和协调方式。包括5个方面的内容：物流决策组织系统的设计，物流指挥系统的设计，职能参谋系统的设计，组织内部各个局部开展工作的一般要求的确定，组织信息沟通方式的选择。

②物流组织规章制度的建立。应从总体和局部两方面着手，具体明确各层次、各环节管理部门的行为准则、工作要求以及协调、检查和反馈制度。从制度上保证管理工作的整体性、系统性和有效性。

2．物流人力资源管理

“人力资源”这一概念早在1954年就由彼得·德鲁克在其著作《管理实践》提出并加以明确界定。20世纪80年代以来，人力资源管理理论不断成熟，并在实践中得到进一步发展，为企业所广泛接受，并逐渐取代人事管理。进入20世纪90年代后，人力资源管理理论不断发展，也不断成熟。人们更多地探讨人力资源管理如何为企业的战略服务，人力资源部门的角色如何向企业管理的战略合作伙伴关系转变。战略人力资源管理理论的提出和发展，标志着现代人力资源管理的新阶段。

人力资源管理是指运用现代化的科学方法，对与一定物力相结合的人力进行合理的培训、组织和调配，使人力、物力经常保持最佳比例，同时对人的思想、心理和行为进行恰当的诱导、控制和协调，充分发挥人的主观能动性，使人尽其才，事得其人，人事相宜，以实现组织目标。人力资源管理在经济学与人本思想指导下，通过招聘、甄选、培训、报酬等管理形式对组织内外相关人力资源进行有效运用，满足组织当前及未来发展的需要，保证组织目标实现与成员发展的最大化的一系列活动的总称。也就是预测组织人力资源需求并做出人力需求计划，招聘选择人员并进行有效组织，考核绩效支付报酬并进行有效激励，结合组织与个人需要进行有效开发，以便实现最优组织绩效的全过程。

实施物流管理的目的就是要在尽可能最低的总成本条件下实现既定的客户服务水平，即寻求服务优势和成本优势的一种动态平衡，并由此创造企业在竞争中的战略优势。根据这个目标，物流管理要解决的基本问题，就是把合适的产品以合适的数量和合适的价格在合适的时间和合适的地点提供给客户。现代企业物流管理需要依靠高度发达的信息网络和全面、准确的市场信息。信息已成为物流管理的核心，现代物流活动必须及时了解和反映市场的需求，并将之反馈到供应链的各个环节，才能保证生产经营决策的正确和再生产的顺利进行，以实现企业各自的经营目标和实现整个供应链的效率化。

四、与物流管理岗位相匹配的职业能力

我国自20世纪80年代初系统引进现代物流理论以来，特别是近几年，随着社会主义市场经济体制的逐步建立，科学技术的迅速发展以及加入世贸组织，我国的物流业得到快速发展，政府和企业也都逐渐意识到发展物流在优化资源配置中的重大作用和意义。物流业已成为我国经济领域中发展最快、最活跃、最具热点的一个行业。这也加大了对物流管理人才的需求量。根据物流工作岗位性质的不同，对物流人才的需求也不尽相同。下面从物理管理的职业能力与物流管理的岗位设置两个方面进行介绍。

（一）物流管理的职业能力

职业能力是人们从事其职业的多种能力的综合。职业能力可以定义为个体将所学的知识、技能和态度在特定的职业活动或情境中进行类化迁移与整合所形成的能完成一定职业任务的能力。

物流企业管理作为企业管理的一个分支，是对企业内部的物流活动（如物资的采购、运输、配送、储备等）进行计划、组织、指挥、协调、控制和监督的活动。通过使物流功能达到最佳组合，在保证物流服务水平的前提下，实现物流成本的最低化，这是现代企业物流管理的根本任务所在。物流管理职业能力就是相关物流管理人才利用现代管理方法和现代技术，使各个环节共享总体信息，作为一个一体化的系统来进行组织和管理，使系统能够在尽可能低的总成本条件下，提供有竞争优势的客户服务。

1．战略型物流人才职业能力

针对发展迅猛的物流业，更需要从事物流企业发展方向研究、物流企业管理体制研究等方面的高级管理和研究的战略型物流管理人才。这就要求高层次物流管理人员的特点是通晓物流活动全局，具有前瞻性思维，熟知至少一个行业或一种模式的物流理论与应用，能从战略上分析和把握其发展特点与趋势的职业能力。

2．管理型物流人才职业能力

从我国现代物流的发展现状来看，物流企业不仅需要从事物流企业发展方向研究、物流企业管理体制研究、企业管理软件开发和企业设备研究与开发等方面的高级管理和研究人员，更需要管理人员具备系统化的物流管理能力、懂得进出口贸易业务的专业操作能力、电子商务物流管理能力，同时还应掌握商品配送和资金周转、成本核算等相关知识和操作方法的物流管理能力。其特点是精通现代物流商务活动，同时具备足够的物流技术知识，善于提出满足物流活动需求的方案。

3．技能型物流人才职业能力

物流企业的发展对物流管理人员的职业能力需求是多层次的，从我国现代物流的发展现

状来看，也需要从事设备的操作、维护，物流信息搜集、加工、整理，物流企业配送中心的管理和经济核算，以及从事储存、运输、配送、货运代理、报关等具体工作的初中级技能型人才。

在物流业蓬勃发展的今天，对物流管理人员的专业素质与工作能力提出了更高的要求，要求相关管理人员具备有一定的专业理论素养，应用技术能力强、综合素质高，有善于创新能力。

（二）物流管理的岗位设置

物流管理岗位涉及内容广泛，大致分为以下职位：第三方物流、公路与铁路运输、邮政、外贸、航运、快递、货代、船代、港口、仓储、配送等企业的操作、业务、策划及中高层经管人员；生产、制造、电子商务、超市等企业的相关操作人员及经管人员；交通、航空、铁道、航运、外贸、物资等大中专院校的在校学生。针对物流企业不同的类型，物流管理的岗位大致分为三种，分别为物流操作岗位、物流管理岗位和物流发展岗位。

1．物流操作岗位

物流操作岗位分为采购员、订单员、质检员、理货员、库管员、拣货员、派工员、调度员、信息员、服务营销员、储配文员、货代员等。

采购员主要进行一切生产物资的采购、进货运输、仓储、库存管理、用料管理和供应管理；订单员主要负责接收订单并处理；质检员负责公司所有物资、产品、设备的质量检查工作；理货员负责货物整理及补货活动；库管员负责仓库货物的日常管理；拣货员负责货物的拣选；派工员负责拣选单的分配、组织；调度员负责货物仓储和运输等作业调度管理工作；信息员负责信息采集及系统维护；服务营销员主要进行物流业务推广工作；储配文员负责与货物储配相关的日常工作；货代员主要进行货物运输代理，办理有关货物交接、仓储、调拨、包装、转运、定车皮、租船、定舱等业务。

2．物流管理岗位

物流管理岗位主要有采购主管、仓库主管、配送主管、运输主管、信息主管、营销主管等。

采购主管主要负责采购的全面工作，统筹策划和确定采购内容，减少不必要的开支，以有效的资金，保证最大的供应，确保各项采购任务完成；仓库主管主要组织指导材料、成品入库、仓储、出库等环节的工作，编制相应台账，并报送财务部和生产部门；配送主管主要负责配送业务基层管理，做好配送中心出货、送货、换货、退货的商品管理，及有关单据的审核、把关，确保配送商品无误，配送安全，在商品配送过程及时跟踪，存在问题及时上报，跟进处理等工作；运输主管岗位主要根据企业相关部门要求制订合理及科学的运输计划、车辆运营计划等并组织实施，确保运输安全，及时受理运输过程中的突发事件，制定解决措施；信息主管负责信息部的正常运作，保障系统的平稳运行，并对高层管理人员和其他业务部门提供技术支持；营销主管主要依据市场需求，计划最可能的供给路径，在最有效和最经济的成本前提下，为客户提供满足的产品，服务空间流动和时间延伸的需要等工作。

3．物流发展岗位

物流发展岗位主要有采购部经理、仓储部经理、配送部经理、运输部经理、营销部经理等。

采购部经理主持采购部全面工作，提出企业物资采购计划，调查研究公司各部门物资需求及消耗情况，熟悉各种物资的供应渠道和市场变化情况，审核年度各部呈报的采购计划，统筹策划和确定采购内容，熟悉和掌握公司所需各类物资，监督参与大批量商品订货的业务洽谈，检查合同的执行和落实情况，按计划完成企业各类物资的采购任务等内容工作；仓储部经理负责计划、指导和协调物流企业内部的仓储活动以及对客户提供仓储服务；配送部经理主持配送中心日常管理工作，负责收货区进出的商品及有关单据的审核、把关，负责库存商品调拨送货和对账的管理工作，确保库存商品的质量完好、完整，确保收货区商品按类别合理堆放周转畅通，制定并实施等相关工作；运输部经理负责调配运输车辆，监控物流作业，保证货物及时完好送达，组织评审、选择第三方物流，负责管理第三方物流的业务操作，负责车辆的安全、成本管理，及时处理运输中出现的紧急问题；营销部经理负责监督、指导分管销售人员的营销工作，制定各项营销规程并组织实施物流方案，定期分析业务数据、形成营销工作分析报告，负责客户资料的收集、分析、开发，协助营销总监对销售价格的制定，总结、分析、提出营销管理工作中存在的问题，并提交改进措施的建议，配合开展对营销人员的培训工作，协助企业营销队伍的建设工作等内容。

• 项目小结

本项目主要介绍了物流的产生及发展，详细阐述了物流概念和物流的基本功能要素，从不同角度层面对物流进行了不同的分类，并解读了物流的“黑大陆”学说、物流冰山学说、“第三利润源”学说、效益背反理论等物流学说；同时，对物流管理的概念和内容进行了详细说明，介绍物流管理工作的不同岗位设置，学习掌握匹配具备物流管理相应的职业能力技能。

重点概念：物流；物流管理，物流基本学说

• 知识巩固

一、不定项选择题

1. 物流是指物资的物质实体由供应者到需求者的流动，即（　　）。

A. 物资空间位置的变动和时间位置的变动

B. 物资空间位置的变动和形状性质的变动

C. 物资时间位置的变动和形状性质的变动

D. 物资空间位置的变动、时间位置的变动和形状性质的变动

2. 按照物流活动的空间范围划分，物流可划分为国内物流、国际物流和（　　）等。

A. 地区物流　　B. 区域物流　　C. 省内物流　　D. 跨区域物流

3. 按照物流的主体划分，物流可分为企业自营物流、第三方物流与（　　）。

A. 外包物流　　B. 销售物流　　C. 社会物流　　D. 供应物流

4. 物流管理战略的内容包括（　　）。

A. 全局性的战略　B. 结构性的战略　C. 功能性的战略　D. 基础性的战略

5．降低物流成本的途径有物流合理化、物流质量和（　　）。

A．物流距离　B．物流速度　C．物流整合　D．物流费用

6．（　　）处于生产过程的终端和物流过程的开端。

A．包装　B．运输　C．配送　D．流通加工

7．以下（　　）活动属于流通加工的范畴。

A．包装、分割　B．计量、分件

C．刷标志、拴标签　D．组装

8．物流配送的主要工作有（　　）。

A．备货、储存、加工　B．分拣及配货

C．配装　D．配送运输、送达服务

9．现代物流与传统物流最主要的区别是（　　）。

A．包装　B．物流信息　C．配送　D．流通加工

10．（　　）是物流的一个缩影或在某小范围中物流全部活动的体现。

A．包装　B．物流信息　C．配送　D．流通加工

二、判断题

1．流通实际上就是物流。（　　）

2．商流主要进行运输和储存，实现物资实体空间和时间位置转移；而物流过程主要进行商品交换，实现物资所有权的转移。（　　）

3．流通包含商流、物流、资金流和信息流，其中信息流从属于物流。（　　）

4．我国是从美国引进“物流”一词的。（　　）

5．物流成本和其他成本相比有许多不同之处，其最突出的两点是物流冰山现象和效益背反（交替损益）现象。（　　）

三、简答题

1．简述物流和物流管理的概念。

2．物流有哪些基本功能？

3．物流有哪些分类？

4．什么是物流的“黑大陆”学说、物流冰山学说、“第三利润源”学说、效益背反理论？

5．物流管理有哪些内容？

课后习题答案

• 拓展阅读

重庆——崛起中的国际物流大枢纽

• 技能实训

一日物流人

一、实训目标

通过组织学生参观校企合作物流企业，完成对物流概念及物流主要功能认知实践，帮助学生理解物流的各主要功能；通过学生岗位角色扮演完成不同业务流程，让学生观察和亲身体验物流采购、仓储、运输、物流市场营销与信息处理等功能的作业过程，加深学生对物流功能和物流业务的直观理解，从而培养和提升学生学习物流的兴趣。

二、实训步骤

1. 参观校企合作物流企业，了解校企合作物流企业的主要物流功能、发展现状和岗位设置。

2. 模拟实训：按物流操作岗位（采购员、订单员、理货员、库管员、拣货员、调度员、信息员、物流营销员、货代员）、物流管理岗位（采购主管、仓库主管、配送主管、运输主管、信息主管、营销主管）和物流发展岗位（采购部经理、仓储部经理、配送部经理、运输部经理、营销部经理）设置不同岗位，学生分岗位佩戴工牌，形成完整的物流企业岗位设置。

3. 完成采购、仓储、配送、运输、物流营销等业务的流程角色扮演。

三、实训要求

1. 了解本次实训的目的。

2. 学生在参观过程中应做好记录。

3. 形成实训报告。

4. 进行实训考评。

四、实训报告

实训报告

班级		姓名		时间	
实训目的					
实训步骤					
实训内容					
我的做法					
我的结论					
我的想法					

五、实训考评

考评表

考评人		**被考评人**	
考评地点			
考评内容	物流认知		
考评标准	具体内容	分值	实际得分
	实训背景分析	20	
	实训内容全面性	20	
	实训业务流程设计的可行性	30	
	在实训过程中体现的团队合作和职业素养	30	
合　计		100	

模块二

物流功能

项目二 包装

项目目标

【知识目标】

1. 了解包装的概念与作用
2. 熟悉包装的分类
3. 掌握包装的标志和包装材料的分类
4. 掌握包装的技术

【能力目标】

1. 能够结合实际选择绿色包装材料
2. 能够熟练运用包装技术进行包装操作
3. 能够在包装相关岗位使用包装设备进行包装

【素质目标】

1. 树立物流领域的绿色环保理念
2. 在社会实践和学习生活中身体力行倡导并贯彻包装合理化
3. 积极参与物流环保领域建设活动

思维导图

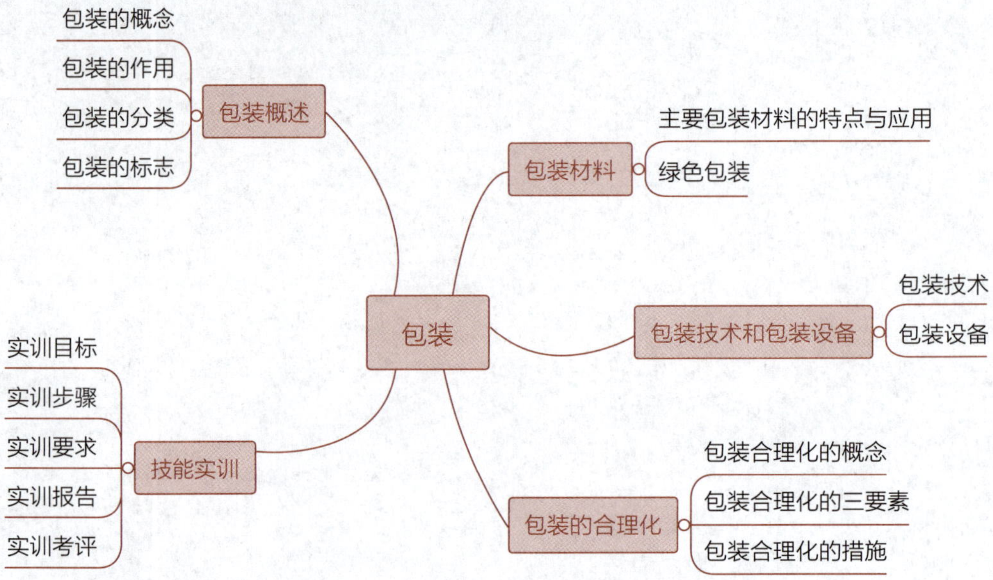

案例导入

夺命毒快递

山东省邮政管理局市场监管处副处长陈晓通报，2013年11月28日23:15，潍坊捷顺通快递有限公司（圆通网络）工作人员在卸载由武汉发往潍坊的快件时，发生化学品泄漏，在48小时内先后导致5名工作人员中毒，5人均已出院。运输车上的1844件快件中，包括污染源在内共154件快件沾上氟乙酸甲酯。该车在武汉出发后在潍坊是第一站。

事发后，该公司未按照有关规定和程序向当地邮政管理部门报告，而是对嫌疑快件自行进行了隔离，并于2013年11月29日10:00左右将同一车次的其他快件先后投出。污染快件除造成广饶1例死亡之外，还造成寿光胶州2例身体不适并已经接受治疗，黄岛1例收件人收件时发现异味后，将快件退回。

此次泄漏的化学品为氟乙酸甲酯，是一种在制药领域广泛应用的有毒液体。该物体虽然不属于《危险化学品名录》（2002版）中的危险化学品，但具有易燃特性，刺激人的眼睛、呼吸系统和皮肤，出现过致人死亡的极端案例。该化学品由湖北某化工厂经当地圆通快递收寄点寄往山东省潍坊市某制药厂，邮寄过程中由于种种原因造成外包装破损，致使液体泄漏。

案例分析：

1. 此案例中造成“人员伤亡”严重后果的有毒液体泄漏是如何产生的？
2. 思考物流包装有哪些重要的作用？

项目知识

任务一　包装概述

一、包装的概念

包装是物流系统的构成要素之一，它既是生产的终点，又是物流的起点。先进合理的包装技术能提高物流服务的水平、降低物流费用、提高物料搬运和仓储的效率。

“包装”这个词在不同的时期和国家有着不同的解释与意义。

中国《辞海》中的解释：“包”的意思有包藏、包裹、收纳等意思，而“装”则有装束、装扮、装载、装饰与样式、形貌等意思。

日本《大汉和词典》的解释，包装的意义为“包，准备行李，打理行李”，有将物品包扎整理，进行搬运的意思。

英国《牛津大词典》的说明，英文中包装的意思也基本与此相同，可作包扎包裹、打点行李理解。

在过去只是被认为能够良好地保护产品物即可。随着时代的发展，其所涵盖的意思还在不断地扩大。比如：“人体”包装、“形象”包装、“城市”包装等，从商品包装这个角度来讲，它是实现商品价值和使用价值的一个重要手段，从功能上讲已不再仅仅是将产品包好而已，同时也需要它能保护和保存产品，具有运输、携带方便性，使用的经济性和科学性，促进销售并

【包装小故事】

香奈儿香水的创意包装

香奈儿5号香水如图2-1所示。

1921年5月，当香水创作师恩尼斯·鲍将他发明的多款香水呈现在香奈儿夫人面前让她选择时，香奈儿夫人毫不犹豫地选出了第五款，即现在誉满全球的香奈儿5号香水。然而，除了那独特的香味外，真正让香奈儿5号成为“香水中的贵族”确是那个看起来不像香水瓶，反而像药瓶的创意包装。

图2-1 香奈儿5号香水

服装设计师出身的香奈儿夫人，在设计香奈儿5号香水瓶造型上别出心裁。香奈儿5号以其宝石切割形态的瓶盖、透明水晶的方形瓶身造型、简单明了的线条，成为一股新的美学观念，并迅速俘获了消费者。从此，香奈儿5号香水在全世界畅销百年，至今仍然长盛不衰。

1959年，香奈儿5号香水瓶以其所表现出来的独有的现代美荣获“当代杰出艺术品”称号，跻身于纽约现代艺术博物馆的展品行列。香奈儿5号成为名副其实的艺术品。

有利于环保等。

2021版《物流术语》（GB/T 18354—2021）对包装（Packaging; Package）的定义是：“为在流通过程中保护产品、方便储运、促进销售，按一定技术方法而采用的容器、材料及辅助物等的总体名称。也指为了上述目的而采用容器、材料和辅助物的过程中施加一定技术方法等的操作活动。”物流中的包装主要指工业包装或外包装，以及在物流过程中的换装、分装、再包装等活动。包装的选择不仅要考虑包装在运输、储存过程中对产品的保护，还要考虑包拆装的便利性、美观性以及废包装的回收及处理等因素。

二、包装的作用

包装在物流系统中具有十分重要的作用。包装是生产的终点，同时又是物流的起点，它在很大程度上制约物流系统的运行状况。对产品按一定数量、形状、重量、尺寸大小配套进行包装，并且按产品的性质采用适当的材料和容器，不仅制约着装卸搬运、堆码存放、计量清点是否方便高效，而且关系着运动工具和仓库的利用效率。

（一）保护商品

保护商品是包装的重要作用之一。商品在流通过程中，可能受到各种外界因素的影响，引起商品破损、污染、渗漏或变质，使商品降低或失去使用价值。科学合理的包装，能使商品抵抗各种外界因素的破坏，从而保护商品的性能，保证商品质量和数量的完好。

（二）便于流通

包装为商品流通提供了条件和方便。将商品按一定的数量、形状、规格、大小及不同的容器进行包装，而且在商品包装外面通常都印有各种标志，反映被包装物的品名、数量、规格、颜色以及整体包装的体积、毛重、净重、厂名、厂址及储运中的注意事项等，这样既有利于商品的分配调拨、清点计数，也有利于合理运用各种运输工具和仓容，提高运输、装卸、堆码效率和储运效果，加速商品流转，提高商品流通的经济效益。

（三）促进销售

精美的商品包装，可起到美化商品、宣传商品和促进销售的作用。包装既能提高商品的市场竞争力，又能以其新颖独特的艺术魅力吸引顾客、指导消费，成为促进消费者购买的主导因素，是商品的无声推销员。优质包装在提高出口商品竞销力，扩大出口创汇，促进对外贸易的发展等方面均具有重要意义。

（四）方便消费

销售包装随商品的不同，形式各种各样，包装大小适宜，便于消费者携带、保存和使用。包装上的绘图、商标和文字说明等，既方便消费者辨认，又介绍了商品的成分、性质、用途、使用和保管方法，起着方便与指导消费的作用。

（五）节约费用

商品包装与生产成本密切相关。合理的包装可以使零散的商品以一定数量的形式集成一体，从而大大提高装载容量并方便装卸运输，可以节省运输费、仓储费等费用支出。有的包装还可以多次回收利用，节约包装材料及包装容器的生产，有利于降低成本，提高经济效益。

三、包装的分类

根据包装在流通过程中所起的作用不同，可将包装分为运输包装和销售包装两种类型。前者的主要作用在于保护商品和防止出现货损货差，后者除起到保护商品的作用外，还具有促销功能。

（一）运输包装

运输包装又称外包装，是指在商品运输、储存和装卸过程中使用的商品包装。运输包装的作用主要是保护商品、方便运输、装卸、储存、减少运费、节省仓租、便于计数等。

1．运输包装的要求

适宜物流配送的运输包装应体现以下要求：

（1）必须适应商品的特性。

（2）必须适应各种不同运输方式的要求。

（3）出口商品必须考虑国家的有关法律规定和客户的要求。

（4）要便于各环节有关人员进行操作。

（5）要在包装牢固的前提下节省费用。

2. 运输包装分类

（1）箱。凡价值较高且容易受损的商品，如丝绸、服装、工艺品、轻工业品等，大都用箱装。包装箱分为木箱、纸箱、夹板箱和钙塑箱。根据不同商品的特点、买方要求及节约成本等选择使用。为节约木材资源和便于回收包装用品，目前趋向于以纸箱取代木箱。一般箱内还衬用防潮纸或塑料薄膜，有时还衬用锌箔或锡箔。箱外通常加打包铁皮或塑料袋。

（2）捆包。凡质地蓬松而品质不会因挤压而受损的商品，如羽毛、羊毛、棉花、布匹、生丝等，可先机压打包，压缩体积，然后再以棉布、麻布包裹，外包箍铁皮或塑料袋，这种方式称为捆包。

（3）桶。液体、半液体以及粉状、粒状等商品，可用桶装。桶装包括木桶、金属桶和塑料桶等。

此外，配送中的运输包装还有篓、筐、坛、瓶、罐等包装容器。

（二）销售包装

销售包装又称为内包装，是指以容器或适当的材料盛装或包装商品，以便陈列销售的包装。例如：盛装罐头食品的罐、听、盒；盛装酒类商品的瓶和听装；茶叶的袋或听等。

1. 对销售包装的要求

为使销售包装适应市场的需要，在设计和制作销售包装时，应体现下列要求：

（1）便于陈列展售。

（2）便于识别商品。

（3）便于携带及使用。

（4）应有艺术吸引力。

2. 销售包装的分类

市场上常见的销售包装种类繁多，主要根据商品特性和销售、消费的需要而设计、制造。由于销售包装对商品在市场上的竞销能力影响很大，各国厂商都十分重视销售包装。目前，常用的听、罐、瓶等销售包装已能十分方便地堆叠和开启，既方便了销售，又便利了消费；常用的袋、包等销售包装大多已用透明材料制成，消费者能清楚地看到内装的商品，有的还能在货架上悬挂或使消费者能很方便地携带；常用的盒、箱等销售包装中，有的用料、造型、图案都十分讲究，适合作为礼品使用。

四、包装的标志

为了便于商品的流通、销售、选购和使用，在商品包装上通常都印有某种特定的文字或图形，用以表示商品的性能、储运注意事项、质量水平等含义，这些具有特定含义的图形和文字称为商品包装标志。商品包装标志分为运输包装标志和销售包装标志。

（一）运输包装标志

运输包装标志主要是便于商品在运输和保管中的辨认识别，防止错发错运，及时、准确地将商品运到指定的地点或收货单位；便于商品装卸、堆码，保证商品质量安全，加速商品周转。运输包装标志分为运输标志、识别标志、指示性标志和警告性标志四大类。

1．运输标志

运输标志（Shipping Mark）又称唛头，通常是由一个简单的几何图形和一些字母、数字及简单的文字组成。通常刷印在运输包装的显要部位，目的是为了使有关工作人员顺利交接货物、防止错发、错运情况的产生（图2-2）。

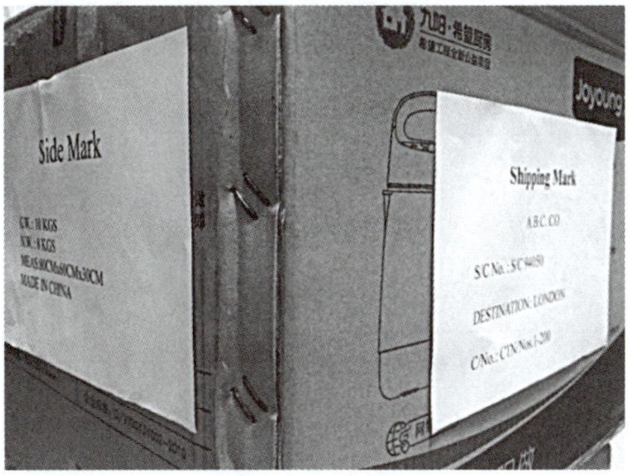

图2-2　运输标志图例

联合国欧洲经济委员会简化国家贸易程序工作组，在国际标准化组织和国际货物装卸协调协会的支持下，制定了一项标准运输标志向各国推荐使用。该标准运输标志包括：

（1）收货人或买方名称的英文缩写字母或简称。

（2）参考号，如订单号、发票号、信用证号、进口许可证号、合同号等。

（3）目的地；如果途中需要转船或转运，则应加列“转船”字样和转运地名称。

（4）件号。在货物付运时，货主都要对每件货物按照顺序编号，件号标志一般用1/100或2/100表示，其中分母表示该批货物的总件数，分子表示货物在整批货物中的编号或1～100表示，目的是为了便于查对点数。

标准运输标志由4行组成，每行不超过17个字母（包括数字和符号），不采用几何图形。只能用拉丁字符A～Z、阿拉伯数字0～9、句号、连字符、圆括号、斜线和逗号（图2-3）。

正唛（Front Mark）和侧唛（Side Mark）如图2-4、图2-5所示。

图2-3　运输标志的内容

图2-4　正唛图例

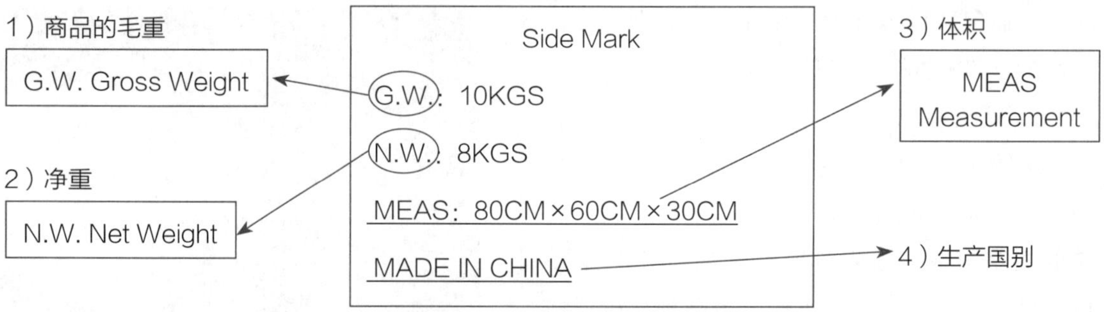

图2-5　侧唛图例

正唛一般会显示商品牌子、商品名称、合同号、型号、目的地等资料；侧唛显示商品的尺寸、毛重、净重等资料。

2. 识别标志

识别标志又称附属标志（Subsidiary Mark），一般会标明货物的尺寸、净重、毛重、产地等详细信息，即前面所讲到的侧唛。

3. 指示性标志

指示性标志用来指示运输、装卸、保管人员在作业时需要注意的事项，以保证物资的安全。这种标志主要表示物资的性质、物资堆放、开启、吊运等的方法。包装中的指示性标志应执行国家有关标准的规定。

指示性标志图例如图2-6所示。

图2-6　指示性标志图例

4. 警告性标志

警告性标志又称危险品标志，是对易爆品、易燃品、有毒物品、腐蚀性物品、放射性物品等危险品在其运输包装上清楚而明确刷制的标志，以示警告，便于装卸、运输和保管人员按货物特性采取相应的防护措施，以保护物资和人身的安全。

部分警告性标志图例如图2-7所示。

图2-7 部分警告性标志图例

（二）销售包装标志

销售包装又称为小包装或内包装。它是指直接接触商品，随着商品进入零售环节和消费者直接见面的包装，实际上是零售包装。因此，销售包装除了要求具备保护商品的条件外，更重要的是要美化商品，宣传商品，便于销售和便于使用。

销售包装标志一般包括商品名称、生产厂名和厂址、产地、规格、数量、商标等（图2-8）。

图2-8 销售包装图例

任务二 包装材料

一、主要包装材料的特点与应用

常用的包装材料有纸、塑料、木材、金属、玻璃、陶瓷、复合材料、自然材料、新型环保材料等，其中使用最广泛的是纸及纸制品、塑料及塑料制品、木材及木材制品。

（一）纸及纸制品

由于纸包装有良好的生态声誉，并已形成一套成熟的回收利用体系，可以使白色污染降到最低水平，所以开发纸包装制品是一大发展趋势。常用的纸包装制品有以下几种。

1. 皮纸

皮纸可用作配送商品的铺衬、内装和外装，也可以制成纸袋，还用做瓦楞纸面层。皮纸具有较高强度和耐磨性、柔韧性，还有一定的抗水性。

2. 玻璃纸

玻璃纸是透明或半透明的防油纸。一般用于配送商品的内装、水包装，以及盒外、瓶外封闭包装，有装饰、绝潮隔尘等作用。其优点是美观、透明，其缺点是强度较低。

3. 植物羊皮纸

植物羊皮纸是用硫酸处理的半透明纸，也称硫酸纸。主要用于带一定装饰性的小包装，如包装食品、茶叶、药品等，可防止包装物受潮、干硬、变味。

4. 沥青纸、油纸及蜡纸

这是用沥青、油或蜡浸渍形成的纸，有较强的防水、隔气、耐磨功能。主要用于个装、内装以及箱、盒内包装内衬，工业品包装中较多采用。

5. 板纸

板纸有草板纸、白板纸和箱板纸三种。草板纸是以稻草及其他植物纤维为原料制成的，主要用作包装衬垫物及不讲究外观效果的包装盒；白板纸为多层结构，面层用漂白纸浆制成，主要用于价值较高商品的内装及中、小包装外装；箱板纸的密度较高，主要用于强度要求较高的纸箱、纸盒、纸筒。

6. 瓦楞纸

瓦楞纸是纸板包装材料中的一种。它由两层纸板和芯层瓦楞芯黏合构成，两层纸板主要是箱板纸。瓦楞纸板的主要特点是重量轻、强度性能好，有良好的抗震性和缓冲性，其生产成本也较低，面层又有一定的装饰和促销功能（图2–9）。

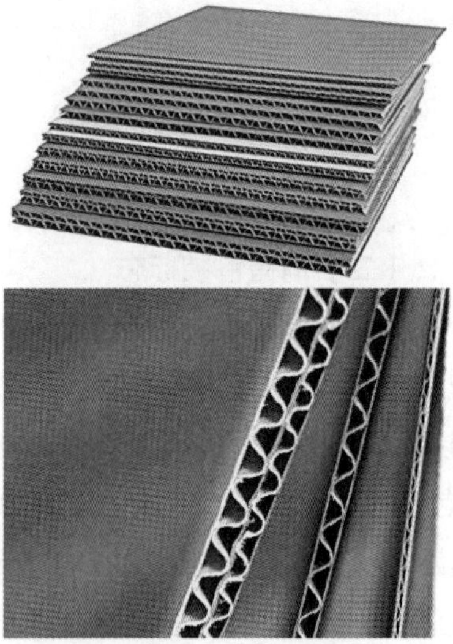

图2–9 瓦楞纸

（二）塑料及塑料制品

常用的塑料包装材料有以下几种。

1. 聚乙烯

聚乙烯主要用于制造塑料薄膜，也用以制造瓶、桶和包装箱盒。聚乙烯薄膜能透过氧气及二氧化碳等气体，很适合蔬菜水果的包装保鲜，也可用于工业品个装、内装。发泡后的半硬质泡沫塑料还可用于包装防震，塑料薄膜如图2–10所示。

2. 聚丙烯

聚丙烯的特点是无毒，没有增塑剂的污染及溢出，可制成薄膜、瓶、盖及用薄膜扁丝编成包装袋，常用于食品、药品包装并制成各种外装包装，集装袋等大型袋也以聚丙烯材料为基本材料。

3. 聚苯乙烯

聚苯乙烯主要用作盒、罐、盘等包装容器和热缩性薄膜包装材料。发泡后的聚苯泡沫塑料可用作包装衬垫及内装防震材料，塑料缓冲膜如图2–11所示。

图2-10 塑料薄膜

图2-11 塑料缓冲膜

4．聚氯乙烯

聚氯乙烯可以制成瓶、盒、箱及薄膜，用于小包装袋或制作周转塑料箱，也可发泡制成硬质泡沫塑料。由于高温下可能分解出有腐蚀性的气体，因此不宜用于防锈包装。

5．钙塑材料

钙塑材料的特点是成本较低，是木材纸板的代用材料，可用于制造钙塑瓦楞纸板、钙塑包装桶、钙塑包装盒等。

（三）木材及木材制品

木箱、包装箱木盒等统称为木质包装容器（Wooden Containers），是指用木材、竹材或木质混合材料制成的刚性包装容器。按其形式可分为：木箱、花格木箱、普通木箱、滑木箱、框架木箱、封闭木箱、胶合板木箱、竹胶合板箱、可拆卸木箱等。

木箱目前广泛地应用于食品、建材、机械行业，成为运输必不可少的工具，常用的有杉木箱、松木箱等。

1．木箱的分类

（1）一次性使用型，它全部由钢钉钉制，不易拆卸且不能多次使用，但是它的制作成本相对较低。

（2）可多次利用型，它由底座，侧板及盖板共6大件组成，由螺栓连接，易拆卸且可多次利用。

2．木箱制作所使用的材料

（1）木箱的主体框架一般由2.5cm × 4.0cm的实木方构成。

（2）木箱的底座一般由3.0cm × 8.0cm的木方及2.0cm厚的实木板制作而成。

（3）木箱的侧面板及盖板可根据客户的要求由0.3cm，0.5cm，0.7cm，1.0cm的合成板或1.0cm的实木板制作而成。

木质包装箱如图2-12所示。

图2-12 木质包装箱

（四）金属

金属包装制品易于携带，且可回收利用，因此是有发展前途的绿色包装材料之一。用于包装材料的金属有以下几种。

1．镀锡薄板

镀锡薄板俗称马口铁，是表面镀有锡层的薄钢板。由于锡层的作用，它除有一般薄钢板的优点外，还有很强的耐腐蚀性。它主要用作制造高档罐容器，如各种饮料罐、食品罐等，表面装潢之后成为工业和商业包装合一的包装（图2–13）。

2. 涂料铁

涂料铁是镀锡薄板一面涂以涂料而加工制成的，主要用于制作食品罐盛装各种食品。

3. 铝合金

以铝为主要合金元素的各种铝合金，按照其他合金元素种类及含量不同，划分为许多型号，可制成牙膏罐、饮料罐、食品罐、航空集装箱等各种包装物，也可与塑料等材料复合制成复合薄膜，用作商业小包装材料。

铝合金包装材料的主要特点是隔绝水、气及一般腐蚀性物质的能力强，强度重量比较大，因而包装材料轻，无效包装较少，无毒，外运性能好，易装饰美化。

铝合金包装箱如图2–14所示。

图2–13 镀锡薄板

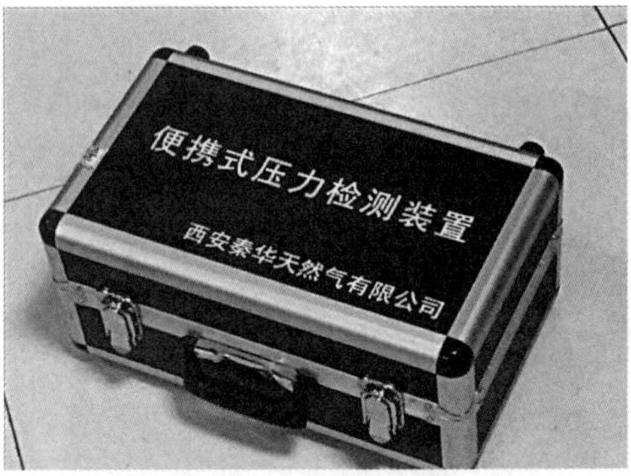

图2–14 铝合金包装箱

（五）玻璃、陶瓷

玻璃、陶瓷的主要特点是有很强的耐腐蚀性能，强度较高，装潢、装饰性能好。其包装形态是瓶、罐。玻璃瓶罐具有透明、不透气、美观、良好的化学稳定性、易于密封等特点，能保证被包装食品的纯度、不变质等卫生要求。制造玻璃瓶罐原料丰富，造型灵活，价格低廉。食品消费后，玻璃瓶罐可多次使用，易于回收，对环境的污染较小。因此，玻璃瓶罐今后仍将是食品、饮料、药品、化工产品的主要包装容器。当然，其易碎、质量重等缺点仍需要改进。

（六）复合材料

针对各种包装材料的优缺点，扬长避短，将两种或两种以上材料通过各种方法复合在一起制成复合材料，它在包装领域有广泛的应用。现在使用较多的是薄膜复合材料，主要有纸基复合材料、塑料复合材料、金属基复合材料等。

（七）自然材料

各种贝壳、竹、木、柳、草编织品和麻织品等，被用于土特产品和礼品包装，并赋予产品一种亲切感和温馨感。

草制包装材料如图2-15所示。

图2-15 草制包装材料

（八）新型环保材料

为了缓解白色污染的情况而研制的最新材料，也是今后包装材料的主要发展方向。

1. 秸秆容器

这是利用废弃农作物秸秆等天然植物纤维，添加符合食品包装材料卫生标准的安全无毒成型剂，经独特工艺和成型方法制造的可完全降解的绿色环保产品。该产品耐油、耐热、耐酸碱、耐冷冻，价格低于纸制品。不仅杜绝了白色污染，而且为秸秆的综合利用提供了一条有效途径。

2. 真菌薄膜

在普通食品包装薄膜表面涂覆一层特殊涂层，使其具有鉴别食物是否新鲜，有害细菌含量是否超出食品卫生标准的功能。

3. 玉米塑料

它是美国科研人员研制出的一种易于分解的玉米塑料包装材料，是玉米粉掺入聚乙烯后制成的。它能在水中迅速溶解，可避免污染源和病毒的接触侵袭。

4. 油菜塑料

最近英国研制成功了一种从制作生物聚合物的细菌中提取了三种能产生塑料的基因，再转移到油菜的植株中，经过一段时间便产生一种塑料性聚合物液，再经提炼加工便可成为油菜塑料。废弃后能自行分解，没有污染残留物。

5. 小麦塑料

由小麦粉面添加甘油、甘醇、聚硅油等混合而成，是一种热可塑料薄膜，能由微生物加以分解。

6. 木粉塑料

以针叶树松、杉等为主磨细制得的100～150目微细木粉，用作塑料的填充料。这种木粉塑料包装材料抗热能力较强，并可被生物分解。

7. CT

这是在聚丙烯、聚乙烯塑料中加入大约一半数量的产自我国辽宁的滑石粉而制成的新型

【包装小知识】

纸包装牛奶更安全

据一些消费者反映，他们购买的塑料袋包装的常温牛奶在饮用时有塑料味，询问这是什么原因。有关专家解释，由于牛奶具有很强的吸附气味的特点，加之高温对塑料的影响，牛奶就很容易串味。这样的牛奶虽然还不一定变质，但确实影响口感。

但采用一种常见的叫作“利乐枕”的“纸袋子”，牛奶就不存在串味的问题，消费者可以更加放心地选购。所谓“利乐枕”是瑞典利乐公司发明的一种无菌环保纸包装，由于形状像枕头而得名。采用利乐枕包装的牛奶均为超高温灭菌奶，即采用高温在4秒钟内对原奶进行瞬间灭菌，将牛奶中的有害微生物全部杀死。这种瞬时灭菌的方式，保证了牛奶的营养和口味，而且不添加任何防腐剂，即使在夏天也不需要放入冰箱，能在常温下保存45天。

利乐枕包装十分牢固，在运输中不容易破包，不会串味。曾经有人做过实验，一个体重50千克的成年人双脚站在利乐枕上，包装依然坚固如初，毫无破损。奇妙的是，这么牢的利乐枕，手感却是纸的质地，在饮用时却只需要轻轻一撕，绝不会像塑料袋那样要用牙齿咬还特别容易咬过劲，把半包牛奶都洒出来。

（资料来源：中国食品网，http://www.cnfood.com/news/show-50937.html）

复合材料。它不仅具有耐高温性，而且其功能相当于聚苯乙烯基吡啶树脂（PSP）泡沫塑料制品，体积小于它的1/3。缓解了因体积庞大而产生的运输、储存、回收等问题。

二、绿色包装

如今人们在购买琳琅满目的商品时会发现一个普遍的现象，以前的一些产品都换上了更方便、更安全、更多样的包装，更重要的是这些商品的“新外衣”还能够避免对环境的污染，这就是引领包装潮流的“绿色包装”。

绿色包装（Green Package）又可以称为无公害包装和环境之友包装（Environmental Friendly Package），指对生态环境和人类健康无害，能重复使用和再生，符合可持续发展的包装。它的理念有两个方面的含义：一方面是保护环境，另一方面是节约资源。这两者相辅相成，不可分割。其中保护环境是核心，节约资源与保护环境又密切相关，因为节约资源可减少废弃物，其实也就是从源头上对环境的保护。

（一）绿色包装的内涵

绿色包装一般应具有以下5个方面的内涵：

（1）实行包装减量化（Reduce），包装在满足保护、方便、销售等功能的条件下，应是材料用量最少。

（2）包装应易重复使用（Reuse），或易于回收再生（Recycle）。可以通过生产再生制品，焚烧利用热能等措施，达到再利用的目的。

（3）包装废弃物可降解（Degradable），不形成永久垃圾，进而达到改善土壤的目的。

（4）包装材料对人体和生物应无毒无害，包装材料中不应含有有毒性的元素、卤素、重金属，或含有量应控制在有关标准以下。

（5）包装制品从原材料采集、材料加工、制造产品、产品使用、废弃物回收再生，直到最终处理的全过程均不应对人体及环境造成公害。

（二）绿色包装设计

1. 绿色包装设计原则

（1）3R1D原则。减量化（Reduce）、重复使用（Reuse）、再生（Recycle）、可降解（Degradable），即当今世界公认的发展绿色包装的3R1D原则，也是绿色包装的重要内涵。

①Reduce原则，即减量化原则。要求包装制品在保证包装、防护和使用功能的前提下，力求消耗材料量最少，以节约资源、降低能耗、降低成本、减少排放物和废弃量。履行这条原则，包括优化结构，适量包装，以轻质包装代替重质包装，用可再生资源材料代替不可再生资源材料，用资源丰富材料代替资源匮乏材料。

②Reuse原则，即重复使用原则。多次重复使用包装制品，既节约材料、降低能耗，又有利于环境保护。包装设计应优先考虑包装制品重复使用的可能性，在技术、材料及回收管理可行的情况下，实施重复使用的设计方案。

③Recycle原则，即循环再生原则。对于不能重复使用的包装制品，需要考虑循环再生处理的可能性，利用再生技术形成再生材料或再生包装，如再生纸、再生纸板、再生塑料等，玻璃、陶瓷、金属包装制品废弃后，可经再熔再造，制成新的同样的材料或包装制品。有些材料和包装制品，可通过处理获得新的可利用的物质，产生新的价值。例如：废弃塑料的油化、汽化，可获得使用价值颇高的油气或燃气。

④Degradation原则，即可降解原则。对所使用的包装制品及材料，废弃后既不能回收重复使用，也不能回收循环再生处理的，或是回收价值不大的，应当能在自然环境中降解销蚀，不对自然生态环境构成污染。

（2）绿色系统原则。绿色包装设计针对包装制品全过程。从材料的加工、选用，包装制品的生产、成型，包装制品流通、使用，到包装废弃物的回收、处理，每个环节都符合绿色要求，无污染后果。

（3）经济性原则。绿色包装设计应节省材料、减少消耗、降低成本，提高效益和增加竞争力。

2. 绿色包装设计内容

绿色包装设计的主要内容及要求有如下几点：

（1）材料的选择。包装所用主要材料和辅料，要选用符合要求的，或是获得国家环境认证标志的绿色包装材料，对内装物不能产生物理的、化学的损害，具有内装物所要求的防护功能；所选绿色包装材料，应具有良好的加工成型性能、印刷着色性能，适于实施清洁生产标准；所有包装辅料的应用，不对人体、内装物及自然环境构成危害；所选材料还应有可靠供应渠道，货源充足，或是有符合要求的替代品。被确定为回收重复使用的包装制品，应注意材料的强度、刚度、耐磨性及环境适应性的选择。

（2）绿色包装设计定位。在包装设计前，应对包装订货单位进行设计定位，核定设计条件和设计要求，包括对企业形象、内装产品、消费对象、销售市场、竞争环境等方面的定位。

（3）绿色包装设计。包括以下3个方面：

①造型设计。包装的造型应形式简洁、流畅，有时代感，符合宜人要求。

②结构设计。包装应能满足包装功能要求，适合内装产品性质和档次，能实现自动化和清洁生产。

③装潢设计。装潢设计包括商标、装潢图案、牌名、标准字体及色彩等设计。要求准确传达产品信息和展示企业的良好形象，充分利用绿色环境标志和绿色内涵，同时要有较强的视觉冲击力，有强烈的心理效应。

（4）绿色包装工艺技术要求。绿色包装制品的生产全过程符合清洁生产要求，符合国家有关生产技术及环境标准。生产中所使用的各种辅料，如胶黏剂、焊料等，不能对人体和环境构成损害，也不能对内装产品形成侵蚀。必须严格控制生产过程中的废弃物、排放物的排放量，不得超过相关标准。

（5）包装废弃物的处理、利用方案。应分析包装所用材料的性质，包装制品的形式，回收利用技术，回收利用的价值及回收管理系统建立等问题，根据这些因素的综合情况确定包装废弃物的处理方式。确定回收重复使用或回收再生利用时，应提出的支持技术、相关设备及主要工艺方法，并进行必要的经济核算。

（三）包装废弃物的处理与回收

包装废弃物是重要的环境污染源。我国包装材料人年均消费量虽然不高，但因人口多，消费总量还是相当可观的。包装废弃物的处理和利用的好坏，将直接关系环境的改善和生态的平衡，对国民经济发展也会带来明显的影响。

1. 包装废弃物与白色污染

包装废弃物有纸质、玻璃、陶瓷、金属、塑料、木质和复合材料等几类。对环境污染最严重的当属塑料，其所造成的污染也就是我们所说的“白色污染”。非降解塑料的废弃物在自然环境中需经二三百年才能发生降解，这是白色污染严重性最根本的原因。塑料废弃物量越大，回收重复使用、再生利用率越低，可降解塑料材料越少，白色污染就越严重，“白色污染”已成为环境治理的突出问题。

2. 包装废弃物的处理利用

（1）纸包装废弃物的处理利用。纸包装废弃物经回收后再生、再造处理可制成再生纸和纸板，或用来生产纸浆模塑制品。

（2）玻璃包装废弃物的处理利用。玻璃包装废弃物回收后可重复使用，也可再造利用。目前，回收重复使用的只限于部分玻璃容器，如啤酒瓶、饮料瓶、调味品瓶和少量罐头瓶。回收利用的玻璃容器需经分拣、清洗和消毒等工序才能进入生产灌装线。玻璃包装废弃物的回收再造，是指对回收不能重复使用或不重复使用的玻璃容器、玻璃制品，经回炉重熔为黏稠的玻璃液体，然后再经重新加工成型成为玻璃容器、玻璃制品的过程。

（3）金属包装废弃物的处理利用。金属包装废弃物回收的主要是容量较大的钢桶、储罐等。在重复使用之前，一般都要经过清洗、除锈、烘干、翻修、整形、重涂处理等过程。由于金属包装制品在流通使用过程中，易于撞瘪、划伤和变形，所以多数金属罐、金属盒、方桶、提桶及其他金属包装制品，回收后都需经回炉再造。

（4）塑料包装废弃物的处理利用。塑料包装废弃物有回收重复使用、回收再生利用、焚烧和填埋的处理方法。

【包装小资讯】

国家市场监督管理总局2019年5月13日发布推荐性国家标准《绿色包装评价方法与准则》，针对绿色包装产品低碳、节能、环保、安全的要求，规定了绿色包装评价准则、评价方法、评价报告内容和格式，其中一次性餐饮具废弃物实际回收利用率应大于75%。

标准定义了“绿色包装”的内涵：在包装产品全生命周期中，在满足包装功能要求的前提下，对人体健康和生态环境危害小、资源能源消耗少的包装。标准从资源属性、能源属性、环境属性和产品属性4个方面规定了绿色包装等级评定的关键技术要求。

据介绍，我国包装行业规模庞大，目前国内生产企业20余万家，但超过80%的企业以生产传统包装产品为主，缺乏绿色化先进技术。新国标的出台，将通过“绿色包装评价”这一技术杠杆，倒逼企业更新产品，推动我国包装产业向绿色模式转变。

（资料来源：人民网http://finance.people.com.cn/n1/2019/0514/c1004-31083105.html）

任务三　包装技术和包装设备

一、包装技术

包装技术（工艺）是指实现包装功能的技术方法，包括运输包装技术和销售包装技术。

运输包装技术是将运输包装体和产品（包括小包装）形成一个有机的整体，目的是以最低的物质消耗和资金消耗，保证产品完整地抵达用户。主要有缓冲、防潮、防锈、防霉、防水等包装技术。

销售包装技术是使产品同包装体形成一个整体，围绕商品销售中的保护功能，并兼顾其他功能而展开。主要有泡罩、贴体、收缩、拉伸、真空、充气、脱氧、防虫、无菌等包装技术。

常用技术具体包括以下几种。

（一）防震保护技术

防震包装又称缓冲包装，在各种包装方法中占有重要的地位。产品从生产出来到开始使用要经过一系列的运输、保管、堆码和装卸过程，置于一定的环境之中。在任何环境中都会有力作用在产品之上，并使产品发生机械性损坏。为了防止产品遭受损坏，就要设法减小外力的影响，所谓防震包装就是指为减缓内装物受到冲击和震动，保护其免受损坏所采取的一定防护措施的包装。防震包装主要有以下三种方法。

1. 全面防震包装方法

全面防震包装方法是指内装物和外包装之间全部用防震材料填满进行防震的包装方法。根据所用防震材料不同又可分为以下几种：

（1）压缩包装法。压缩包装法是用弹性材料把易碎物品填塞起来或进行加固，这样可以吸收震动或冲击的能量，并将其引导到内装物强度最高的部分。所用弹性材料一般为丝状、薄片状和粒状，以便对形状复杂的产品能很好地进行填塞，防震时能有效地吸收能量，分散外力，有效保护内装物。

（2）浮动包装法。浮动包装法和压缩包装法基本相同，不同之处在于所用弹性材料为小块衬垫，这些材料可以位移和流动，这样可以有效地充满直接受力部分的间隙，分散内装物所受的冲击力。

（3）裹包包装法。裹包包装法是指采用各种类型的片材把单件内装物裹包起来放入外包装箱内。这种方法多用于小件物品的防震包装上。

（4）模盒包装法。模盒包装法是指利用模型将聚苯乙烯树脂等材料做成与制品形状一样的模盒，用其包装制品达到防震作用。这种方法多用于小型、轻质制品的包装上。

（5）就地发泡包装法。就地发泡包装法是以内装物和外包装箱为准，在其间充填发泡材料的一种防震包装技术。这种方法很简单，主要设备包括盛有异氰酸酯和盛有多元醇树脂的容器及喷枪。使用时，先把盛有两种材料的容器内的温度和压力按规定调好，然后将两种材料混合，用单管道通向喷枪，由喷头喷出。喷出的化合物在10秒后即开始发泡膨胀，不到40秒的时间即可发泡膨胀到原体积的100～140倍，形成的泡沫体为聚氨酯，在1分钟后变成硬性和半硬性的泡沫体。这些泡沫体可将任何形状的物品包住。

2. 部分防震包装方法

对于整体性好的产品和有内装容器的产品，仅在产品或内包装的拐角或局部地方使用防震材料进行衬垫即可。所用包装材料主要有泡沫塑料防震垫、充气型塑料薄膜防震垫和橡胶弹簧等。这种方法主要是根据内装物特点，使用较少的防震材料，在最适合的部位进行衬垫，力求取得好的防震效果，并降低包装成本。本法适用于大批量物品的包装，目前广泛用于电视机、收录机、洗衣机、仪器仪表等物品的包装上。

3. 悬浮式防震包装方法

对于某些贵重易损的的物品，为了有效地保证在流通过程中不被损坏，其外包装容器应比较坚固，用绳、带、弹簧等将内装物悬吊在包装容器内。无论在物流的哪个操作环节，内装物都被稳定悬吊而不与包装容器发生碰撞，这些支撑件起着弹性阻隔器的作用，从而减少内装物被损坏。

（二）防破损保护技术

缓冲包装有较强的防破损能力，因而是防破损包装技术中有效的一类。此外还可以采取以下几种防破损保护技术。

1. 捆扎及裹紧技术

捆扎及裹紧技术的作用，是使杂货、散货形成一个牢固整体，以增加整体性，便于处理及防止散堆来减少破损。

2. 集装技术

集装技术就是指应用不同的方法和器具，把有包装或无包装的物品整齐地汇集成一个扩大了的、便于装卸搬运，并在整个物流过程中保持一定形状的作业单元的技术。主要是利用集装方法，以减少与货体的接触，从而防止破损。

3. 选择高强保护材料

应选择高强保护材料，通过外包装材料的高强度来防止内装物受外力作用破损。

（三）防锈包装技术

防锈包装技术是指为了减轻因金属锈蚀带来的损失，对金属制品采用适宜的防锈材料和包装方法，以防止其在储运过程中发生锈蚀而进行的技术处理。按防锈包装技术的原理分为防锈油包装技术和气相防锈包装技术。

1. 防锈油包装技术

大气锈蚀是空气中的氧、水蒸气及其他有害气体等作用于金属表面引起电化学作用的结果。如果使金属表面与引起大气锈蚀的各种因素隔绝（即将金属表面保护起来），就可以达到防止金属大气锈蚀的目的。防锈油包装技术就是根据这一原理将金属进行涂封以防止锈蚀的。用防锈油封装金属制品，要求油层要有一定厚度，油层的连续性好，涂层完整。不同类型的防锈油要采用不同的方法进行涂敷。

2. 气相防锈包装技术

气相防锈包装技术就是用气相缓蚀剂（挥发性缓蚀剂），在密封包装容器中对金属制品进行防锈处理的技术。气相缓蚀剂是一种能减慢或完全停止金属在侵蚀性介质中的破坏过程的物质，它在常温下即具有挥发性，它在密封包装容器中，在很短的时间内挥发或升华出的缓蚀气体能充满整个包装容器内的每个角落和缝隙，同时吸附在金属制品的表面上，从而起到抑制大气对金属锈蚀的作用。

（四）防霉腐包装技术

包装防霉烂变质的措施，通常是采用冷冻包装、高温杀菌或真空包装方法。冷冻包装的原理是减慢细菌活动和化学变化的过程，以延长储存期，但不能完全消除食品的变质；高温杀菌法可消灭引起食品腐烂的微生物，可在包装过程中用高温处理防霉。有些经干燥处理的食品包装，应防止水气浸入以防霉腐，可选择防水气和气密性好的包装材料，采取真空和充气包装。真空包装法也称减压包装法或排气包装法。这种包装可阻挡外界的水气进入包装容器内，也可防止在密闭的防潮包装内部存有潮湿空气。采用真空包装法，要注意避免过高的真空度，以防损伤包装材料。

防止运输包装内货物发霉，还可使用防霉剂。防霉剂的种类甚多，用于食品时必须选用无毒防霉剂。机电产品的大型封闭箱，可酌情开设通风孔或通风窗等相应的防霉措施。

（五）防虫包装技术

防虫包装技术是通过各种物理的因素（如光、热、电、冷冻等）或化学药剂作用于害虫的肌体，破坏害虫的生理机能和肌体结构，劣化害虫的生活条件，促使害虫死亡或抑制害虫繁殖，以达到防虫害的目的。这里的害虫主要指仓库害虫。防虫包装技术常用的是驱虫剂，即在包装中放入有一定毒性和臭味的药物，利用药物在包装中挥发气体杀灭和驱除各种害虫。常用到的防虫包装方法有以下几种。

1．高温防虫害包装技术

高温防虫害包装技术是指利用较高的温度来抑制害虫的发育和繁殖。当周围环境温度上升至40～45℃时，一般害虫的活动就会受到抑制；当温度上升至45～48℃时，大多数害虫将处于昏迷状态（夏眠）；当温度上升至48℃以上时，大多数害虫将会死亡。

高温杀虫包装技术可以采用烘干杀虫、蒸汽杀虫等方法来进行。烘干杀虫一般是将待装物品放在烘干室或烘道、烘箱内，使室内温度上升至65～110℃，也可以按照待装物品的品种、规格及容易滋生害虫种类的特性来确定温度和升温时间，从而进行烘烤处理。蒸汽杀虫是利用高热的蒸汽来杀死害虫，一般利用蒸汽室，室内温度保持在80℃左右，对需要处理的商品，在室内处理15～20分钟，害虫即可完全被杀死。

2．低温防虫害包装技术

低温防虫害包装技术是指用低温抑制害虫的繁殖和发育，甚至致其死亡。害虫一般在环境温度为8～15℃时开始停止活动，4～8℃时处于冷麻痹状态，如果这种状态延续时间较长，害虫就会死亡。–4℃一般是害虫致死的临界点。一般害虫在气温下降到7℃时就不能繁殖，大部分开始死亡。各种冷冻设备，如冷冻机、低温冷藏库等都能将温度降到0℃以下，足以达到防虫的目的。

3．电离辐射防虫害包装技术

电离辐射防虫害包装技术是利用X射线、γ射线等的杀伤能力，使害虫死亡或者不育，从而达到防虫害的目的。

4．微波与远红外线防虫害包装技术

微波是指波长为1毫米至1米的电磁波。含水和含脂肪的物质吸入微波能量以后，能将其转换为热量。微波杀虫是指在高频电磁场的作用下，害虫体内的水分、脂肪等物质生成大量的热能，使虫体内部温度迅速上升（可达60℃以上），致使害虫死亡。微波杀虫具有处理时间短、杀虫效力高、无残留、无药害等优点。但是微波对人体健康有一定影响，可以引发贫血、嗜睡、神经衰弱、记忆力减退等症状。因此，操作人员应采取必要的防护措施。

远红外线具有与微波相似的作用，主要是能迅速干燥储藏物品和直接杀死害虫。远红外线杀虫的优点与微波杀虫的优点基本相似，也是一种有效防治害虫的包装技术。

5. 化学药剂防虫害包装技术

通常所用的杀虫剂有很多种类，但到目前为止还没有一种杀虫剂能防治所有种类的害虫。害虫也有抗药性，从而使杀虫剂的杀虫效率降低。杀虫剂的杀虫机理与适用场合各不相同。其中最常用的杀虫剂是从除虫菊中提取的除虫菊酯，它是一种神经毒剂。它在较高的温度条件下会快速分解，因此对于具有较高体温的鸟类和哺乳类动物等的毒性较低。除虫菊酯对人畜几乎无毒性，使用安全。

（六）危险品包装技术

危险品有上千种，按其危险性质，交通运输及公安消防部门规定分为10大类，即爆炸性物品、氧化剂、压缩气体和液化气体、自燃物品、遇水燃烧物品、易燃液体、易燃固体、毒害品、腐蚀性物品、放射性物品等，有些物品同时具有两种以上危险性能。有毒商品的包装上要有明显有毒的标志。防毒的主要措施是包装严密不漏、不透气。对有腐蚀性的商品，要注意避免商品和包装容器的材质发生化学反应。

（七）特种包装技术

特种货物是指在运输过程中需要特殊处理或特别注意的货物，包括贵重货物、鲜活易腐物品、活体动物、车辆；公务货物、灵柩骨灰、生物制品、菌种和毒种、植物和植物产品、枪械、弹药、急件货物、外交信袋等。对于特种货物的包装技术有以下几种。

1. 充气包装

充气包装是采用二氧化碳气体或氮气等不活泼气体置换包装容器中空气的一种包装方法，因此也称为气体置换包装。这种包装方法是根据好氧性微生物需氧代谢的特性，在密封的包装容器中改变气体的组成成分，降低氧气的浓度，抑制微生物的生理活动、酶的活性和鲜活商品的呼吸强度，达到防霉、防腐和保鲜的目的。

2. 真空包装

真空包装是将物品装入气密性容器后，在容器封口之前抽真空，使密封后的容器内基本没有空气的一种包装方法。目前应用的有塑料袋内真空包装、铝箔包装、玻璃器皿、塑料及其复合材料包装等，可根据物品种类选择包装材料。一般的肉类商品、谷物加工商品及某些容易氧化变质的商品都可以采用真空包装。

3. 收缩包装

收缩包装就是用收缩薄膜裹包物品或内包装件，然后对薄膜进行适当加热处理，使薄膜收缩而紧贴于物品或内包装件的包装技术方法。

收缩薄膜是一种经过特殊拉伸和冷却处理的聚乙烯薄膜，由于薄膜在定向拉伸时产生残余收缩应力，这种应力受到一定热量后便会消除，从而使其横向和纵向均发生急剧收缩，同时使薄膜的厚度增加，收缩率通常为30%～70%，收缩力在冷却阶段达到最大值，并能长期保持。

4. 拉伸包装

拉伸包装是20世纪70年代开始采用的一种包装技术，它是由收缩包装发展而来的，拉伸包装是依靠机械装置在常温下将弹性薄膜围绕被包装件拉伸、紧裹，并在其末端进行封合的一种包装方法。由于拉伸包装不需要进行加热，所以消耗的能源只有收缩包装的1/20。拉伸包装可以捆包单件物品，也可用于托盘包装之类的集合包装。

5. 脱氧包装

脱氧包装是继真空包装和充气包装之后出现的一种新型除氧包装方法。脱氧包装是在密封的包装容器中，使用能与氧气起化学作用的脱氧剂与之反应，从而除去包装容器中的氧气，以达到保护内装物的目的。脱氧包装方法适用于某些对氧气特别敏感，即使有微量氧气也会使其品质变坏的物品的包装。

二、包装设备

广义地讲，包装机械包含包装行业的所有机械设备。一般分为两大类：一是用于加工包装材料或容器的机械；二是用于完成包装过程的机械。从狭义和习惯上讲，通常仅限于后者。

（一）包装设备的概念

包装设备是指能完成全部或部分产品和商品包装过程的设备。包装过程包括充填、裹包、封口等主要工序，以及与其相关的前后工序，如清洗、堆码和拆卸等。此外，包装还包括计量或在包装件上盖印等工序。使用机械包装产品可提高生产率，减轻劳动强度，适应大规模生产的需要，并满足清洁卫生的要求。

（二）包装设备的分类

包装设备种类繁多，分类的方法也很多，目前比较常见的是按包装功能进行分类，主要有以下几类。

1. 充填机

充填机是指将包装物料按预订量充填到包装容器内的机器。充填机有以下几种：

（1）容积式充填机。其包括量杯式充填机、气流式充填机、柱塞式充填机、螺杆式充填机、计量泵式弃填机、插管式充填机。

（2）称重式充填机。其包括单秤斗称重充填机、组合式称重弃填机、连续式称重充填机。

（3）计数充填机。其包括单件计数充填机、多件计数充填机、定时充填机。

2. 灌装机

灌装机是指将液体产品按预订量灌注到包装容器内的机器。灌装机有等压灌装机、负压灌装机、常压灌装机、压力灌装机等。

3. 封口机

封口机是指将充填有包装物的容器进行封口的机械。在产品装入包装容器后，为了使产品得以密封保存，保持产品质量，避免产品流失，需要对包装容器进行封口，这种操作是在封口机上完成的。一般按包装材料的力学性能，它可分为以下两种：

（1）柔性容器封口机。由于材料不同，其封口装置也不一样，具体有纸袋封口装置、塑料薄膜袋及复合材料薄膜袋封口装置、口杯类容器封口装置。

（2）全自动填充封口机。其有旋盖封口机、滚纹封口机、滚边封口机、压盖封口机、压塞封口机、卷边封口机、台式自动铝箔封口机、手持式铝箔封口机、气动立式封口机、电磁感应封口机。

4. 裹包机

裹包机是指用绕性包装材料裹包产品局部或全部表面的机器。裹包机有半裹式裹包机和全裹式裹包机。全裹式裹包机有折叠式裹包机、扭结式裹包机、接缝式裹包机、覆盖式裹包机、缠绕式裹包机、拉伸式裹包机、收缩包装机、贴体包装机。

5. 多功能包装机

多功能包装机是指能完成多项包装工序的机器。多功能包装机有成型–充填–封口机，包括箱（盒）成型–充填–封口机、袋成型–充填–封口机、冲压成型–充填–封口机、热成型–灌装–封口机。其他多功能包装机有真空包装机、充气包装机、泡罩包装机等。

6. 贴标签机

贴标签机是指采用黏合剂或其他方式将标签展示在包装件或产品上的机器。贴标签机有黏合贴标机、套标机、订标签机、挂标签机、收缩标签机、不干胶标签机等。

7. 清洗机

清洗机是指对包装容器、包装材料、包装物、包装件进行清洗，以达到预期清洁度要求的机器。清洗机主要有干式清洗机、湿式清洗机、机械式清洗机、电解清洗机、电离清洗机、超声波清洗机、组合式清洗机等。

8. 干燥机

干燥机是指对包装容器、包装材料、包装辅助物，以及包装件上的水分进行去除，并进行预期干燥的机器。干燥机主要有热式干燥机、机械干燥机、化学干燥机、真空干燥机等。

9. 杀菌机

杀菌机是指对产品、包装容器、包装材料、包装辅助物及包装件上的有害生物进行杀灭，使其降低到允许范围内的机器。杀菌机主要有高温杀菌机、微波杀菌机等。

10. 捆扎机

捆扎机是指使用捆扎带或绳捆扎产品或包装件，然后收紧并将捆扎带两端通过热效应熔融或使用包扣等材料连接的机器。捆扎机主要有机械式捆扎机、液压式捆扎机、气动式捆扎机、穿带式捆扎机、捆结机、压缩打包机等。

11. 集装机

集装机是指将包装单元集成或分解，形成一个合适的搬运单元的机器。集装机按集装方式分为托盘集装机和无托盘集装机等。

12. 辅助包装机

辅助包装机是指对包装材料、包装容器、包装辅助物和包装件执行非主要包装工序的有关机器。辅助包装机主要有打印机、整理机、检验机、选别机、输送机、投料机等。

（三）包装设备的作用

包装是产品进入流通领域的必要条件，而实现包装的主要手段是使用包装机械。随着时代的发展，技术的进步，包装设备在包装领域中正起着越来越大的作用，其主要作用有以下几点：

（1）可大大提高劳动生产率。机械包装比手工包装速度快得多，如糖果的包装，手工包糖1分钟只能包十几块，而糖果包装机每分钟可达数百块甚至上千块。

（2）能有效地保证包装质量。机械包装可根据包装物品的要求，按照需要的形态、大小制作规格一致的包装物，而手工包装是无法保证的。这对出口商品尤为重要，只有机械包装才能达到包装规格化、标准化，符合集合包装的要求。

（3）能实现手工包装无法实现的操作。有些包装操作，如真空包装、充气包装、贴体包装、等压灌装等，都是手工包装无法实现的，只能用机械包装实现。

（4）可降低劳动强度，改善劳动条件。手工包装的劳动强度很大，如用手工包装体积大、重量重的产品，既耗体力，又不安全；而对重量轻、体积小的产品进行包装，由于频率较高，动作单调，易使工人得职业病。

（5）有利于工人的劳动保护。对于某些严重影响身体健康的产品，如粉尘严重、有毒的产品，有刺激性、放射性的产品，用手工包装难免危害健康；而机械包装则可避免，且能有效地保护环境不被污染。

（6）可降低包装成本，节省储运费用。对松散产品，如棉花、烟叶、丝、麻等，采用压缩包装机压缩打包，可大大缩小体积，从而降低包装成本；同时，由于体积大为缩小，节省了仓库空间，减少了保管费用；体积减小还有利于运输和减少运输费用。

（7）能可靠地保证产品卫生。某些产品，如食品、药品的包装，根据卫生法是不允许用手工包装的，因为会污染产品；而机械包装避免了人手直接接触食品、药品，保证了产品的卫生质量。

（8）可促进相关工业的发展。包装机械是一门综合性科学，它涉及材料、工艺、设备、电子、电器、自动控制等多种学科，要求各相关学科同步、协调地发展，任何学科的问题都将影响包装机械的整体性能。因此，包装机械的发展将有力地促进相关学科的进步。另外，为适应包装机械高速包装的需要，其相关的前后工序也势必与之适应，也就推动了相关工序的同步发展。

任务四　包装的合理化

一、包装合理化的概念

所谓包装合理化是指在包装过程中，使用适当的材料和适当的技术，制成与物品相适应的容器，节约包装费用，降低包装成本，既满足包装保护商品、方便储运、有利销售的要求，又要提高包装的经济效益的包装综合管理活动。

包装的合理化主要表现在以下几个方面：

（1）包装的轻薄化。由于包装只是起保护作用，对产品使用价值没有任何意义，因此在强度、寿命、成本相同的条件下，更轻、更薄、更短、更小的包装，可以提高装卸搬运的效率，更节约了运输空间和成本。

（2）包装的单纯化。为了提高包装作业的效率，包装材料及规格应力求单纯化，包装规格还应标准化，包装形状和种类也应单纯化。

（3）符合集装单元化和标准化的要求。包装的规格与托盘、集装箱关系密切，也是应考虑到与运输车辆，搬运机械的匹配，从系统的观点制定包装的尺寸标准。

（4）包装的机械化与自动化。为了提高作业效率和包装现代化水平，各种包装机械的开发和应用是很重要的。

（5）注意与其他环节的配合。包装是物流系统组成的一部分，需要和装卸搬运、运输、仓储等环节一起综合考虑、全面协调。

（6）有利于环保。包装是产生大量废弃物的环节，处理不好可能造成环境污染。包装材料最好可反复多次使用并能回收再生利用；在包装材料的选择上，还要考虑不对人体健康产生影响，不对环境造成污染，即所谓的“绿色包装”。

二、包装合理化的三要素

（一）防止包装不足

包装不足可能造成在流通过程中的损失及降低物流效率。包装不足主要包括以下四个方面：

（1）包装强度不足，从而使包装防护性不足，造成被包装物的损失。

（2）包装材料水平不足。由于包装材料选择不当，材料不能很好承担运输防护及促进销售作用。

（3）包装容器的层次及容积不足。缺少必要层次与不足所需体积造成损失。

（4）包装成本过低。不能保证有效的包装。

（二）防止包装过剩

（1）包装物强度设计过高。如包装材料截面过大，包装方式大大超过强度要求等，从而使包装防护性过高。

（2）包装材料选择不当，选择过高。如可以用纸板却不用而采用镀锌、镀锡材料等。

（3）包装技术过高。包装层次过多、体积过大。

（4）包装成本过高。一方面可能使包装成本支出大大超过减少损失可能获得的效益，另一方面包装成本在商品成本中比重过高，损害了消费者利益。

（三）从物流管理角度，用科学方法确定最优包装

1. 对包装发生影响的第一因素——装卸

在工人的权利和健康没有受到保护的时代，人工装卸的包装往往达到60～100千克。在工人的权利和健康受到保护的时代，人工装卸的包装重量有所降低，以减轻工人体力消耗。但

是，这并不等于说包装的重量越轻越好，包装重量太轻，人工装卸的反复频率就要增加，也容易引起疲劳和降低效率；同时，对于轻的包装，工人们往往将两个合并操作，也容易造成损失。现代管理科学对人工装卸最佳重量进行研究的结果确定：包装的重量为工人体重40%较为合适，即男劳动力20～25千克，女劳动力15～20千克是比较合适的。

另外，装卸人员作业不规范也直接引发商品损失。例如：广州某快运公司曾发生这样一个案例，从香港报关进口的一件大木箱，箱内装的是精密设备，要求运输途中不能倾斜。当木箱运至客户手中时，货主肯定地认为货物已经被倾斜了。因为木箱外包装上有一个标识变成了红色——原来该货物倾斜45度时，外包装上的标识就会变成红色。因此，引进装卸技术，提高装卸人员素质，规范装卸作业标准等都会相应地促进包装、物流的合理化。

2. 对包装有影响的因素——仓储

在确定包装时，应根据不同的仓储条件和方式而采用与之相适合的包装强度。例如：采用高垛，就要求包装有很高的强度，否则就会压坏。如果采用低垛或料架保管，包装的强度就可以相应降低，以节约资源和费用。

3. 对包装发生影响的因素——输送

运送工具类型，输送距离长短，道路情况等对包装都有影响。我国现阶段，存在很多种不同类型的运输方式：航空的直航与中转，铁路快运集装箱、包裹快件、行包专列等，汽车的篷布车、密封厢车，以上不同的运送方式对包装都有着不同的要求和影响。例如：道路情况比较好的短距离汽车输送，就可以采用轻便的包装。同一种产品，如果进行长距离的车船联运，就要求严密厚实的包装。

三、包装合理化的措施

为能够很好地实现包装在物流中的各项功能，满足物流主要环节对包装的要求，同时又能使包装成本最低，须使物流包装合理化。物流包装合理化一般采用以下措施：

（1）掌握物流实况，发挥最经济的保护功能。

（2）包装材料减量化、轻薄化。

（3）强化环保意识，减少包装污染。

（4）物流包装设计标准化。

（5）物流包装设计应注重作业的方便性。

（6）包装费用与内容物价值相适应。

（7）物流包装方式集装化。

• 项目小结

本项目首先介绍了包装的概念、作用、分类和标志，对包装有初步的了解；然后对包装的不同材料进行详细解析，并认知什么是绿色包装，介绍了包装的主要技术和包装设备；最后介绍了包装的合理化。

重点概念：包装；绿色包装；包装合理化。

• 知识巩固

一、不定项选择题

1．包装的作用有保护商品、便于流通、促进销售和（　　）作用。

A．便利功能　　B．方便消费　　C．节约费用　　D．辅助功能

2．塑料包装废弃物有回收重复使用、回收再生利用、焚烧和（　　）几种处理方法。

A．粉碎　　B．压缩　　C．氧化　　D．填埋

3．绿色包装设计主要有造型设计、结构设计和（　　）。

A．艺术设计　　B．装潢设计　　C．优化设计　　D．动态设计

4．防震包装方法有全面防震包装方法、部分防震包装方法和（　　）。

A．悬浮式防震包装方法　　B．压缩式防震包装方法

C．发泡式防震包装方法　　D．包裹式防震包装方法

5．目的是保护商品，便于装卸搬运、运输和储存的包装称作（　　）。

A．销售包装　　B．小包装　　C．内包装　　D．运输包装

6．大家熟悉的糖果包装上使用的糯米纸及包装冰淇淋的玉米烘烤包装杯都是典型的（　　）。

A．纸　　B．可食性材料　　C．塑料　　D．复合材料

7．目的是向消费者展示、吸引顾客、方便零售的包装称作（　　）。

A．运输包装　　B．大包装　　C．销售包装　　D．回收物流

8．在现代物流观念形成以前，包装被看作生产的（　　），因而一直是生产领域的活动，包装的设计往往主要是从生产终结的要求出发，其常常不能满足流通的要求。

A．终点　　B．起点　　C．过程　　D．内容

9．在运输过程中，运输工具的启动、转向、变速会使包装件受到以下哪种因素影响（　　）。

A．冲击　　B．震动　　C．气候条件　　D．其他因素

10．对纸类包装影响最大的环境条件是（　　）。

A．温度　　B．湿度　　C．辐射　　D．盐雾

二、判断题

1．商品包装标志分为运输包装标志和销售包装标志。（　　）

2．物流包装合理化要尽可能减低包装成本。（　　）

3．防破损保护技术包括捆扎及裹紧技术和选择高强保护材料等。（　　）

4．特种包装技术包括充气包装、真空包装、收缩包装、拉伸包装和脱氧包装。（　　）

5．运输过程中，冲击、震动、气候条件等均会对包装件产生影响。（　　）

三、简答题

1. 常用的包装材料有哪几种?

2. 包装有哪些标志?

3. 包装合理化的三要素是什么?

4. 什么是绿色包装?

5. 包装的技术有哪些?

课后习题答案

• 拓展阅读

月饼盒子

• 技能实训

认识商品运输包装标志

一、实训目标

通过组织学生在物流实训室进行模拟包装操作，让学生了解商品运输包装标志的类型，并掌握包装标志的粘贴方法。

二、实训步骤

1. 教师先介绍商品的运输包装标志的概念和类型，布置学生上网搜索查找相关图片资料以进一步了解商品的运输包装标志。

2. 模拟实训：教师给学生布置粘贴不同类型的包装标志的任务，学生可分组完成。

3. 点评和总结。

三、实训要求

1. 了解本次实训的目的。

2. 学生在参观过程中应做好记录。

3. 形成实训报告。

4. 进行实训考评。

四、实训报告

实训报告

班级		姓名		时间	
实训目的					
实训步骤					
实训内容					
我的做法					
我的结论					
我的想法					

五、实训考评

考评表

考评人		被考评人	
考评地点			
考评内容	物流认知		
考评标准	具体内容	分值	实际得分
	实训背景分析	20	
	实训内容全面性	20	
	实训业务流程设计的可行性	30	
	在实训过程中体现的团队合作和职业素养	30	
合　计		100	

项目三 装卸搬运

项目目标

【知识目标】

1. 了解装卸搬运的概念和特点
2. 熟悉装卸搬运的分类和方法
3. 掌握装卸搬运的原则和合理化
4. 熟悉装卸搬运活性及合理化
5. 了解装卸搬运机器及选择

【能力目标】

1. 能够掌握常见的装卸搬运设备的使用方法
2. 能够模拟常见装卸搬运机械的操作作业技术
3. 能够运用装卸搬运活性理论对装卸搬运方案进行优化
4. 能够根据实际情况选择合适的装卸搬运设备

【素质目标】

1. 培养吃苦耐劳的物流人特质
2. 形成耐心、细心的工作态度，严禁野蛮装卸
3. 塑造做一行爱一行的岗位精神

思维导图

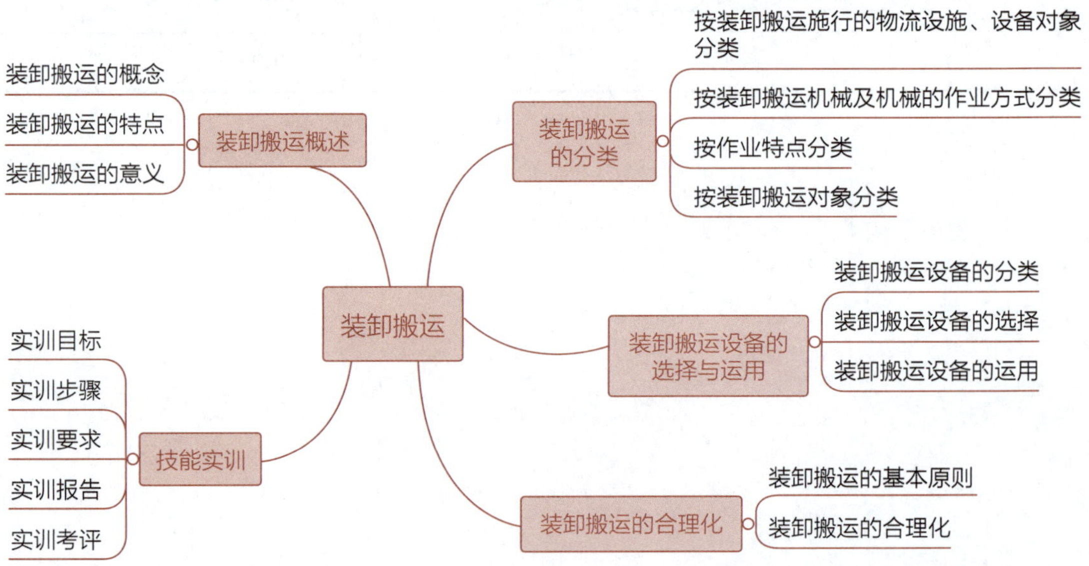

案例导入

了解装卸搬运

生产伴随着物料搬运，物料搬运常常是产品重量的数倍，甚至数十倍。在美国，装卸搬运费用占总成本的20%～30%。

以我国为例，铁路运输的始发和到达的装卸作业费约占运费的20%左右，船运占40%。因此，为了降低物流费用，装卸是个重要环节。

进行装卸操作时往往需要接触货物，因此这是在物流过程中造成货物破损、散失、损耗、混合等损失的主要环节。

在中国，火车距离超过500千米，运输在途时间多于起止的装卸时间；运距低于500千米，装卸时间则超过实际运输时间。

美国与日本之间的远洋船运，一个往返需要25天，其中运输时间13天，装卸时间12天。

我国对生产物流的统计，机械工厂每生产1吨成品，需进行252吨次的装卸搬运，其成本为加工成本的15.5%。

港口装卸搬运如图3-1所示。

图3-1　港口装卸搬运

案例分析：

通过以上资料分析，思考装卸搬运存在的必然性和装卸搬运管理的重要性体现在哪里？

项目知识

任务一　装卸搬运概述

一、装卸搬运的概念

根据2021版我国《物流术语》（GB/T 18354—2021），装卸（Loading and Unloading）是指“在运输工具间或运输工具与存放场地（仓库）间，以人力或机械方式对物品进行载上载入或卸下卸出的作业过程”。搬运（Handling）是指“在同一场所内，以人力或机械方式对物品进行空间移动的作业过程”。

装卸是改变物的存放、支撑状态的活动，主要指物体上下方向的移动。搬运则是改变物的空间位置的活动，主要指物体横向或斜向的移动。在习惯使用中，在物流领域（如铁路运输）中，常将装卸搬运这一整体活动称作货物装卸；在生产领域中，常将这一整体活动称作物料搬运。实际上，它们的活动内容都是一样的，只是领域不同而已。

两者统称为装卸搬运，有时候在特定的场合，单称“装卸”或“搬运”也包含“装卸搬运”的完整含义。物流活动离不开装卸搬运，它贯穿于不同物流阶段之间，因此装卸搬运是物流系统中重要的子系统之一。完成装卸搬运应具备劳动力（装卸职工，包括机械自动化设备的操作、控制与管理人员），装卸搬运设备（工具）与设施（车、船、场、库等），工艺（作业方法），管理信息系统，作业保障系统。

二、装卸搬运的特点

1．装卸搬运时附属性、伴生性的活动

装卸搬运的附属性不能理解成被动的，实际上，装卸搬运对其他物流活动有一定决定性。装卸搬运会影响其他物流活动的质量和速度。例如：装车不当，会引起运输过程中的损失；卸放不当，会引起货物转换成下一步运动的困难。许多物流活动在有效的装卸搬运支持下，才能实现高水平。所以，装卸搬运具有辅助性或附属性。

2．装卸搬运是支持、保障性活动

装卸搬运常起到“开关”和“阀门”的作用。即服务于生产和流通领域内的物流活动，又制约着物流活动的顺利进行，直接影响物流活动的综合能力和物流效率。

3．装卸搬运是衔接性的活动

物流活动是多要素、多环节的综合性生产活动，各物流要素和各物流环节的衔接是通过装卸搬运实现的。例如：产品生产过程中，各车间、各环节、各工序的衔接，流通过程中储运之间、各种运输方式之间的衔接，都要靠装卸搬运。正是由于装卸搬运的衔接性，才使整个物流活动连贯、畅通、高效。

4．装卸搬运是增加物流成本的活动

在物流过程中，装卸活动是不断出现和反复进行的，它出现的频率高于其他各项物流活动，每次装卸活动都要花费很长时间，所以往往成为决定物流速度的关键。装卸活动所消耗的人力也很多，所以装卸费用在物流成本中所占的比重也较高。

此外，进行装卸操作时往往需要接触货物，因此这是物流过程中造成货物破损、散失、损耗、混合等损失的主要环节。例如：袋装水泥纸袋破损和水泥散失主要发生在装卸过程中，玻璃、机械、器皿、煤炭等产品在装卸时最容易造成损失。

三、装卸搬运的意义

装卸搬运是衔接运输、保管、包装、流通加工、配送等各个物流环节所必不可少的活动，从原材料供应到商品送至消费者手里，乃至废弃物回收、再生利用等整个循环过程中，装卸搬运出现的频度最多、作业技巧最复杂、科技含量最高、时间和空间移动最短，但费用比例最大。就我国情况而言，铁路运输的始发和到达的装卸搬运费占运费的20%，轮船运输要占40%之多。机械工厂每生产1吨产品，需进行252吨次的装卸搬运，其成本占加工成本的15.5%。装卸搬运作业因货物破损、散失、混杂、损耗所造成的损失，比运输、保管、包装等其他物流作业环节要大得多。所以，装卸搬运在整个物流领域中占有十分重要的地位。解决好装卸搬运环节的技术和管理问题，可以大幅度降低物流成本，提高物流效率，加快商品流通速度，其作用不可低估。

任务二　装卸搬运的分类

一、按装卸搬运施行的物流设施、设备对象分类

按装卸搬运施行的物流设施、设备对象分类，可分为仓库装卸搬运、铁路装卸搬运、港口装卸搬运、汽车装卸搬运、飞机装卸搬运。

1．仓库装卸搬运

仓库装卸搬运主要涉及货物出、入库的装卸和搬运工作。仓库装卸是按一定的装卸搬运工艺，将劳动力和装卸机具组合起来，完成一定的装卸搬运操作过程，也是仓储管理中比较重要的环节。

2．铁路装卸搬运

铁路装卸搬运是指在铁路车站进行的装卸搬运作业，包括汽车在铁路货物和站旁的装卸搬运作业，铁路仓库和理货场的堆码、拆取、分拣，配货、中转作业，铁路车辆在货场及站台的装卸搬运作业，装卸搬运时进行的坚固作业，以及清扫车辆，揭盖篷布、移动车辆、检斤计量等辅助作业。

3．港口装卸搬运

港口装卸搬运是在港口使用装卸搬运机械系统，遵循一定的操作工艺，以货物装卸、搬运、储存为主要业务的作业活动。港口装卸按照装卸搬运工艺方案，合理利用劳力、机械、泊位、库场及其他设备，充分发挥和扩大港口通过能力，努力缩短车船停港时间。

4．汽车装卸搬运

汽车装卸搬运主要是指利用车辆机械来完成搬移、升降、装卸和短距离输送货物或物料的物流活动。汽车装卸灵活性较好，利用车辆机械达到车与物流设备之间货物的传送，提高了装卸搬运的效率，缩短了作业时间，加速了车辆周转，加快了货物的送达和发出，起到过渡衔接的作用。

5．飞机装卸搬运

飞机装卸搬运可利用货站的实际飞机的装卸量决定所使用装卸设备及运输车辆的类型，如某些飞机需要运输和装卸散货的设备，而有的飞机则需要能够移动重量可达4吨的集装板（箱）并能把其升至机舱地板高度的装卸设施。

二、按装卸搬运机械及机械的作业方式分类

根据装卸搬运的机械及机械作业方式的不同，可分为吊上吊下、叉上叉下、滚上滚下、移上移下四种方式。

1．吊上吊下方式

吊上吊下方式依靠吊装装置的垂直移动实现装卸搬运作业。主要是采用各种起重机械从货物上部起吊，通过起吊装置进行垂直移动完成装卸，并在吊车运行的范围内或回转的范围内实

现搬运或依靠搬运车辆实现近距离的搬运。

2. 叉上叉下方式

叉上叉下方式依靠叉车的运动完成作业。采用叉车从货物底部托起货物，并依靠叉车的运动进行货物位移，货物通过叉车被直接放置到目的处，中途不落地，货物搬运的完成靠叉车本身。这种方式垂直运动不大，主要是水平运动，属水平装卸方式。

3. 滚上滚下方式

滚上滚下方式利用运输工具滚装上船或上车以实现货物的装卸搬运。铁路上称“驮背运输”。利用运货车辆来载运货物的专用船舶则称滚装船，如滚装船用牵引车牵引载有箱货或其他件货的半挂车或轮式托盘直接进出货舱装卸，到达目的港后，放下跳板，然后专门装货的车辆（拖车或铲车），从船和各层甲板开上开下进行装卸作业，装卸效率高。

4. 移上移下方式

移上移下方式是在两车之间（如汽车及火车）进行靠接，货物从车辆或站台利用移动工具平移到另外的车辆或站台实现装卸搬运作业。主要利用各种方式，把货物从一个车辆上推移到另一车辆上进行水平移动。通过移上移下方式进行装卸搬运作业时，需要使两种车辆水平靠接，因此对车辆货台及月台需进行改变，以配合移动机械工具实现作业。

三、按作业特点分类

按作业特点分类可分为连续装卸搬运与间歇装卸搬运两类。

1. 连续装卸搬运

主要是同种大批量散装或小件杂货通过连续输送机械，连续不断地进行作业，中间无停顿，货间无间隔。在装卸量较大，作业对象固定，货物对象不易形成大包装的情况下适用采取这一方式。

2. 间歇装卸搬运

间歇装卸搬运有较强的机动性，作业地点可在较大范围内变动，主要适用于货流不固定的各种货物，尤其适于包装货物、大件货物，散粒货物也可采取此种方式。

四、按装卸搬运对象分类

1. 单件货物装卸搬运

主要是指对货物进行单件、逐件装卸搬运。对贵重物资、没有或难以设置装卸机械的场所、体积大形状特殊的物资，或集装会增加危险的货物等采用的作业方式。

2. 散装货物装卸搬运

对块、粒、粉状货物进行装卸搬运的方式。从装点直到卸点，中间不落地，集装卸与搬运于一体。常采用重力法、倾翻法、机械法、气力输送法等。

3. 集装货物装卸搬运

货物集零为整，再进行装卸搬运。有集装箱作业法、托盘作业法、货捆作业法、网装作业法及挂车作业法等。可以提高装卸搬运效率、减少损失、节省包装费用、提高服务水平；便于达到储存、装卸搬运、运输、包装一体化，实现物流作业机械化、标准化。

任务三 装卸搬运设备的选择与运用

装卸搬运设备是指用来搬移、升降、装卸和短距离输送物料或货物的机械。装卸搬运设备是实现装卸搬运作业机械化的基础，是物流设备中重要的机械设备。它不仅可用于完成船舶与车辆货物的装卸，而且还可用于完成库场货物的堆码、拆垛、运输以及舱内、车内、库内货物的起重输送和搬运。

一、装卸搬运设备的分类

（一）按作业性质分类

按装卸及搬运两种作业性质不同可分为装卸机械、搬运机械及装卸搬运机械三类。

在这个领域中，有些机械功能比较单一，只满足装卸或搬运这一个功能，这种单一作业功能的机械有很大优点，即机械结构较简单，多余功能较少，专业化作业能力强，因而作业效率高，作业成本较低，但使用上受局限。有时候，从这种机械的单独操作来看效率确实很高，但由于其功能单一，作业前后需要很烦琐的衔接，会降低大系统的效率。单一装卸功能的机械种类不多，手动葫芦最为典型，固定式吊车如卡车吊、悬臂吊等吊车虽然也有一定的移动半径，也有一些搬运效果，但基本上还是被看成单一功能的装卸机具。单一功能的搬运机具种类较多，如各种搬运车、手推车及斗式输送机、刮板式输送机之外的各种输送机等。在物流领域很注重装卸、搬运两功能兼具的机具，这种机具可将两种作业操作合二为一，因而有较好的系统效果。属于这类机具的最主要的是叉车、港口中用的跨运车、车站用的龙门吊以及气力装卸输送设备等。

（二）按机具工作原理分类

按装卸搬运机具的工作原理可将其分为叉车类、吊车类、输送机类、作业车类和管道输送设备类。

（1）叉车类，包括各种通用和专用叉车。

（2）吊车类，包括门式、桥式、履带式、汽车式、岸壁式、巷道式各种吊车。

（3）输送机类，包括辊式、轮式、皮带式、链式、悬挂式等各种输送机。

（4）作业车类，包括手车、手推车、搬运车、无人搬运车、台车等各种作业车辆。

（5）管道输送设备类，包括液体、粉体的装卸搬运一体化的由泵、管道为主体的一类设备。

（三）按有无动力分类

按有无动力，可分为三类：

（1）重力式装卸输送机，辊式、滚轮式等输送机属于此类。

（2）动式装卸搬运机具，又有内燃式及电动式两种，大多数装卸搬运机具属于此类。

（3）人力式装卸搬运机具，用人力操作作业，主要是小型机具和手动叉车、手车、手推车、手动升降平台等。

二、装卸搬运设备的选择

（一）以满足现场作业为前提

（1）装卸机械首先要符合现场作业的性质和物资特点、特性要求。例如：在有铁路专用线的车站、仓库等，可选择门式起重机；在库房内可选择桥式起重机；在使用托盘和集装箱作业的生产条件下，可尽量选择叉车以至跨载起重机。

（2）机械的作业能力（吨位）与现场作业量之间要形成最佳的配合状态。装卸机械吨位的具体确定，应对现场要求进行周密的计算、分析。在能完成同样作业效能的前提下，应选择性能好、节省能源、便于维修、利于配套、成本较低的装卸机械。

（3）其他影响条件。影响物流现场装卸作业量的最基本因素是吞吐量，此外还要考虑堆码、卸垛作业量、装卸作业的高峰期等因素的影响。

（二）控制作业费用

装卸机械作业发生的费用主要有设备投资额、运营费用和装卸作业成本。

1．设备投资额

设备投资额是平均每年机械设备投资的总和（包括购置费用、安装费用和直接相关的附属设备费用）与相应的每台机械在一年内完成装卸作业量的比值。

2．装卸机械的运营费用

装卸机械的运营费用是指某种机械一年运营总支出（包括维修费用、劳动工资、动力消耗、照明等项）和机械完成装卸量的比值。

3．装卸作业成本

装卸作业成本是指在某一物流作业现场，机械每装卸 1 吨货物所支出的费用，即每年平均设备投资支出和运营支出的总和与每年装卸机械作业现场完成的装卸总吨数之比。

（三）装卸搬运机械的配套

1．装卸搬运机械的配套含义

装卸搬运机械的配套是指根据现场作业性质、运送形式、速度、搬运距离等要求，合理选择不同类型的相关设备。

2．装卸机械配套的方法

按装卸作业量和被装卸物资的种类进行机械配套，在确定各种机械生产能力的基础上，按每年装卸1万吨货物需要的机械台数和每台机械所担任装卸物资的种类与每年完成装卸货物的吨数进行配套。

此外，还可以采用线性规划方法来设计装卸作业机械的配套方案，即根据装卸作业现场的要求，列出数个线性不等式，并确定目标函数，然后求出最优的各种设备台数。

三、装卸搬运设备的运用

（一）选择设备

1. 设备配置的基本要求

（1）选取的作业设备尽可能合乎标准。

（2）尽可能把资金投放在移动货物的设备上，而不是投在固定不动的设备上。

（3）设备性能必须能满足系统要求，以保证设备的使用率，不让设备闲置。

（4）选取搬运设备时，应选净载重量与总重量之比尽可能大的设备。

2. 常见的机械搬运设备

（1）叉车。叉车又称铲车或叉式取货机，以货叉作为主要取货装置，依靠液压起升机构升降货物，由轮胎行驶系统实现货物水平搬运（图3–2）。

叉车的分类：

①按动力装置的不同分为内燃式叉车和电动式叉车。

②按结构和功用的不同分为平衡重式叉车、迁移式叉车、插腿式叉车、侧面式叉车、集装箱叉车等。

（2）电瓶车。这类运输工具以蓄电池为动力源，装载重量很小，1吨左右。起动快而稳，无废气、无噪声，操作简单，驾驶灵活，很适宜在库区内作短途运输，在我国使用比较广泛。缺点是运量小，在港口码头、货车月台等货物运输量大的场合，如果使用电瓶车，则运输效率会很低（图3–3）。

图3–2 叉车

图3–3 电瓶车

（3）牵引车。这种设备只有动力，没有装载能力。主要用于拖带货车或挂车，可作较长距离的运输，一台牵引车可拖很长一列挂车（图3–4）。

（4）挂车。这种设备自身没有动力，有一个载物平台，仅用于装载货物。载满货物的挂车连成一列后，由牵引车拖到目标库区。车列可长可短，可任意组合，十分灵活。缺点是需要大量人员参与，而且经常闲置，使用率低，不经济。比较适合于运输量大而稳定的场合，如码头、铁路的中心货站，大型企业的原料仓库等。挂车必须和牵引车配套使用（图3–5）。

（5）输送机。这种设备有多种分类和多种形式，它用于不同的场合。一般可按重力式、滚轴式、皮带式分类。动力都采用电力，经济方便。输送机被广泛用于短距离的出入库运输，它也是构成分拣系统的基本组成部分。这种运输设备可实现连续运输，效率非常高，只是在输送机两端有时需要人员看管，人力成本是很低的（图3–6）。

（6）起重机。起重机是指在一定范围内垂直提升和水平搬运重物的多动作起重机械。起重机又称天车、航吊、吊车（图3–7）。

起重机的分类：

①按起重机的综合特征分轻小型类、桥式类、臂架类、堆垛类和升降机。

②按起重机的取物装置分吊钩起重机、抓斗起重机、电磁起重机、集装箱专用起重机、装箱吊钩两用起重机。

③按起重机的用途分通用吊钩起重机、堆垛起重机、装卸起重机、专用起重机、多用途起重机。

④按起重机的使用场合分港口起重机、船上起重机、货场起重机、仓库起重机、随车起重机、车间用起重机等。

（7）回转货架。这种设备既是货架，可存储货物，又能作回转运动，起到运输的作用。回转货架主要为了方便货物分拣作业。它由一系列的储物箱组成，可以在一个封闭的轨道上移

图3–4　牵引车

图3–5　挂车

图3–6　输送机

图3–7　起重机

动，通过移动把储物箱传送给分拣操作人员。因此，该系统可以减少人员走动的时间。回转货架有水平回转和垂直回转两种。

（二）装卸搬运的设备系统

1. 自动化设备

物料处理的半自动化系统是指在机械化的基础上，在局部关键的作业面上采用自动化设备，以提高作业效率，一般在分拣、运输环节实现自动化。比较常用的自动化设备有自动引导搬运车、自动分拣设备、机器人、活动货架。

（1）自动引导搬运车。自动引导搬运车的用途是库内运输，它由控制机构和行驶机构组成一个自动化系统，称作AGVS。它具有无人操作的特点，能自动定位和行走，所以需要在库内安装一套引导系统。典型的引导方式有光导和磁导两种。在光导系统中，库区地面的行车路径上装有发光装置，其发出的光束可引导搬运车行驶到指定的位置。在磁导系统中，路径地面上安装有磁性物体，靠磁场来引导搬运车行驶。由于省去了驾驶员，人工成本可以减少。

（2）自动分拣设备。所谓自动分拣设备指的是受到自动控制的一套机械分拣装置，它是由接受分拣指令的控制装置、把到达分拣位置的货物取出的搬送装置、在分拣位置把货物分送的分支装置和在分拣位置存放货物的暂存装置等组成。分拣作业只需通过键盘向控制装置输入分拣指令，其余的全部由机械装置执行完成。目前比较常用的分拣控制技术是扫描识别技术，在货物的固定位置上贴有某种标识，货物到达分拣位置，扫描仪对标识扫描识别，然后按事先设定的程序操作，使货物按指定路线运到指定的位置。采用自动分拣装置使分拣处理能力提高，分拣数量比较大，准确率也大大提高。

（3）机器人。机器人是安装有微型电脑，能按编程指令自动完成一系列动作的机械。仓库中的作业具有多样性，要求机器人具有识别和判断功能，还需要具备一些简单的决策功能。在物料处理系统中，机器人主要用于货物分类、成组载荷。在分类作业中，机器人能够记忆位置、识别垛形，把指定位置的货物取出后放到输送机上。在成组作业中，机器人能够按成组要求，把有关的货物集中到一起，甚至装箱打包。

使用机器人的另外一个理由是，在恶劣环境中，如高温、冷藏、有毒气体等会危害人员身体健康的场合，可由机器人替代人工作业。机器人的最大优点是操作的准确率和高速度，在自动化分拣作业中起着重要作用。

（4）活动货架。货架用于存放货物，而设计活动货架的目的是让存有货物的货架移动到分拣位置，将存储功能与运输功能结合在一起，可以减少人力消耗。活动货架的工作原理是尽可能地利用物料重力产生一个滑动力，使物料自动向前移动。所以活动货架都设计成后部高于前部，货物从后部装入，逐步向前移动，这对于先进先出的库存管理是非常有利的。也有将滚轴输送机设计成活动货架，工作时使后部抬高。

2. 自动化系统

当库区的物料处理的全部功能都实现自动作业，并且各作业环节相互连成一体，从入库到出库在整体上实现自动控制时，这样的物料处理系统称为自动化系统。自动化的优势来自于应用大量的自动化设备。它的缺点也是十分明显的，主要是投资额大，开发和应用技术比较复杂，维护工作难度高。

（1）自动化分拣系统。现代自动化分拣系统与半自动化系统不同的是，它需要把分拣作业前后的作业连接起来，并实现自动作业，从收到货物、接受处理，到出库装车，整个过程实现自动化。

自动分拣装置的分支方式：

①推出式。在输送机的侧面安装推出设备，分拣出的货物到达此位置后，设备将货物推离主输送带，并推入分支输送带。它不受货物包装形式的限制，瓦楞纸箱、袋装货物、木箱等均适宜这种方式。不过，太薄的货物、容易转动的货物、易碎的货物不宜采用这种形式。分拣能力越高，分支机械冲击力也越大，此时必须注意对货物的损失情况。

②浮出式。它是一种在主输送机的下方安装浮出式机构，工作时把货物托起并送入分支输送机的装置。在分送时，对货物的冲击力较小，适合分拣底部平坦的纸箱和用托盘装的轻、重货物，不能分拣很长的货物和底部不平的货物。

③倾斜式。它是在主输送机上装有分送装置，货物到达规定的分拣位置，分送装置动作，如分送装置转动一个角度或开放通路对货物分拣。自动分拣装置的分支方式很多，具体选择哪种形式，需要考虑以下几个因素才能决定：分拣对象的形状、体积、重量和数量；搬运的路线及变动性；单位时间内的处理能力；分拣的种类数；设备费用、占地面积、周围环境等条件。

（2）自动化高架仓库。高架仓库又称立体仓库或机械化仓库，由于货架很高，可以高达20多米，所以在高架库中，从收货入库到出库装运全部实现自动化。自动化立体仓库的主体由货架、巷道式堆垛起重机、入（出）库工作台和自动运进（出）及操作控制系统组成。货架是钢结构或钢筋混凝土结构的建筑物或结构体，货架内是标准尺寸的货位空间，巷道堆垛起重机穿行于货架之间的巷道中，完成存、取货的工作。管理上采用计算机及条形码技术。

任务四　装卸搬运的合理化

装卸搬运活动，由于是伴随物流过程其他各环节的一项活动，因此未能引起人们的足够重视。但是随着社会经济的进一步发展，生产的社会化和专业化程度的不断提高，装卸搬运业的形成，人们开始意识到装卸搬运在社会再生产过程中的重要性。人们长期的生产实践，经过不断总结经验，探索装卸搬运的活动规律，总结出了装卸搬运的基本原则和实现装卸搬运合理化的基本途径，这对于提高物流系统整体效用具有重要作用。

一、装卸搬运的基本原则

（一）减少环节，装卸程序化

我们知道，装卸搬运活动的本身并不增加货物的价值和使用价值，相反地却增加了货物损坏的可能性和成本。因此，首先应从研究装卸搬运的功能出发，分析各项装卸搬运作业环节的必要性，千方百计地取消、合并装卸搬运的环节和次数，消灭重复无效、可有可无的装卸搬运作业。例如：车辆不经换装直接过境，大型的发货点铺设专用线，门到门的集装箱联运等，都可以大幅度减少装卸环节和次数。

必须进行的装卸搬运作用，应尽量做到不停顿、不间断，像流水一样地进行。工序之间要紧密衔接，作业路径应当最短，消灭迂回和交叉，要按流水线形式组织装卸作业。例如：铁路车辆的装卸，可组织1至2条流水线；船舶的装卸，根据吨位的大小，开至几条流水线作业。装卸搬运作用流程尽量简化，作业过程不要移船、调车，以免干扰装卸作业的正常进行。必须进行换装作业的，尽量不使货物落地直接换装，以减少装卸次数，简化装卸程序等。

（二）文明装卸，运营科学化

杜绝“野蛮装卸”是文明装卸的重要标志。在装卸搬运作业中，要采取措施保证货物完好无损，保障作业人员人身安全，坚持文明装卸。同时，不因装卸搬运作业而损坏装卸搬运设备和设施、运载与储存设备和设施等。

由于装卸搬运作业而造成各种环境污染，应采取措施使其污染限制在有关标准的范围内；各种装卸搬运作业一定要按工艺要求，缓起轻放，不碰不撞；堆码定型化，重不压轻，货物标志面放置在外；通道和作业场地的各种号码标志要明显；设备安全装置和安全标示要齐全、有效；装卸搬运职工按劳动保护要求，配备整洁美观的工作服装，体力劳动、脑力劳动强度和负荷都应控制在生理的合理范围内；在组织装卸搬运作业时，其作业环境的色调、光线、温湿度、卫生状况等要符合人体工程学、劳动心理学的科学原理。

装卸搬运设备和设施的负荷率和繁忙程度要合理，应控制在设计的范围之内，严禁超载运转；能源消耗和成本要达到合理甚至先进水平；设备与设施采用科学的综合管理和预修保养制度；按照经济合理的原则，确定设备和设施的寿命周期，及时更新改造，设备和设施都要有合理的储备能力，留有发展的潜力。同时，要改变装卸搬运只是一种简单的体力劳动的过时观念，积极推行全面质量管理等现代化管理方法，使装卸搬运作业的运营组织工作从经验上升到科学管理。

（三）集中作业，集装散装化

集中作业是指在流通过程中，按照经济合理原则，适当集中货物，使其作业量达到一定的规模，为实现装卸搬运作业机械化、自动化创造条件。只要条件允许，流通过程中的装载点和卸载点应当尽量集中；在货场内部，同类货物的作业尽可能集中，建立相应的专业协作区、专业码头区或专业装卸线；一条作业线能满足车船装卸作业时，就不采取低效的多条作业线方案；在铁路运输中，关闭业务量很小的中间小站的货运装卸作业，建设厂矿、仓库共用专用线等，都是采用集中作业的措施。

成件货物集装化作业，粮谷、盐、糖、水泥、化肥、化工原料等粉粒状货物散装化作业，是装卸搬运作业的两大发展方向。实际上，集装化和散装化也是一种集中作业形式，以便把小件集中为大件，提高装卸作业效率。所以，各种成件货物应尽可能集装成集装箱、托盘、货捆、网袋等货物单元，然后装卸搬运；各种粉粒状货物应尽可能散装入专用车、船、库，以提高装卸搬运效率。

（四）省力节能，努力促“活化”

节约劳动力，降低能源消耗，是装卸搬运作业的最基本要求。因此，要求作业场地尽量坚实平坦，这对节省劳力和减少能耗都有作用；在满足作业要求的前提下，货物净重与货物单元毛重之比尽量接近1，以减少无效劳动，尽量采取水平装卸搬运和滚装装卸搬运，达到省力化。

提高货物装卸搬运的灵活性，这也是对装卸搬运提出的基本要求。装卸搬运作业的灵活性是指货物的存放状态对装卸搬运作业的方便程度，也称为货物的“活性”。在物流过程中，为了对货物活性进行度量，常用“活性指数”来表示，它表明货物装卸搬运的方便程度。我们把作业中的某一步作业比它前一步作业的活性指数高的情形，即该项作业比它前项作业更便于装卸搬运的状况，称为“活化”。因此，对装卸搬运工艺的设计，应使货物的活性指数逐步增加，这就是要努力促“活化”的基本含义。

（五）兼顾协调，通用标准化

装卸般运作业既涉及物流过程的其他各环节，又涉及它本身的工艺过程各工序、各工步以及装卸搬运系统各要素。因此，装卸搬运作业与其他物流活动之间，装卸搬运作业本身各工序、各工步之间，以及装、卸、搬、运之间和系统内部各要素之间，都必须相互兼顾、协调统一，这样才能发挥装卸搬运系统的整体功能。

标准化最简洁的解释是对重复事物和概念通过判定、发布标准，达到统一，以获得最佳的秩序和社会效益。标准化往往与系列化、通用化相联系。装卸搬运标准化是对装卸搬运的工艺、作业、装备、设施、货物单元等所制定、发布的统一标准。装卸搬运标准化对促进装卸搬运合理化起着重要作用，它又是实现装卸搬运作业现代化的前提。

（六）巧装满载，安全效率化

装载作业一般是运输和存储的前奏。运载工具满载和库容的充分利用是提高运输和存储效益与效率的主要因素之一，在运量大于运能、储量大于库容的情况下尤为重要。所以，装卸搬运时，根据货物的轻重、大小、形状、物理化学性质，以及货物的去向、存放期限、车船库的形式等，采用恰当的装卸方式，巧妙配装，使运载工具满载，库容得到充分利用，以提高运输、存储效益和效率。

装载作业完成之后，或者运输或者储存。为了保证运输储存安全，在装载时要采取一定的方法保持货物稳固，以克服运输或储存过程中所产生的各种外力的破坏作用，诸如纵向、横向、垂直惯性力以及风力、重力、摩擦力等。

运输工具、集装工具、仓库地面、货架等既要求满载，以提高其利用率和效率，又要求所承载能力在一定的限制下，并采取一定的方法，使装货载荷均匀地分布在承受的载面上，这样可以保证运输、装卸搬运设备和仓储设施的安全，并能达到延长使用寿命的目的。

二、装卸搬运的合理化

装卸搬运合理化的目标是：装卸搬运距离短、装卸搬运时间少、装卸搬运质量高、装卸搬运费用省。为达到上述目的，可以实施以下措施。

（一）防止和消除无效的装卸搬运

无效作业是指在装卸作业活动中超出必要的装卸搬运量的作业。为了有效地防止和消除无效作业，可从以下几个方面入手：

（1）尽量减少装卸搬运次数。

（2）提高被装卸物料的纯度。

（3）包装要适宜。

（4）缩短装卸搬运的距离。

（二）提高装卸搬运的灵活性

装卸搬运的灵活性是指在装卸作业中的物料进行装卸作业的难易程度。所以，在堆放货物时，事先要考虑到物料装卸作业的方便性。装卸搬运的灵活性，根据物料所处的状态，即物料装卸搬运的难易程度，可分为不同的级别。

0级——物料杂乱地堆在地面上的状态。

1级——物料装箱或经捆扎后的状态。

2级——箱子或被捆扎后的物料，下面放有枕木或其他衬垫后，便于叉车或其他机械作业的状态。

3级——物料被放于台车上或用起重机吊钩钩住，即刻移动的状态。

4级——被装卸、搬运的物料，已经被起动、直接作业的状态。

为了说明和分析物料搬运的灵活程度，通常采用平均活性指数的方法。这个方法是对某一物流过程物料所具备的活性情况，累加后计算其平均值，用“δ”来表示。“δ”值的大小是确定改变搬运方式的信号。例如：当$\delta<0.5$时，指所分析的搬运系统半数以上处于活性指数为0的状态，即大部分处于散装情况，其改进方式可采用料箱、推车等存放物料；当$0.5<\delta<1.3$时，则是大部分物料处于集装状态，其改进方式可采用叉车和动力搬动车；当$1.3<\delta<2.3$时，装卸、搬运系统大多处于活性指数为2，可采用单元化物料的连续装卸和运输；当$\delta>2.7$时，则说明大部分物料处于活性指数为3的状态，其改进方法可选用拖车、机车车头拖挂的装卸搬运方式。

装卸搬运的活性分析，除了上述指数分析法外，还可采用活性分析图法。活性分析图法是将某一物流过程通过图示来表示出装卸搬运活性程度，并具有明确的直观性能，使人一看就清，薄弱环节容易被发现和改进。

（三）实现装卸作业的省力化

装卸搬运使物料发生垂直和水平位移，必须通过做功才能实现，要尽力实现装卸作业的省力化。

在装卸作业中应尽可能地消除重力的不利影响。在有条件的情况下利用重力进行装卸，可减轻劳动强度和能量的消耗。

利用重力式移动货架也是一种利用重力进行省力化的装卸方式之一。重力式货架的每层格均有一定的倾斜度，利用货箱或托盘可自己沿着倾斜的货架层板滑到输送机械上。为了使物料滑动的阻力变小，通常货架表面均处理得十分光滑，或者在货架层上装有滚轮，也有在承重物资的货箱或托盘下装上滚轮，这样将滑动摩擦变为滚动摩擦，物料移动时所受到的阻力会更小。

1. 合理组织装卸搬运设备，提高装卸搬运作业的机械化水平

物资装卸搬运设备运用组织是以完成装卸任务为目的，并以提高装卸设备的生产率、装卸质量和降低装卸搬运作业成本为中心的技术组织活动。它包括下列内容：

（1）确定装卸任务量。

（2）根据装卸任务和装卸设备的生产率，确定装卸搬运设备需用的台数和技术特征。

（3）根据装卸任务、装卸设备生产率和需用台数，编制装卸作业进度计划。

（4）统计和分析装卸作业成果，评价装卸搬运作业的经济效益。

2. 推广组合化装卸搬运

处理物料装卸搬运的方法有三种形式：普通包装的物料逐个进行装卸，叫作“分块处理”；将颗粒状物资不加小包装而原样装卸，叫作“散装处理”；将物料以托盘、集装箱、集装袋为单位进行组合后进行装卸，叫作“集装处理”。

对于包装的物料，尽可能进行“集装处理”，实现单元化装卸搬运，可以充分利用机械进行操作。组合化装卸具有很多优点：

（1）装卸单位大、作业效率高，可大量节约装卸作业时间。

（2）能提高物料装卸搬运的灵活性。

（3）操作单元大小一致，易于实现标准化。

（4）不用手去触及各种物料，可达到保护物料的效果。

• 项目小结

本项目主要介绍了装卸搬运的概念和特点，阐述了装卸搬运的分类和方法，详细说明了装卸搬运的设备和自动化；同时，对装卸搬运的原则和合理化做了详细介绍，通过本项目的学习，学生能理解装卸搬运管理的重要性以及基本的装卸搬运工具的使用，正确理解装卸搬运合理化的含义，掌握优化装卸搬运方案的方法。

重点概念：装卸搬运；装卸搬运合理化

• 知识巩固

一、不定项选择题

1. 装卸是指物品在指定地点以人力或机械（　　）。

A. 装入运输设备　　B. 从运输设备上卸下

C. 装入运输设备或卸下　　D. 卸下运输设备

2. 在同一地域范围内进行的，以改变物的存放状态和空间位置为主要内容和目的的活动称为（　　）。

A. 运输　　B. 装卸搬运　　C. 配送　　D. 流通加工

3. 使用集装箱可以在运输中减少（ ）作业。

A. 运输 B. 装卸搬运 C. 配送 D. 流通加工

4. 与其他环节相比，（ ）具有伴随性的特点。

A. 运输 B. 仓储 C. 配送 D. 装卸搬运

5. 装卸搬运是衔接整个物流过程的（ ）环节，物流系统各个环节或同一环节的不同活动之间，都必须进行装卸搬运作业。

A. 间接 B. 直接 C. 必要 D. 关键

6.（ ）作业是指逐件装卸搬运货物，主要采用人工方法，并依作业环境和条件适当辅以机械化与半机械化的作业方法。

A. 单件 B. 单元 C. 散装 D. 货捆

7. 集装在箱中的物品，只要进行后面三次作业即可运走，物料搬运作业较为方便，活性水平高一等级，活性指数为（ ）。

A. 1 B. 2 C. 3 D. 4

8. 为加速出入库而采用的托盘堆叠储存时，一般用（ ）存取。

A. 人工 B. 叉车 C. 吊车 D. 堆垛机

9.（ ）是利用货物的位能来完成装卸作业的方法。其装车设备有筒仓、溜槽、隧道等；卸车主要用底门的开车或漏斗车在缆线或卸车坑道自动开启车门，货物依靠重力自行流出的卸货方法。

A. 功能法 B. 重力法 C. 倾翻法 D. 机械法

10. 在装卸搬运作业中，装货、移动、卸货这三种作业在多数情况下是以一个整体形式出现的，装和卸次数之和与移动次数是（ ）的关系。

A. 1∶1 B. 2∶1 C. 3∶1 D. 4∶1

二、判断题

1. 严格地讲，装卸和搬运是两个相同概念的组合。（ ）

2. 物料是装卸搬运的对象，也是影响装卸搬运设备和方法选择的间接因素。（ ）

3. 在生产过程中装卸搬运通常称为货物装卸，流通过程中装卸搬运多称为物料搬运。（ ）

4. 装卸搬运是衔接仓储和运输的桥梁与纽带。（ ）

5. 装卸搬运虽不创造产品的价值，但却在物流成本中占有相当大的费用比例。（ ）

三、简答题

1. 装卸搬运的分类有哪些？

2. 如何装卸搬运合理化？

3. 装卸搬运设备有哪些？

4. 装卸搬运的基本原则有哪些？

课后习题答案

• 拓展阅读

海尔高效率仓库运作

对于生产企业来说，物质资源的节约和劳动消耗的降低都可以降低成本，这两方面都处于生产环节，没有多少潜力可挖掘，但是存在于流通领域的物流费用却很大，有效降低物流费用就成为生产企业关注的热点。据有关数据统计，美国平均商品物流费用占销售价格的7.53%，英国为11.6%，澳大利亚则高达21.2%，可见其利润潜力是巨大的。降低物流成本，可以提高企业产品的市场竞争力，可以提升分销渠道和产品的附加值。

海尔认为，按照订单生产，是解决库存问题的根本，通过BBP系统交易平台，海尔每个月平均接到8000多个销售订单，这些订单品种达9000多个，需要采购的物料品种达26万余种。在这种复杂的情况下，海尔对自己的物料资源进行了整合，其结果是呆滞物资降低了73.8%，仓库面积减少了50%，库存资金减少了67%。海尔国际物料中心（海尔配件立体仓库）货区面积7200平方米；但它的吞吐量却相当于30万平方米的普通平面仓库。同样的工作，海尔物流中心只有10位叉车司机，而一般仓库完成这样的工作量至少需要上百人。因此，海尔仓库不再是储存物资的水库，而是一条流动的河。海尔物流从根本上消除了呆滞物资，消灭了库存。

思考题：

同样的工作，海尔物流中心只有10位叉车司机，而一般仓库完成这样的工作量至少需要上百人。为什么海尔公司叉车司机的劳动效率如此高呢？

• 技能实训

认识装卸搬运设备

一、实训目标

通过指导学生网上查找相关资料，让学生了解不同的场所所用到的装卸搬运设备，并进一步认识这些设备的性能、特点和适用范围；通过学生在校内实训室里进行一些设备的操作，让学生了解并掌握这些设备的操作程序和规范。

二、实训步骤

1. 利用物联网进行搜索查找在不同的装卸搬运场所所使用的设备工具，了解掌握这些设备的性能、特点和适用范围。

2. 实操实训：在校内物流实训室，操作装卸搬运的相关设备。

3. 学习总结这些设备的操作程序和规范。

三、实训要求

1. 了解本次实训的目的。

2. 学生在实训过程中应做好记录。

3. 形成实训报告。

4. 进行实训考评。

四、实训报告

实训报告

班级		姓名		时间	
实训目的					
实训步骤					
实训内容					
我的做法					
我的结论					
我的想法					

五、实训考评

考评表

考评人		被考评人	
考评地点			
考评内容	物流认知		
考评标准	具体内容	分值	实际得分
	实训背景分析	20	
	实训内容全面性	20	
	实训业务流程设计的可行性	30	
	在实训过程中体现的团队合作和职业素养	30	
合　计		100	

项目四 运输管理

项目目标

【知识目标】

1. 了解运输的含义
2. 熟悉了解运输在物流中的作用和地位
3. 掌握运输的分类主要功能和原理
4. 掌握运输与物流其他功能的关系
5. 熟悉运输节点的作用和功能
6. 理解运输市场的含义、构成和特征
7. 掌握运输合理化、运输优化、决策
8. 掌握运输的考核指标

【能力目标】

1. 能够运用运输原理对运输进行分析
2. 能够对运输市场进行判断
3. 能够对运输路径进行合理化设计
4. 能够正确使用运输设备

【素质目标】

1. 培养运输成本节约意识
2. 提升物流运输岗位自豪感
3. 致力于运输信息技术平台的推广与应用

思维导图

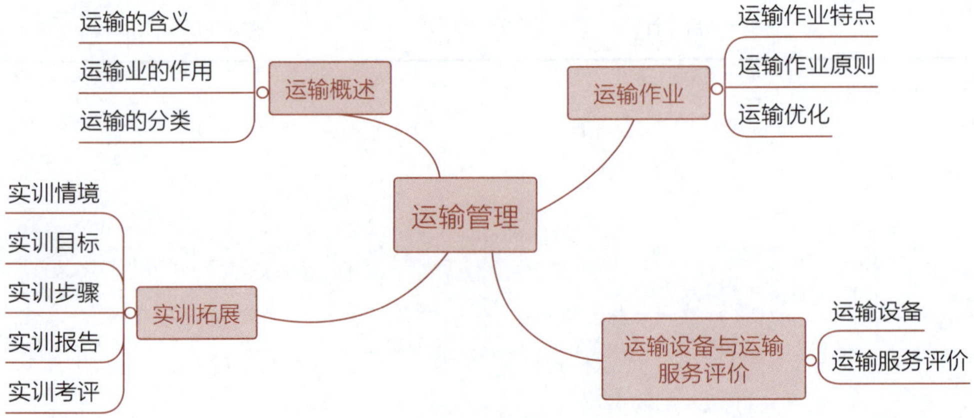

案例导入

利华箱包公司的运输

利华箱包公司是生产系列箱包产品的公司。公司的分拨计划是将生产的产品先存放在工厂的成品库，然后向分公司或营业所的仓库调拨产品。由于利华箱包公司与铁路部门关系比较好，所以长期以来一直使用铁路运输方式将东部工厂的成品运往西部的仓库或经销商。铁路运输的平均时间为21天，箱包的平均价值250元，库存成本为价值的20%。每年西部市场对箱包的需求量为80万件。由于竞争的加剧，为了提高企业的经济效益，公司物流部调查并收集了不同运输服务方式的相关资料如表4-1所示。

表4-1　利华箱包公司运输情况资料

运输服务方式	运输费率/（元/单位）	运输时间/天	每年运输批次
铁路运输	1	21	10
驮背运输	15	14	20
卡车运输	25	5	25
航空运输	4	2	40

案例分析：

1. 根据案例资料计算不同运输方式的在途库存成本（列出计算过程）。
2. 考虑运输成本与在途库存成本，哪种运输方式成本最低？
3. 从运输部门自身的角度选择运输方式，除了考虑运输费用外还应考虑哪些因素？
4. 从企业整体的角度选择运输方式，要考虑哪些因素？

项目知识

任务一　运输概述

一、运输的含义

我国国家标准《物流术语》（GB/T 18354—2021）对运输（Transportation）的定义是："利用载运工具、设施设备及人力等运力资源，使货物在较大空间上产生位置移动的活动。"其中，包括集货、分配、搬运、中转、装入、卸下、分散等一系列操作。运输和搬运的区别在于，搬运是在同一地域之内的活动，而运输是较大范围的活动。运输是指实现人和物空间位置变化的载运及输送。它是在不同地域范围间（如两个省份、两个城市、两个企业之间），以改变人与物的空间位置为目的的活动，物流中的运输是专指对"物"的载运和输送。在现代物流过程中，运输是实现物品空间位移的主要方式，通过这种位移创造商品的空间效益，实现其使用价值，满足社会的不同需要。运输是物流的中心环节之一，也是现代物流活动最重要的一个功能。

知识链接

运输和搬运的区别：运输是在较大范围（如两个省份、两个城市、两个企业之间）进行的物流活动；而搬运是在同一地域之内的活动（如工厂、仓库、车站）对物品进行以水平位移为主要的物流活动及运输的地位和功能。

（一）运输的地位

现代物流业在整个国民经济中起着举足轻重的作用，是国民经济的“大动脉”，是重要的服务业，它融合了运输业、仓储业、货代业和信息业等，是国民经济的重要组成部分。物流产业涉及的领域非常之广，就业人数之多，它已成为生产和消费领域的桥梁与纽带，在促进产业结构调整、转变经济发展方式和增强国民经济竞争力等方面也发挥重要作用。

物流业在国民经济中的基础作用是实现商品流通。在商品流通中，物流是商品交换过程中要解决的物质变换过程的具体体现，物流能力的大小，包括运输、包装、装卸、储存、配送等能力的大小强弱，直接决定着商品流通的规模和速度。商品流通的状况直接影响市场商品供应状况，并且制约着人民群众消费需求的满足程度。商品流通的效率和成本还决定着一个企业的市场竞争能力和国家的商品竞争能力。在当前市场经济条件下，用于物流的费用支出已越来越大，越来越成为决定生产成本和流通成本高低的主要因素。中国的商业企业的物流费用占到流通费用支出的30%～50%，具体到某些产品，如化肥、燃料煤等所占的比重还要大些。商品在物流过程中的损失也是十分惊人的。据不完全统计，中国物流损失每年不下百亿元，这既说明了物流对宏观和微观经济效益的影响程度，也表明了组织好物流的必要性和紧迫性。

物流也直接制约生产力要素能否合理流动，直接制约资源的利用程度和利用水平，影响着资源的合理配置。如果物流不畅，即便是拥有资源优势也会由于物流条件的限制而无法转化为商品优势进入流通过程，最终成为制约生产发展和产品商品化程度的重要因素之一。物流服务需求集中于家电、日用化工、烟草、医药、汽车、连锁零售等工业品流通领域，也和这些工业行业的发展密切相关，是这些产业取得高速发展的保障因素之一。中国的钢材、煤炭、矿石等大宗物资物流发展相对滞后，是这些产业发展的制约瓶颈因素之一。中国的农产品的物流发展相对滞后，也是中国农产品资源优势难以转化为经济优势，造成农民增收缓慢、城乡差距和区域差距进一步拉大的原因之一。

物流业是国民经济各个产业门类中的重要组成，与经济总体发展息息相关。中国40多年来经济快速增长带来旺盛的物流需求，未来十几年的国内经济总体上仍将保持较高速增长，中国已成为世界第二大经济体，物流规模持续增长的经济条件非常坚实。随着工业化推进带动的产业结构升级，尤其是我国农业产业化、农业集约化大力发展，物流外包的需求趋向多样化、规模需求也越来越大。但是随着中国工业化的大力推进，大宗能源、资源、原材料和主要商品的大规模运输方式在逐步朝小批量、多频次、灵活多变的物流需求转变，物流产业的外在需求也在随着变化而不断变化。所以运输在商品流通中发挥着举足轻重的作用。

（二）运输的功能

运输在物流活动中提供两大功能：商品转移和商品储存。

1. 商品转移

商品在价值链中不断从一级转移到下一级，这一切都离不开运输。运输的主要功能就是将商品在价值链中不断移动。由于运输要利用包括时间、资金、环境在内的各种资源，所以只有当运输确实能提高商品价值时，这样的移动才是有价值的、重要的。运输之所以涉及利用时间资源，是因为商品在运输过程中是难以存取的。这里的商品通常是指转移中的存货，是各种供应链战略，如准时化和快速响应等战略所要考虑的一个因素，以减少配送中心的存货商品从供应地点转移到需要地点。此外，还要保证商品完好率尽可能高。同时，在进行运输决策时，必须满足门店和客户的有关交付履行与装运信息的可得性等多方面的要求，从而保证物流服务质量。

生产领域的原材料、零部件、装配件、在制品、制成品和流通领域的商品都存在着广泛的运输需求。产品转移就是通过运输实现产品在价值链中的移动，它是运输的主要功能。运输作业需要消耗人力、运输工具和其他物质资源，只有当运输活动增进的产品价值超过了运输成本时，产品转移才是必要的。

2. 商品储存

商品储存是运输的附属功能，即将运输车辆作为临时储存设施。在有些货物中转、交接等作业中，与其将货物卸下入库，还不如临时存放在运输车辆上，以便减少装卸搬运作业工作量，节约作业费用。另外，在仓库空间有限的情况下，利用运输车辆储存也是一种可行的选择。

（三）运输的基本原理

1. 规模原理

规模原理是指随着一次装运量的增大，使运输量单位运输成本逐渐降低，货密度对运输成本业会产生影响，货物密度低的不能完全达到运载工具的额定吨位，这样它的单位运输成本就高，反之则低。规模原理：特点是随装运规模的增长，使单位重量的运输成本降低。另外，通过规模运输还可以获得运价折扣，也使单位货物的运输成本下降。

2. 距离原理

距离原理是指每单位距离的运输成本随距离的增加而减少。距离经济的合理性类似于规模经济，尤其体现在运输装卸费用上的分摊。

知识链接

运输服务者

物流运输服务是由各类提供者共同提供的，主要包括单一方式经营人、专业承运人、联运经营人和非作业性质的中间商。

1. 单一方式经营人

最基本的承运人类型是仅利用一种运输方式提供服务的单一方式经营人，这种集中程度使承运人高度专业化，有足够的能力和高效率。如航空公司就是单一方式的货运承运人，他们只提供机场至机场的服务，托运人须自己前往机场和离开机场。

2. 专业承运人

由于小批量货物装运和交付在运输中存在很多问题，公共承运人很难提供价格合理的小批量装运服务，且服务质量较低；于是那些提供专门化服务的公司就乘机进入小批量装运服务市场或包裹递送服务市场，如顺丰、中通和一些快递公司等。

3. 联运经营人

联运经营人使用多种运输方式，利用各自的内在经济性以最低的成本条件提供综合性服务，组成托运人眼中的“一站式”服务。对于每一种多式联运的组合，其目的都是要综合各种运输方式的优点，以实现最优化绩效。现在人们越来越强烈地意识到多式联运将成为提供高效运输服务的一种重要手段。

4. 中间商

运输服务的中间商通常不拥有运输没备，但向其他厂商提供经纪服务，他们的职能多少类似于营销渠道中的批发商。中间商通常向托运人提供的费率在相同的装运批量上低于专业承运人的费率。中间商的利润是向托运人收取的费用和向承运人购买的运输服务成本之间的差额。货运中间商可以使托运人和承运人有机结合起来，既方便了小型托运人的托运活动，同时也简化了承运人的作业行为，并且可以通过合理安排运输方式，避免物流运输的浪费。运输服务中间商主要有货运代理人、经纪人以及托运人协会等。

二、运输业的作用

（1）运输可以创造出商品的空间效用和时间效用。通过运输的这两种效用的发挥，才能够满足消费者消费商品的需求，使整个商品交易过程得以实现。

（2）运输可以扩大商品的市场范围。比如：“一带一路”的建设和“中欧班列”的开通运营促进了沿线国家和城市的经济繁荣，还有迅猛发展的电子商务。

（3）运输可以促进商品价格的稳定。由于各种资源和产品的地域不平衡性，会造成商品供给的不平衡性。因此，商品的价格可能会出现很大的波动。如果有一个顺畅的运输体系，就能保持供求的动态平衡和价格的相对稳定。

（4）运输能够促进社会分工的发展。运输是商品生产和商品销售之间不可缺少的联系纽带，有了它，才能真正实现生产和销售的分离，促进社会分工的发展。运输是社会物质生产的必要条件之一。运输是国民经济的基础和先行。马克思将运输称之为“第四个物质生产部门”是将运输看成是生产过程的继续。在社会上，运输是生产过程的继续。这一活动联结生产与再生产，生产与消费的环节，联结国民经济各部门、各企业，联结着城乡，联结着不同国家和地区。

这个继续虽然以生产过程为前提，但如果没有这个继续，生产过程则不能最后完成。所以，虽然运输的这种生产活动和一般生产活动不同，它不创造新的物质产品，不增加社会产品数量，不赋产品以新的使用价值，而只变动其所在的空间位置，但这一变动则使生产能继续下去，使社会再生产不断推进，所以将其看成一种物质生产部门。

（5）运输是物质生产部门实现再生产的必要条件，是商品流通的物质条件。运输业是支撑国民经济运行的基础性产业。企业在产品生产过程中需要将采购、生产、分销各环节衔接起来，必须依靠运输作业来实现。在流通业中，批发商和零售商需要依靠运输实现货畅其流。国民经济各部门之间、城乡之间、不同地区和国家之间商品与生产要素的流动需要通过运输活动来实现。

（6）运输是物流系统优化的重点物流系统通过创造空间效用、时间效用和形式效用来创造价值。物流系统优化是指通过降低物流成本，提高物流效率来实现物流系统的优化运行，运输成本占物流成本比例最大，也是优化的重点，而合理运输能降低物流费用，提高物流速度，是发挥物流系统整体功能的中心环节。同时，合理运输能加快资金周转速度，降低资金占用时间，是提高物流经济效益和社会效益的重点所在。开展合理运输，不仅关系到物流时间占用的多少，而且还会影响到物流费用的高低。合理组织物品的运输，有利于加速社会再生产过程，促进国民经济持续、稳定、协调地发展，能节约运输费用，降低物流成本，能缩短运输时间，加快物流速度。由此可见，运输成本占物流成本比例最大，也是优化的重点。运输效率的高低制约着其他物流环节效率的提高，进而影响物流系统整体效率的高低，所以运输是物流系统优化的重点。

（7）运输是“第三利润源”的主要源泉。物流是企业的“第三利润源”，运输则是“第三利润源”的主要源泉。运输是物流活动中最主要的功能要素之一，又承担着空间转移的任务，具有点多、面广、线长、流动、分散等特点，因此运输的费用较高，在全部物流费用中所占比重最高。物流运输系统的目标是实现物品迅速安全和低成本运输，应选择合理的运输路线和运输工具，以最短的路径，最少的环节，最快的速度和最少的劳动消耗，组织好运输活动。所以，物流运输中节约的潜力是巨大的，运输也成为“第三利润源”的主要源泉。

三、运输的分类

（一）按运输方式分类

按运输方式可以分为公路运输、铁路运输、水路运输、航空运输、管道运输。

1. 公路运输

公路运输是指使用汽车或其他车辆（如人力车、畜力车）在公路上进行货客运输的一种方式。公路运输主要承担近距离、小批量的货运；由于公路运输有很强灵活性，近年来，高速公路的发展，在有铁路、水运的地区，较长途的大批量运输也开始使用公路运输。

公路运输是影响面最广的运输方式，其优势在于全运程速度快和营运灵活上。公路运输的主要优点是灵活性强，公路建设期短，投资较低，易于因地制宜，对收到站的设施要求不高。另外，公路运输从发货者门口到收货者门口，无须转运或反复装卸搬运。公路运输也可作为其他运输方式的衔接手段。公路运输的经济半径一般在200千米以内。

公路运输的不足主要表现在：载运量较小、效率低；长途运输成本较高、能耗大；污染环境比其他运输方式严重、易发生事故等。

2．铁路运输

铁路运输是指使用铁路列车运送客货的一种运输方式。铁路运输主要承担长距离、大数量的货运，在没有水运条件的地区，几乎所有大批量货物都是依靠铁路运输，铁路运输是干线运输中起主力运输作用的运输形式。铁路运输的优点是速度快，运输不受自然条件限制，载运量大，运输成本较低。其主要缺点是灵活性差，只能在固定线路上实现运输，需要以其他运输手段配合和衔接。铁路运输经济里程一般在500千米左右。

3．水路运输

水路运输是指使用船舶运送客货的一种运输方式。水路运输是利用船舶运载工具在水路上的运输。水运有以下形式：沿海运输；近海运输；远洋运输；内河运输。水路运输的特点是运输能力大、能源消耗低、航道投资省、节约土地资源，并且能以最低的单位运输成本提供最大的运量；尤其是在运输大宗货物或散装货物时，采用专用的船舶运输，可以取得好的技术经济效果。

水路运输缺点：船舶平均航速较低，目前货运船舶航速在25到30节（以海里/小时计算），所以货物运输速度慢，港口的装卸搬运费用较高，不适合短距离运输；航运和装卸作业受气候条件的影响较大，呈现较大的波动性及不平衡性。

水路运输主要承担大数量、长距离的运输，是干线运输中起主力作用的运输形式。在内河及沿海，水运也常作为小型运输工具使用，担任补充及衔接大批量干线运输的任务。水运的主要优点是成本低，能进行低成本、大批量、远距离的运输。水运的缺点主要是运输速度慢，易受港口、水位、季节、气候的影响，因此一年中中断运输的时间较长。水路运输有以下4种形式：

（1）沿海运输。沿海运输是使用船舶通过大陆附近沿海航道运送客货的一种方式，一般使用中、小型船舶。

（2）近海运输。近海运输是使用船舶通过大陆邻近国家海上航道运送客货的一种运输形式，视航程可使用中型船舶，也可使用小型船舶。

（3）远洋运输。远洋运输是使用船舶跨大洋的长途运输形式，主要依靠运量大的大型船舶。

（4）内河运输。内河运输是利用船舶在陆地内的江、河、湖、川等水道进行运输的一种方式，主要使用中、小型船舶。

知识链接

航速单位

航速是指舰船在单位时间内所航行的里程数。按大小可分为最大航速、全速、巡航航速等，介绍如下：最大航速指主动力装置以最大功率运转时达到的速度；全速指主动力装置以额定总功率运转时达到的速度；巡航航速是舰船巡航时常用的速度，通常同型舰船规定一种主机航速作为巡航航速；经济航速指根据船舶运输要求和营运费用等因素确定的成本最低的航速；最小航速指船舵能发挥操纵作用的最低速度。潜艇航速分为水上航速、水下航速和通气管航速

（使用柴油机水下作业装置时的航速等）。

“节”为船舶航行速度单位，后来，也用于风及洋流的速度。一般情况下，1节=1海里/小时=1.852千米/小时，“节”的代号是英文“Knot”，是指地球子午线上纬度1分的长度，由于地球略呈椭球体状，不同纬度处的1分弧度略有差异。在赤道上1海里约等于1843米；纬度45°处约等于1852.2米，两极约等于1861.6米。1929年国际水文地理学会议，通过用1分平均长度1852米作为1海里；1948年国际人命安全会议承认，1852米或6076.115英尺为1海里，故国际上采用1852米为标准海里长度。中国承认这一标准，用代号“M”表示。最快的超大型集装箱船舶可以达到25～32节的速度，一般散货船在12～17节，杂货船一般在15～17节。

4. 航空运输

航空运输是指使用飞机或其他航空器进行运输的一种形式。航空运输的单位成本很高，因此主要适合运载的货物有两类，一类是价值高、运费承担能力很强的货物，如贵重设备的零部件、高档产品等；另一类是紧急需要的物资，如救灾抢险物资等。航空运输的主要优点是速度快，不受地形的限制。在火车、汽车都达不到的地区也可依靠航空运输，因而有其重要意义。

5. 管道运输

管道运输是指利用管道输送气体、液体和粉状固体的一种运输方式。其运输形式是靠物体在管道内顺着压力方向循序移动实现的，与其他运输方式的重要区别在于，管道设备是静止不动的。管道运输由于采用密封设备，因此在运输过程中可避免散失、丢失等损失，也不存在其他运输设备本身在运输过程中消耗动力所形成的无效运输问题；另外，管道运输适合于运输量大且连续不断运送的物资。管道运输也存在一定的缺点，如灵活性差、专业性强，只能运输天然气、石油，以及进行固体料浆等物资的定点单向运输。

小总结

各种运输方式的优缺点如表4-2所示。

表4-2 各种运输方式的优缺点

运输方式	优点	缺点
公路运输	1. 运输速度快 2. 灵活性强 3. 可以实现门到门的运输	1. 运力小、不适合长距离运输 2. 单位运输成本高
铁路运输	1. 适合长距离的大宗货物的集中运输 2. 运载量较大、速度快、连续性强 3. 远距离运输费用低，一般不受气候因素影响，准时性较强，安全系数较大，是最可靠的运输方式	1. 营运缺乏弹性 2. 货损较高

续表

运输方式	优点	缺点
水路运输	1. 运输能力大 2. 能源消耗低、航道投资省 3. 节约土地资源	1. 运输速度慢，港口的装卸搬运费用较高 2. 不适合短距离运输；航运和装卸作业受气候条件的影响较大 3. 呈现较大的波动性及不平衡性
航空运输	1. 安全性高 2. 经济特性良好 3. 对运输货物包装要求较低	1. 受气候条件限制 2. 可达性差 3. 载运量小
管道运输	1. 运量大 2. 占地面积少 3. 管道运输建设周期短、费用低、运营费用也低 4. 管道运输安全可靠、连续性强 5. 管道运输耗能低、成本低、效益好	1. 灵活性差 2. 当运输量降低较多并超出其合理运行范围时，其优越性难以发挥

（二）按运输路线分类

按运输路线可分为干线运输、支线运输、二次运输、厂内运输。

1. 干线运输

干线运输利用铁路干线、公路干线、大型船舶进行大批量、远距离的运输。干线运输是运输的主体，是进行远距离位置的空间位移的主要运输方式，其运输速度较同种运输工具运输速度快，相对费用低。

2. 支线运输

支线运输是指与干线相接分支线路的运输。支线运输是干线运输上的收、发货地点之间的补充性运输，一般运量小、运距短。

3. 二次运输

二次运输一般是干线、支线的末端运输，是干线、支线有益补充，一般主要是在生产、厂房、站点之间的运输，相对运距比较短、运力比较小。

4. 厂内运输

厂内运输主要是指在大型工矿企业内的生产性运输；厂房内的生产车间和生产线上进行的运输方式。

（三）按运输作用分类

按运输作用可分为集货运输、配送运输。

1. 集货运输

集货运输是将分散的货物进行汇集集中的运输形式；一般都是运距短、批量小的运输，货物汇集后再进行干线运输，所以它是干线运输的补充性运输。

2. 配送运输

配送运输是按照用户的要求分送到用户的运输，它是干线运输的补充和完善。

小总结

配送运输

配送是物流活动中一种非单一的业务形式，它与商流、物流、资金流紧密结合，并且主要包括了商流活动、物流活动和资金流活动，可以说他是包括了物流活动中大多数必要因素的一种业务形式。从物流来讲，配送几乎包括了所有的物流功能要素，是物流的一个缩影或在某小范围中物流全部活动的体现。一般的配送集装卸、包装、保管、运输于一身，通过这一系列活动完成。

配送将货物送达的目的。特殊的配送则还要以加工活动为支撑，所以包括的方面更广。但是，配送的主体活动与一般物流却有不同，一般物流是运输及保管，而配送则是运输及分拣配货，分拣配货是配送的独特要求，也是配送中有特点的活动，以送货为目的的运输则是最后实现配送的主要手段，从这一主要手段出发，常常将配送简化地看成运输中的一种。

从商流来讲，配送和物流不同之处在于，物流是商物分离的产物，而配送则是商物合一的产物，配送本身就是一种商业形式。虽然配送具体实施时，也有以商物分离形式实现的，但从配送的发展趋势看，商流与物流越来越紧密的结合，是配送成功的重要保障。

任务二　运输作业

一、运输作业特点

（一）运输具有生产的本质属性

运输的生产过程是以一定的生产关系联系起来的、具有劳动技能的人们使用劳动工具（如车、船、飞机及其他设施）和劳动对象（货物和旅客）进行生产，并创造产品的生产过程。运输的产品，对旅客运输来说，是人的空间位移；对货物运输来说，是货物的空间位移。显然，运输是以改变人和物的空间位置为目的的生产活动，这一点和通常意义下以改变劳动对象物理、化学、生物属性为主的工农业生产不同。

（二）运输是在流通过程中完成的

运输是把产品从生产地运往消费地的活动，因此从整个社会生产过程来说，运输是在流通领域内继续的生产过程，并在其中完成。

（三）运输产品具有无形性

运输生产不像工农业生产那样改变劳动对象的物理、化学性质和形态；而只改变劳动对象的空间位置，并不创造新的实物形态产品。因此，在满足社会运输需求的情况下，多余的运输产品或运输支出，都是一种浪费。

（四）运输产品属于边生产边消费

工农业产品的生产和消费在时间和空间上可以完全分离，而运输产品的生产和消费不论在时间与空间上都是不可分离地结合在一起的，属于边生产边消费。

（五）运输产品具有非储存性

由于运输产品是无形的，不具有物质实体，又由于它的边生产边消费属性。因此，运输产品既不能调拨，也不能存储。

（六）运输产品具有同一性

对不同的运输方式来说，虽然使用不同的运输工具，具有不同的技术经济特征，在不同的线路上进行运输生产活动，但它们对社会具有相同的效用，即都实现了物品的空间位移。运输产品的同一性使得各种运输方式之间可以相互补充、协调、替代，形成一个有效的综合运输系统。

二、运输作业原则

运输作业要遵循及时、准确、安全、经济的原则，做到加速商品流通，降低商品流通费用，提高货运质量，安全快速地完成商品运输任务。

（一）及时性

及时就是要求按照客户需要的时间把商品运往消费地，不失时机地满足市场和消费者的需要。缩短流通时间的手段是改善交通，实现运输现代化。关键是车与货物的衔接工作，应及时发运商品，同时做好委托中转工作，及时把商品转运出去。

（二）准确性

运输过程中要防止商品发生差错事故，保证在整个运输作业过程中，把商品准确无误地送到消费者手中。商业经营的特点是商品品种繁多，规格不一。一件商品从工厂交货到达消费者手中，中间要经过不少环节，稍有疏忽就容易发生差错。因此，准确无误地发运和接运商品，降低差错事故率是商业运输工作需要认真注意的一个方面。

（三）安全性

在运输过程中要确保商品的使用价值。商品的使用价值就是能满足消费者的需要。如果商品因运输或装卸不当而失去使用价值，那就成为无用之物。商品在运输中的安全，一是要注意运输、装卸过程中的震动和冲击等外力的作用，防止商品的破损；二是要防止商品由物理、化学或生物学变化等原因所引起的商品减量和商品变质。尤其对石油、化学危险品、鲜活、易腐商品、易碎品、流质物品等商品，加强安全运输十分重要。

（四）经济性

物流运输应以最经济的方法调运商品，降低运输成本。降低运输成本的主要方法是节约运输费用。节约费用的主要途径则是开展合理运输，即选择最经济合理的运输线路和运输方式，尽可能减少运输环节，缩短运输里程，力求花最少的费用把商品运到消费地。此外，还应提高运输设备和运输工具的利用率，加强对运输设备和运输工具的保养，提高劳动生产率，从而取得更大的经济效益。

三、运输优化

（一）运输优化的含义

运输优化就是在保证货物流向合理的前提下，在整个运输过程中，确保运输质量，以适宜的、最少的运输环节、最佳的运输线路、最低的运输费用使货物运至目的地。

（二）优化运输的意义

（1）可以充分利用运输能力，提高运输效率，促进各种运输方式的合理分工，以最小的社会运输劳动耗费，及时满足国民经济的运输需要。

（2）可以使货物走最合理的路线，取得较好的社会效益和经济效益。

（3）可以消除运输中的种种浪费现象，提高货物的运输质量、充分发挥运输效能、节约国家运力和社会劳动力、支援社会主义现代化建设。

（三）不合理运输

不合理运输是指在组织货物运输过程中，违反货物流通规律，不按经济区域和货物自然流向组织货物调运，忽视运输工具的充分利用和合理分工，装载量低，流转环节多，从而浪费运力和加大运输费用的现象。

不合理运输的表现形式主要有：空驶运输、对流运输、迂回运输、重复运输、倒流运输、过远运输、运输工具选择不当、托运方式选择不当等。

（四）运输合理化的途径

运输合理化是指从物流系统的总体目标出发，按照货物流通规律，运用系统理论和系统工程原理与方法，选择合理的运输路线和运输工具，以最短的路径、最少的环节、最快的速度和最少的劳动消耗，组织好货物的运输与配送，以获取最大的经济效益。由于运输是物流中最重要的功能要素之一，物流合理化在很大程度上依赖于运输合理化。实现运输合理化途径有以下几种方式。

1. 分区产销合理运输

分区产销合理运输是指在组织物流活动中，对某种货物，使其一定的生产区固定于一定的消费区。根据产销的分布情况和交通运输条件，在产销平衡的基础上，按近产近销的原则，使货物走最少的里程，组织货物运输。它适用于品种单一、规格简单、生产集中、消费分散，或生产分散、消费集中，调运量大的货物，如煤炭、木材、水泥、粮食、生猪、矿建材料或生产技术不是很复杂，原材料不是很短缺的低值产品，实行这一办法，对于加强产、供、运、销的计划性，消除过远、迂回、对流等不合理运输，充分利用地方资源，促进生产合理布局，降低物流费用，节约国家运输力，都有十分重要的意义。在实行分区产销合理运输时，应根据市场变化情况，灵活掌握。

2. 直达运输

直达运输是指在组织货物运输过程中，越过商业、物资仓库环节或铁路、交通中转环节，把货物从产地或起运地直接运到销售地或用户，以减少中间环节。对生产资料来说，由于某些物资体积大或笨重，一般采取由生产厂矿直接供应消费单位（生产消费），实行直达运输，如煤炭、钢材、建材等。在商业部门，则根据不同的商品，采取不同的运输方法。有些商品规格简单，可以由生产工厂直接供应到三级批发站、大型商店或用户，越过二级批发站环节，如纸张、肥皂等；也有些商品的规格、花色比较复杂，可由生产工厂供应到批发站，再由批发站配送到零售商店或用户。外贸部门多采取直达运输，对出口商品实行由产地直达口岸的办法。近年来，随着经济的发展，在流通领域提出多渠道、少环节以来，各基层、商店直接进货、自由采购的范围越来越大，直达运输的比重也逐步增加，它为减少物流中间环节，创造了条件。

3.“四就”直拨运输

“四就”直拨运输是指各商业、物资批发企业，在组织货物调运过程中，对当地生产或由外地到达的货物，不运进批发站仓库，采取直拨的办法，把货物直接分拨给市内基层批发、零售商店或用户，减少一道中间环节。

（1）就厂直拨。就厂直拨是指物流部门从工厂收购产品，在经厂验收后，不经过中间仓库和不必要的转运环节，直接调拨给销售部门或直接送到车站码头运往目标地的方式。

（2）就车站（码头）直拨。就车站（码头）直拨是指物流部门对外地到达车站（码头）的货物，在交通运输部门容许占用货位的时间内，经交接验收后，直接分拨或运给各销售部门，直接运往市内各销售部门，直接运往外地要货单位。

（3）就库直拨。就库直拨是指在货物发货时超出逐级的层层调拨，省略不必要的中间环节，直接从仓库拨给销售部门。应对需要储存保管的货物就库直拨，对需要更新库存的货物就库直拨等。

（4）就车（船）过载。就车（船）过载是指对外地用车（船）运人的货物，经交接验收后，不在车站（码头）停放，不进库保管，随即通过其他运输工具换装置直接运至销售部门，如就火车直装汽车，就船直装火车或汽车，就大船过驳小船。

“四就”直拨和直达运输是两种不同的合理运输形式，它们既有区别又有联系。直达运输一般是指运输里程较远、批量较大、往省（区）外发运的货物。“四就”直拨运输一般是指运输里程较近、批量较小，在大中型城市批发站所在地办理的直拨运输业务。两者相辅相成，往往又交错在一起。例如：在实行直达运输的同时，再组织就厂、就站直拨，可以收到双重的经济效益。

4.合装整车运输

合装整车运输也称为零担拼整车中转分运。它主要适用于商业、供销等部门的件杂货物运输。即物流企业在组织铁路货运当中，由同一发货人将不同品种发往同一到站、同一收货人的零担托运货物，由物流企业自己组配在一个车辆内，以整车运输的方式托运到目的地；或把同一方向不同到站的零担货物集中组配在一个车辆内，运到一个适当的车站，然后再中转分运。这是因为，在铁路货运中，有两种托运方式，一种是整车，另一种是零担，两者之间的运价相差很大。采取合装整车的办法可以减少一部分运输费用，并节约社会劳动力。

5.提高技术装载量

依靠科技进步是运输合理化的重要途径。它一方面是最大限度的利用运输工具的载重吨位，另一方面是充分使用车船装载容量。例如：使用专用散装及罐车，解决了粉状、液体物运输损耗大，安全性差等问题；使用袋鼠式车皮、大集装箱高速直达的方式，加快了运输速度等；使用拖挂车实施甩挂运输，可使载货停歇时间缩短到最低限度，从而可最大限度地利用牵引能力，提高运输效能；使用集装箱船，能比一般船容纳更多的箱体，等等。

物流过程的合理运输就是从物流系统的总体目标出发，按照货物流通规律，运用系统理论和系统工程的原理与方法，合理利用各种运输方式，选择合理的运输路线和运输工具，以最短的路径、最少的环节、最快的速度和最少的劳动消耗，组织好货物的运输与配送。

（五）影响运输合理化的因素

影响运输合理化的因素很多，起决定作用的称为合理运输五要素：运输距离、运输环节、运输工具、运输时间、运输费用。

（六）运输工具的选择

具体来说，在进行运载工具决策时，一般要考虑的基本要素包括：品种、时间、距离、数量、费用。

当然，在具体决策运载工具的时候，往往要受到当时特定的运输环境的制约，因而必须根据运输货物的各种条件，通过综合判断来加以确定。运输工具选择的方法主要如下。

1．运输成本比较决策

实际上是运输工具决策的量化分析。运输的速度和可靠性会影响托运人与买方的库存水平以及他们之间的在途库存水平。如果选择速度慢、可靠性差的运输服务，物流渠道中就需要有更多的库存。因此，各种被选方案中，最合理的应该是，既能满足客户需求，又使总成本最低的服务。

2．竞争因素的方法

运载工具的选择如直接涉及到竞争优势，则应采用考虑竞争因素的方法。在关于运输服务选择问题中，有些是企业运输决策者不能控制的因素。

（1）供应商和买方之间的合作基础。

（2）分销渠道中的相互竞争。

（3）运输服务水平对价格的影响。

（4）运输费率、产品种类、库存成本的变化和竞争对手可能采取的应对措施等。

（5）运输工具的决策对供应商存货的间接作用。

3．综合因素比较法

（1）确定选择运输工具的影响因素。

（2）确定各个影响因素的评价值，即影响因素的量化。

（3）确定各个影响因素的权重系数。

（4）确定运输工具综合评价值。

（七）运输路线选择分析

物流运输中涉及多种优化决策问题，运输线路的选择就是其中一种。在选择运输路径时，不仅要考虑运输距离、运输环节，还要考虑运输工具、运输时间和运输费用等因素。因此，运输线路的选择实际上是一个多目标决策。这里我们只讨论利用最短路径法进行运输路径选择问题。

最短路线法是对起讫点不同的单一问题对分离的、单个始发点和终点的网络运输路线选择问题，最简单和直观的方法是最短路线法。初始，除始发点外，所有节点都被认为是未解的，即均未确定是否在选定的运输路线上。始发点作为已解的点，计算从原点开始。

一般的计算方法和步骤是：

（1）第n次迭代的目标。寻求第n次最近始发点的节点，重复n=1，2，…直到最近的节点是终点为止。

（2）第n次迭代的输入值。（n–1）个最近始发点的节点是由以前的迭代根据离始发点最短路线和距离计算而得的。

（3）第n个最近节点的候选点。每个已解的节点由线路分支通向一个或多个尚未解的节点，这些未解的节点中有一个以最短路线分支连接的是候选点。

（4）第n个最近节点的计算。将每个已解节点及其候选点之间的距离和从始发点到该已解节点之间的距离加起来，总距离最短的候选点即是第n个最近的节点。也就是始发点到达该点最短距离的路径。

实例分析

以下面的实例可以具体说明最短运输路线是怎样计算的。

图4-1所示的是一张公路运输网示意图，其中A是始发点，J是终点，B、C、D、E、F、G、H、I是网络中的节点，节点与节点之间以线路连接，线路上标明了两个节点之间的距离，以运行时间（分）表示。要求确定一条从原点A到终点J的最短的运输路线。

第一个已解的节点就是起点或点A。与A点直接连接已解的节点有B、C和D点。第一步，我们可以看到B点是距A点最近的节点，记为AB。由于B唯一选择，所以它成为已解的节点。

随后，找出距A点和B点最近的未解的节点。只要列出距各个已解的节点最近的连接点，我们有A—C，B—C，记为第二步。注意从起点通过已解的节点到某一节点所需的时间应该等于到

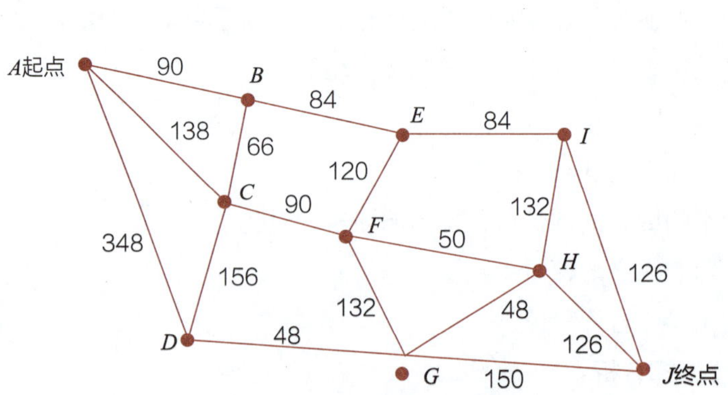

图4-1 公路运输网示意图

达这个已解节点的最短时间加上已解节点与未解节点之间的时间，也就是说，从*A*点经过*B*点到达*C*的距离为$AB+BC=90+66=156$分，而从*A*直达*C*的时间为138分。现在*C*也成了已解的节点。

第三次迭代要找到与各已解节点直接连接的最近的未解节点。有三个候选点，从起点到这三个候选点*D*、*E*、*F*所需的时间，相应为348、174、228分，其中连接*BE*的时间最短，为174分，因此正点就是第三次迭代的结果。重复上述过程直到到达终点*J*，即第八步。最小的路线时间是384分，最优路线为*A*—*B*—*E*—*I*—*J*。

在节点很多时用手工计算比较繁杂，如果把网络的节点和连线的有关数据存入数据库中，绝对的最短距离路径并不说明穿越网络的最短时间，因为该方法没有考虑各条路线的运行质量。因此，对运行时间和距离都设定权数就可以得出比较具有实际意义的路线。

任务三　运输设备与运输服务评价

一、运输设备

运输设备是货物从某地运往其他地区的载体，是运输的工具。运输方式是客、货运输所赖以完成的手段、方法与形式，是为完成客货运输任务而采取一定性质、类别的技术装备（运输线路和运输工具）和一定的管理手段。运输设备按运输方式分为公路运输设备、铁路运输设备、航空运输设备、水路运输设备和管道运输设备。

（一）公路运输设备

公路运输的主要设备是运输车辆。公路上所使用的运输车辆主要是汽车。汽车主要分为客车、专用运输车辆和载货汽车。在物流运输中，物流企业用到的主要是专用运输车辆和载货汽车。

1. 专用运输车辆

专用运输车辆主要包括：带有液压卸车机构的自卸车；带有进、卸粮口的散粮车；货厢封闭的标准挂车或货车，即厢式车；顶部敞开的敞车；平板车，即没有顶部和侧箱板的挂车；罐式挂车；冷藏车；能够增大车箱容积的高栏板车；设计独特具有特殊用途的特种车。

2. 载货汽车

载货汽车又称货车或卡车，指主要用于运送货物的汽车，有时也指可以牵引其他车辆的汽车。绝大部分载货汽车都以柴油引擎作为动力来源，但有部分轻型载货汽车使用汽油、石油气或者天然气。载货汽车按载货量分，有重型、轻型载货汽车；按汽车的大小分，有大型、中型、微型载货汽车。其中，进行室内的集货、配货可以用微型和轻型载货汽车，长距离的干线运输可以用重型载货汽车，短距离的室外运输可以用中型载货汽车。

（二）铁路运输设备

铁路运输设备由线路、机车车辆、信号设备、车站组成。

1. 线路

铁路线路是为了进行铁路运输所修建的固定路线，是铁路固定基础设施的主体。

根据线路意义及其在整个铁路网中的作用，划分为3个等级。Ⅰ级铁路：保证全国运输联系，具有重要政治、经济、国防意义和在铁路网中起骨干作用的铁路，远期国家要求的年输送能力>800万吨；Ⅱ级铁路：具有一定的政治、经济、国防意义，在铁路网中起联络、辅助作用的铁路，远期国家要求的年输送能力≥500万吨；Ⅲ级铁路：为某一地区服务，具有地方意义的铁路，远期国家要求的年输送能力<500万吨。

2．机车车辆

铁路机车车辆是指直接承担铁路公共运输和检测试验任务的铁路机车、动车组、客车、货车等移动设备，以及在铁路上运行并承担施工、维修、救援等作业的铁路轨道车、救援起重机、铺轨机和架桥机（组）车辆、接触网作业车和大型养路机械等自轮运转特种设备。

3．信号设备

铁路信号是铁路信号系统或设备的简称。铁路信号设备是铁路上为保证行、调车作业安全，提高车站、区间通过能力及列车解编能力，改善作业人员劳动条件的技术设备的总称。按应用场所不同可分为车站信号控制系统、编组站调车控制系统、区间信号控制系统、行车指挥控制系统及列车运行控制系统等。一般包括车站联锁、区间闭塞、机车信号、超速防护、调度监督、调度集中、调车场控制及道口信号等设备。

4．车站

铁路车站也称火车站，是供铁路部门办理客、货运输业务和列车技术作业的场所。铁路车站按作业性质，一般可分为客运站、货运站和客货运站。按技术作业分为编组站、区段站和中间站。一般车站以一项业务和一项作业为主，兼办其他业务和作业。有的车站同时办理几项主

【物流新闻】

我国铁路网四通八达，高铁里程稳居世界第一

新中国成立之初，我国铁路运营里程仅2.2万千米。70多年来，铁路建设砥砺前行，路网品质不断提升。党的十八大以来，“八纵八横”高铁路网从图纸变为现实，中国铁路跨越塞北风区，蜿蜒岭南山川，驰骋东北雪海，穿梭江南水乡……新中国成立以来，我国自主建成世界上海拔最高的高原铁路、世界上荷载最重的重载铁路、世界上运营时速最快的智能铁路。

截至2021年年底，全国铁路营业里程突破15万千米，其中高铁超过4万千米，较“十一五”末增长5倍，占世界高铁运营里程的2/3以上。2021年，在做好常态化疫情防控的同时，铁路客货运量实现双增长，中欧班列开行1.5万列。2021年，国家铁路旅客发送量达到25.3亿人，同比增长16.8%。持续优化脱贫地区客运列车开行，提升公益性“慢火车”开行质量，2021年“慢火车”共运送旅客1.7亿人，同比增长12.2%。2021年，货物发送量连续三年保持增长，达到37.2亿吨，同比增长4.0%。中欧班列全年开行达到1.5万列，同比增长22%。西部陆海新通道班列，全年发送57万标箱，同比增长57.5%。同时，充分发挥全路“一张网”和运输集中统一指挥的优势，确保电煤和国家重点物资运输。

要业务和作业。

（三）航空运输设备

航空运输设备主要包括航空港、航空器、集装设备。

1. 航空港

航空港为航空货运的经停点，又称航空站或机场，是供飞机起飞、降落和停放及组织、保障飞机活动的场所。近年来，随着航空港功能的多样化，航空港内除了配有装卸客货的设施外，一般还配有商务、娱乐中心、货物集散中心，以满足往来旅客的需要，同时吸引周边地区的生产、消费。

2. 航空器

按照用途的不同，飞机也可分为客机、全货机和客货混合机。客机主要运送旅客，一般行李装在飞机的深舱。由于直到目前为止，航空运输仍以客运为主，客运航班密度高、收益大，所以大多数航空公司都采用客机运送货物。不足的是，由于舱位少，每次运送的货物数量十分有限。全货机运量大，可以弥补客机的不足，但经营成本高，因此只限在某些货源充足的航线使用。客货混合机可以同时运送旅客和货物，并根据需要调整运输安排，是最具灵活性的一种机型。

3. 集装设备

航空运输中的集装设备主要是指为提高运输效率而采用的托盘和集装箱等成组装载设备。为使用这些设备，飞机的甲板和货舱都设置了与之配套的固定系统。

由于航空运输的特殊性，这些集装设备无论从外形构造还是技术性能指标都具有自身的特点。以集装箱为例，就有主甲板集装箱和底甲板集装箱之分。

（四）水路运输设备

水路运输主要的设备是船舶。船舶是航行或停泊在水域进行运输或其他作业的工具。物流企业使用的主要是货船。

1. 干散货船

干散货船即散装货船，用来装载无包装的大宗货物。因为所运载的物品无须成捆、成包、成箱包装，不怕挤压，便于装卸，所以干散货船一般都是单甲板船。运输粮食、煤等一般用干散货船。

2. 杂货船

杂货船即普通货船，一般载重量不是很大。为了理货方便而设有两三层甲板，通常装有起货设备（如吊杆或液压旋转吊），许多万吨级的杂货船常设有深舱。杂货船的运输速度不是很高。杂货船主要用于装载一般包装、袋装、箱装及桶装的什杂货物。新型的杂货船一般为多用途船，既能运载普通什杂货物也能运载大件货、冷藏货与集装箱等。

3. 冷藏船

冷藏船是指冷藏与运输肉、鱼、蛋、鲜奶、水果、蔬菜等物品的船舶。多数的食品类物品在常温条件下长时间运输会发生腐烂变质。而冷藏船最大的特点就在于其货舱实际上是一个大型冷藏库，可提供货物久藏所需的温度。因为不同种类的货物所要求的温度不同，所以冷藏船又据此分为保温运输船（主要用于运输水果、蔬菜）和冷冻船（运输肉、鱼等冷冻性货物）。

4．原油船

原油船专门载运原油的船舶。由于原油运量巨大，油船载重量也可达50多万吨，是船舶中的最大者。

5．集装箱船

集装箱船是专门运载集装箱的船舶，又称为箱装船或货箱船。集装箱船的全部或大部分船舱都用来装载集装箱。集装船货仓的尺寸都按装载集装箱的要求规格化。集装箱船装卸效率高，有效地缩短了在港时间。这种船的航速一般较高。集装箱船有部分集装船、可变换集装箱船和全集装箱船之分。

（五）管道运输设备

管道运输设备主要分为输油管道设备和输气管道设备。

1．输油管道设备

输油管道设备主要指用于输送原油、成品油等介质的管道管线设备及配套场站设备等。

2．输气管道设备

输气管道设备主要指用于输送天然气、液化石油气、人工煤气等介质的管道管线设备及配套场站设备等。

二、运输服务评价

物流按照产业分属于服务业，运输是物流的基本功能之一，运输提供一种服务，一般还是以速度、安全、高效、顾客满意度等为评价指标，具体的评价体系构建还是需要更有针对性的进行研究。很多学者对物流质量的评价主要是从服务绩效、服务过程和服务能力这三个大方面来进行分析的。也有的学者在一般的以物流运作层的优劣或以订单数量多少和运输时效、安全、经济等测量指标进行分析，主要还是对顾客感知质量、服务质量进行分析评价，并建立相应的评价指标体系。

（一）运输绩效评价的基本原则

（1）多层次、多渠道、全方位综合评价的原则。

（2）目标导向型原则。

（3）定性指标与定量指标相结合的原则。

（4）科学实用、可操作性强的原则。

（5）时效与比较的原则。

（6）层次性原则。

（7）应变性原则。

（8）责权利相结合的原则。

（二）物流运输服务指标

物流服务的主要指标是根据物流服务的最终目标确定的，即是“目标质量”的具体构成内容。物流服务目标质量指标包含工作质量指标和工程质量指标，具体如下。

1．物流目标质量指标

（1）服务水平指标=满足要求次数/用户要求次数×100%，或者以缺货率来表示：缺货率=缺货次数/用户要求次数×100%。

（2）满足程度指标=满足要求数量/用户要求数量。

（3）交货水平指标=按交货期交货次数/总交货次数。

（4）交货期质量指标=规定交货期−实际交货期。

（5）商品完好率=交货时完好的商品量/物流商品总量×100%，或以缺损率来表示：缺损率=缺损商品量/物流商品总量×100%，或以货损货差赔偿费率表示：货损货差赔偿费率=货损货差赔偿费总额/同期业务收入总额×100%。

（6）物流吨费用=物流费用/物流总量（元/吨）。

2．运输绩效的评价指标

可以从运输质量、运输效率、运输成本、安全运输四个维度来进行考评，在各维度的指标设置主要有以下方面：

（1）效率方面。用运输的准时率来考评，可以设置指标货物运输及时率指标，计算方法可以是——准时到货数/任务总数×100%。

（2）质量方面。用货物完好率来考评，可以设计货物破损率指标，计算方法可以是——损坏货物价值/货物总价值（货物总价值不好算时用运输服务费用来替代）×100%。

（3）运输成本。可以用100千米综合费用率来考评，计算方法可以是——运输各项成本费用总和/距离（千米）×100。

（4）安全运输。可以事故或违章次数来考评，这个指标不要设置成比率指标而是设置成次数，考评也不要以权重考评而是以扣分形式考评，越严重扣分越多。

各指标权重的确定具体参照企业对各个方面的重视程度合理确定，当然也可以加一个顾客满意度指标，作为权衡。由于顾客满意度指标属于主观评价，感情色彩会比较重，在使用过程中需要合理甄别有效投诉和无效投诉。

3．运输环节质量指标

（1）正点运输率=正点运输次数/运输总次数×100%。

（2）满载率=车辆实际装载量/车辆装载能力×100%。

（3）运力利用率=实际吨公里数/运力往返运输总能力×100%。

• 项目小结

本项目内容首先介绍了运输的概念、作用和分类；然后针对运输的特点和运输原理、原则进行合理化设计、运输方式、运输优化、运输考核指标，以获得对运输科学的认知；最后介绍了运输所运用到的主要设备。

重点概念：运输；运输原理；运输方式；运输优化

• 知识巩固

一、不定项选择题

1. 影响运输合理化的主要因素除运输距离外，还有（　　）。

A. 运输环节　　B. 运输工具　　C. 运输时间　　D. 运输费用

2. 在同一地域范围内进行的，以改变物的存放状态和空间位置为主要内容与目的的活动称为（　　）。

A. 运输　　B. 装卸搬运　　C. 配送　　D. 流通加工

3. 集装箱减少了（　　）作业运输。

A. 运输　　B. 装卸搬运　　C. 配送　　D. 流通加工

4. 下列运输方式中，成本最低的是（　　）。

A. 公路运输　　B. 铁路运输　　C. 水路运输　　D. 航空运输

5. 管道运输可以利用管道输送（　　）的一种运输方式。

A. 气体　　B. 液体　　C. 粉状固体　　D. 块状固体

二、判断题

1. 严格地讲，装卸和搬运是两个相同概念的组合。（　　）

2. 大批服装运至欧洲适合空运。（　　）

3. 运输生产的是无形产品，不能储存。（　　）

4. 危险货物运输时，易燃液体和爆炸品可以用一辆车进行运输。（　　）

5. 运输距离、环节、工具、时间和费用是影响运输合理化的决定性因素。（　　）

三、简答题

1. 运输的分类有哪些?

2. 如何对运输进行合理化设计?

3. 运输市场的特点有哪些?

4. 运输设备有哪些?

课后习题答案

案例讨论

沃尔玛公司的运输业务

沃尔玛公司是世界上最大的商业零售企业，在物流运营过程中，尽可能地降低成本是其经营的哲学。沃尔玛公司有时采用空运，有时采用船运，还有一些货物采用卡车公路运输。在中国，沃尔玛公司百分之百地采用公路运输。所以，如何降低卡车运输成本，是沃尔玛公司物流管理面临的一个重要问题，为此他们主要采取了以下措施：

（1）沃尔玛公司使用一种尽可能大的卡车，比集装箱运输卡车更长或更高。沃尔玛公司把卡车装得非常满，产品从车厢的底部一直装到最高，这样非常有助于节约成本。

（2）沃尔玛公司的车辆都是自有的，司机也是沃尔玛公司的员工。沃尔玛公司知道，卡车运输是比较危险的，有可能会出交通事故。因此，对于运输车队来说，保证安全是节约成本最重要的环节。沃尔玛公司的口号是“安全第一，礼貌第一”，而不是“速度第一”。在运输过程中，卡车司机们都非常遵守交通规则。沃尔玛公司定期在公路上对运输车队进行调查，卡车上面都带有公司的号码，如果看到司机违章驾驶，调查人员就可以根据车上的号码进行报告，以便于沃尔玛公司进行及时惩处。沃尔玛公司认为，卡车不出事故，就是节省公司的费用，就是最大限度地降低物流成本。

（3）沃尔玛公司采用GPS对车辆进行定位，因此在任何时候，调度中心都可以知道这些车辆在什么地方，离商店有多远，还需要多长时间才能运到商店，这种估算可以精确到小时。沃尔玛公司知道卡车在哪里，产品在哪里，就可以提高整个物流系统的效率，有助于降低成本。

（4）沃尔玛公司的连锁商场的物流部门，24小时进行工作，无论白天或晚上，都能为卡车及时卸货。另外，沃尔玛公司的运输车队还利用夜间进行运输，从而做到了当日下午进行集货，夜间进行异地运输，翌日上午即可送货上门，保证在15～18个小时内完成整个运输过程，这是沃尔玛公司在速度上取得优势的重要措施。

（5）沃尔玛公司的卡车把产品运到商场后，商场可以把货物整个地卸下来，而不用对每个产品逐个检查，这样就可以节省很多时间和精力，加快了沃尔玛公司物流的循环过程，从而降低了成本。这里有一个非常重要的先决条件，就是沃尔玛公司的物流系统能够确保商场所得到的产品是与发货单完全一致的产品。

（6）沃尔玛公司的运输成本比供货厂商自己运输产品要低。所以，厂商也使用沃尔玛公司的卡车来运输货物，从而可以把产品从工厂直接运送到商场，大大节省了产品流通过程中的仓储成本和转运成本。

沃尔玛公司由于把以上措施有机地组合在一起，对运输做出了一个最经济合理的安排，从而使沃尔玛公司的运输车队能以最低的成本高效率地运行。

思考题：

1. 简述物流运输合理化的途径。

2. 分析该案例，谈谈如何从综合物流系统的角度降低运输成本。

3. 简评“尽可能实现大批量运输，避免小批量多批次运输就是提高物流运输效率，节约物流成本”这句话的合理性。

• 实训拓展

一、实训情境

黑龙江省的北安市丰收种业有限公司于2021年11月10日与哈尔滨车站签订了一份运输合同，运输号码为01268。黑龙江北安市丰收种业有限公司将160吨黄豆交给哈尔滨火车站运往郑州站，收货人为河南省牧业种子公司。哈尔滨车站2021年11月10日承运，配给黑龙江北安市丰收种业有限公司2辆80吨的棚车，车种、车号分别为P59H2681和P59H2682；编织袋包装计3200件，每件50千克。装车后发站施封两枚，封号分别为01575和01576，由哈尔滨车站负责装车和施封后，北安市丰收种业有限公司当即支付全部运杂费用，货票第16号。该批货物到站后卸货作业分3个车站分卸。

上述各公司的相关职员共同完成此次铁路货物运输的全过程。其中，托运人1人，承运人1

人，验货过磅及堆码1人，运输中交接检查组1人，收货人1人。

二、实训目标

（1）通过上网查阅相关资料，分析我国铁路运输的特点，列出适宜铁路运输的货物（至少列出5种）。

（2）类比公路运输，分析铁路运输的流程及每个人的职责。

（3）通过上网查阅资料，了解铁路运输的计费方法，计算本次运输的运费。

（4）计算货物的运到期限。

（5）通过查阅相关资料制作和填写铁路运单与货票。

三、实训步骤

（1）学生自由组合成小组，每组5人。

（2）明确每个人的职责，分析铁路运输的最佳路线，计算运输成本。

（3）了解铁路运输在运输行业的重要作用和铁路运输本身的优越性与不足。

四、实训报告

实训报告

班级		姓名		时间	
实训目的					
实训步骤					
实训内容					
我的做法					
我的结论					
我的想法					

五、实训考评

考评表

考评人		被考评人	
考评地点			
考评内容	铁路货物运输作业		
考评标准	具体内容	分值	实际得分
	项目背景分析	20	
	项目内容科学性	40	
	项目可行性论证	30	
	在训练过程中体现了团队合作和职业素养	10	
合　计		100	

项目五 仓储

【知识目标】

1. 掌握仓储的概念和作用
2. 熟悉仓库分类
3. 了解仓库选址与布局的相关知识
4. 知道仓储作业的流程

【能力目标】

1. 能根据仓库的不同类型指出仓储的具体作用
2. 能根据物品种类确定仓库类型
3. 能判断一个仓库的选址与布局是否合理
4. 能灵活运用仓储作业流程实施简单的作业

【素质目标】

1. 做好防火、防盗、防爆工作并保持库内清洁、整齐、空气流通
2. 严格遵守公司各项规章制度
3. 严格遵守国家法律法规

思维导图

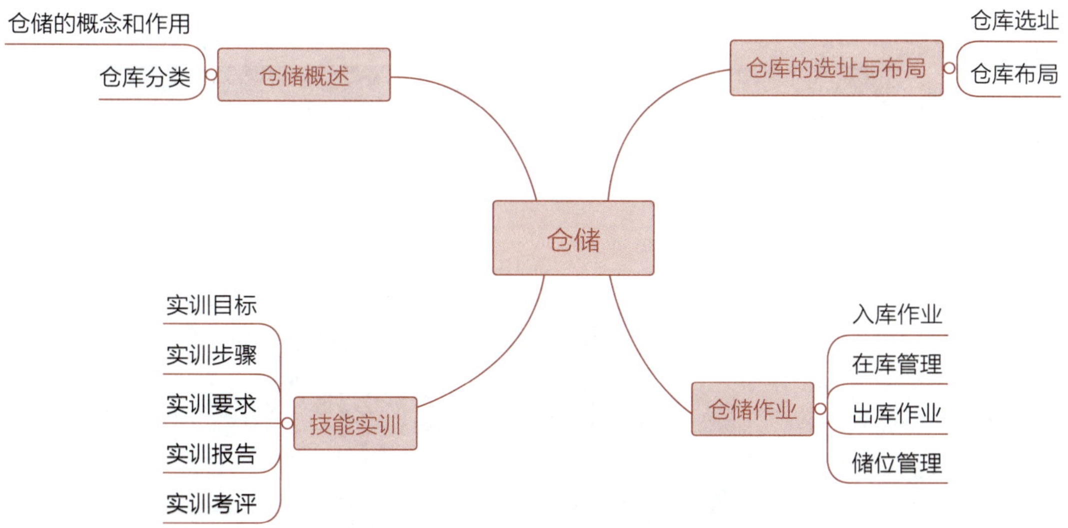

案例导入

京东智能仓储机器人应用场景及系统架构

京东X事业部是专注于智能物流技术研发与应用的重要部门。无人仓—智能仓储机器人则是其智能化仓储的典型代表部分。在京东的智能仓储机器人方案应用中，主要有以下五个典型的场景：

场景一：存储和拣选

可根据客户的商品属性和存储拣选运营效能要求，规划设计“多层穿梭车立库”“AGV货到人”等柔性存储方案，并搭配设计Delta并联机器人、六轴机械臂等机器人或人工拣选工作站。

场景二：仓内搬运

在室内规划人机协作的搬运路线，通过激光导航的无人叉车或二维码导航的地狼搬运AGV，或视觉导航的飞马机器人将整托货物或者装载于货架、周转容器内的货物实现搬运。

场景三：分拣

根据客户商品属性和分拣规模，规划设计“平台运作的分拣AGV”或者“交叉皮带分拣线”等自动化方案。

场景四：拆码垛

通过搭载视觉技术的六轴机械臂实现对整托盘货物自主拆码垛操作。

场景五：室内智能巡检

京东智能巡检机器人系统主要用于夜间室内巡检，结合定位自主导航、视频热成像、温感、烟感、拾音、无线传输、语音交互等技术，通过短信报警技术与人防系统联动，夜间8小时不间断运行，辅助或替代安保人员夜间巡仓工作。

京东智能仓储机器人的系统架构主要分为五个层次：首先是在业务系统层，由京东自营或开放业务和外部客户的系统所组成，包括WMS系统、DMS系统、ERP系统和EMS系统等；在集成层面对外部系统进行集成，然后在业务逻辑层转化成对单据中心和库存的处理，之后在智能调度层对任务中心和订单排产进行安排，最后落实到设备执行层进行分拣、搬运等操作，具体如图5-1所示。

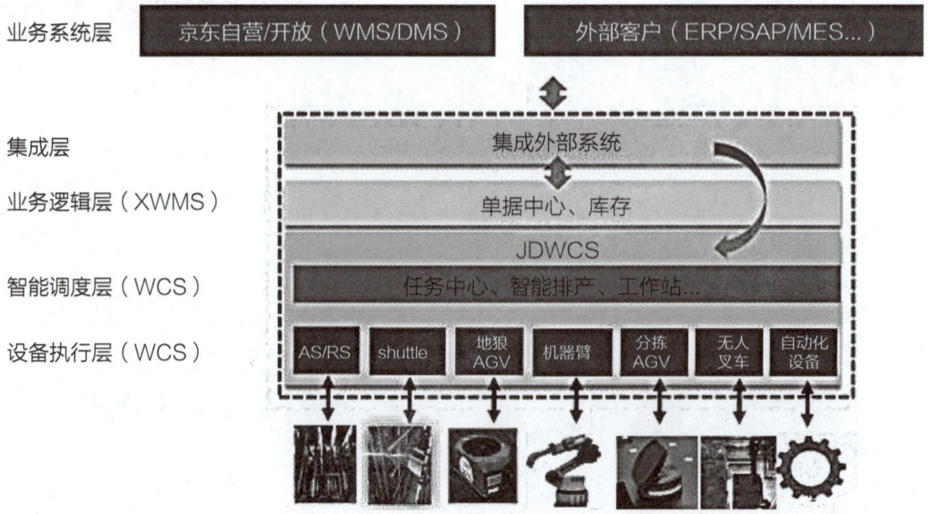

图5-1 京东X智能仓储机器人系统架构

案例分析:

1. 请查阅资料，了解京东智能仓储的发展历程。
2. 智能仓储对企业零售有何重大意义?
3. 京东智能仓储是如何运作的?
4. 分析京东智能仓储系统的布局特征。

任务一　仓储概述

物流的仓储功能是指利用自建或租赁的库房、场地储存、保管、装卸搬运和配送货物。传统意义上的仓储主要侧重于物资的储备，而现代意义上的“仓储”则是在经济全球化与供应链一体化背景下的仓储，更突出现代物流系统中的仓储功能的实现。

一、仓储的概念和作用

（一）仓储的概念

仓储的概念可以先从“仓”“储”的单词释义上进行理解。“仓”即仓库，为存放、保管、储存物品的建筑物和场地的总称，可以是房屋建筑、洞穴、大型容器或特定的场地等，具有存放和保护物品的功能；“储”即储存、储备，表示收存以备使用，具有收存、保管、交付使用的意思。仓储就是指通过仓库对商品和物品的储存与保管的活动。仓库是集中反映工厂物资活动状况的综合场所，是连接生产、供应、销售的中转站，对促进生产、提高效率起着重要的辅助作用。仓库如图5-2所示。

仓储是产品生产、流通过程中因订单前置或市场预测前置而将产品、物品暂时存放。围绕仓储实体活动，编制清晰准确的报表、单据账目，以及会计部门核算准确的信息也同时进行着，因此仓储是物流、信息流、单证流的合一。

根据2021版我国《物流术语》（GB/T 18354—2021）的解释，仓储（Warehousing）是“利用

图5-2　仓库

仓库及相关设施设备进行物品的入库、储存、出库的活动”。

《物流术语》中与之相关的概念主要还有“储存（Storing）”，指保护、管理、贮藏物品；“库存（Stock）”，是指储存作为今后按预定的目的使用而处于闲置或非生产状态的物品。广义的库存还包括处于制造加工状态和运输状态的物品，是储存作为今后按预定的目的使用而处于闲置或非生产状态的物品；“保管（Storage）”，是指对物品进行储存，并对其进行物理性管理的活动。

（二）仓储的作用

仓储通过改变物的时间状态，克服产需之间的时间差异而在物流中获得时间效用。仓储作为整个物流系统中的一部分，并不是一个完全静态的过程，其所发挥的作用可表现在以下几方面。

1．调节供应和需求

由于生产和消费之间会或多或少地存在时间或空间上的差异，仓储可以起到提高产品的时间效用，调整均衡生产和集中消费，或者均衡消费和集中生产在时间上的矛盾的作用。

2．运输整合和配载

基于运输的费用率随着运量的增大而减少的规模经济现象，尽可能大批量的运输是节省运费的有效手段。将连续不断产出的产品集中成大批量提交运输，或者将众多供应商所提供的产品整合成一票运输等运输整合都需要通过仓储来进行如图5-3所示。

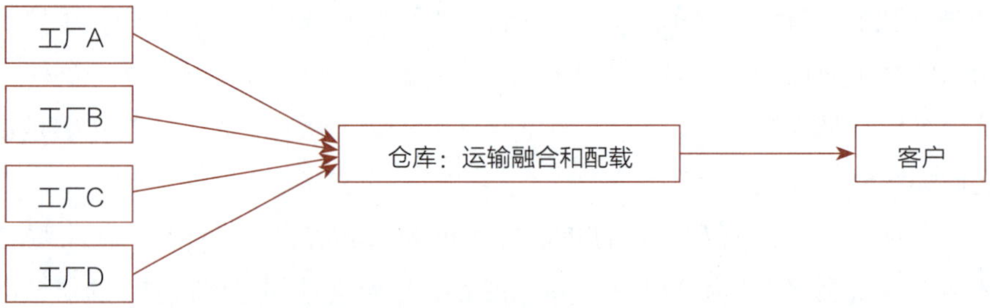

图5-3　仓储的运输整合和配载作用

在图5-3中，仓库接收来自一系列工厂指定送往某地的材料，然后把它们整合成单一的一票装运。通过整合，有可能实现最低的运输费率，并减少在客户的收货站台处发生拥塞现象。在运输整合中还可以对商品进行成组、托盘化等作业，使运输作业效率提高。

3．分拣和产品整合

仓储可以用来配合组织生产，进行产品整合，企业可以根据客户要求，在仓库中根据商品流向、时间的不同进行分拣、配套、组合、打包，再分别配载到不同的运输工具，然后运往各地客户。仓储的分拣和产品整合作用如图5-4所示。

4．流通加工

流通加工是将产品加工工序从生产环节转移到流通环节。由于仓储中物品处于停滞状态，适合于在仓储中进行流通加工，又不影响商品的流通速度，同时又能满足用户的需要。

图5-4 仓储的分拣和产品整合作用

二、仓库分类

（一）按仓库用途分类

1. 采购供应仓库

采购供应仓库主要用于集中储存从生产部门收购和供国际之间进出口的商品。这类仓库一般设在商品生产比较集中的大、中城市或商品运输枢纽的所在地。

2. 批发仓库

批发仓库主要是用于储存从采购供应仓库调进或在当地收购的商品。这类仓库一般设在商品销售市场，其规模同采购供应仓库相比一般要小一些。它既从事批发供货业务，也从事拆零供货业务。

3. 零售仓库

零售仓库主要用于为商业零售业做短期储货，一般是提供店面销售，零售仓库的规模较小，所储存物资周转快。

4. 储备仓库

储备仓库一般由国家设置，以保管国家应急的储备物资和战备物资。货物在这类仓库中储存时间一般比较长，并且储存的物资会定期更新，以保证物资的质量。

5. 中转仓库

中转仓库处于货物运输系统的中间环节，存放那些等待转运的货物，一般货物在此仅做临时停放，这一类仓库一般设置在公路、铁路的场站和水路运输的港口、码头附近，以方便货物在此等待装运。

6. 加工仓库

仓库具有加工延迟功能，一般具有产品加工能力的仓库被称为加工仓库。

7. 保税仓库

保税仓库是指为国际贸易的需要，设置在一国国土之上但在海关关境以外的仓库，如图5-5所示。外国企业的货物可以免税进出这类仓库办理海关申报手续，而且经过批准后，可以在保税仓库内对货物进行加工、存储等作业。

（二）按保管货物的特性分类

1. 原料仓库

原料仓库用于储存生产所用的原材料。这类仓库一般比较大。

图5-5 保税仓库

【物流小故事】

保税仓库在我国的发展史

保税仓库是海关传统的保税物流监管模式，是构建具有中国特色的海关多元化保税物流监管体系的基础。

我国第一个保税仓库在1888年的上海成立，当时主要用于单纯的货物保税存放。到19世纪90年代，保税仓库逐步被用于存放进行简单加工和包装的进口货物。1949年中华人民共和国建立后，保税制度基本停用，保税仓库也不复存在。1978年实行改革开放方针以后，随着对外经济贸易的迅速发展，保税仓库业务得到恢复和较快发展，并成为促进对外贸易尤其是对外加工贸易和转口贸易的一项有效措施。目前我国保税仓库星罗棋布，在多元化保税物流监管体系中发挥着重要的进口网点作用。

2. 产品仓库

产品仓库的作用是存放已经制作完成的产品，但这些产品还没有进入流通区域，这种仓库一般是附属于产品生产工厂。

3. 冷藏仓库

冷藏仓库用于储藏那些需要进行冷藏储存的货物，如图5-6所示。一般为农副产品、药品等对储存温度有要求的物品。

4. 恒温仓库

恒温仓库和冷藏仓库一样也是用来储存对于储藏温度有要求的产品。

5. 危险品仓库

危险品仓库用于储存危险品，如图5-7所示。危险品由于可能对于人体以及环境造成危害，因此在此类物品的储存方面一般会有特定的要求，如许多化学用品就是危险品，其储存都有专门的规定。

图5-6 冷藏仓库

（三）按照仓库的建筑构造分类

1．单层仓库

单层仓库是最常见的，也是使用最广泛的一种仓库建筑类型。这种仓库只有一层，不需要设置楼梯。

2．多层仓库

与单层仓库相比，超过一层的便是多层仓库，多层仓库一般占地面积较小，建在人口稠密、土地使用价格较高的地区。由于是多层结构，因此一般使用垂直输送设备来搬运货物。

3．立体仓库

立体仓库又被称为高架仓库，它也是一种单层仓库，如图5–8所示。但同一般的单层仓库不同，它是利用高层货架来储存货物，而不是简单地将货物堆积在库房地面上。在立体仓库中，由于货架一般比较高，因此货物的存取需要采用与之配套的机械化、自动化设备。一般把存取设备自动化程度较高的立体仓库称为自动化立体仓库。

图5–7　危险品仓库

图5–8　立体仓库

4．简仓

简仓是指用于存放散装的小颗粒或粉末状货物的封闭式仓库。这种仓库一般被置于高架上。简仓经常用来存储粮食、水泥和化肥等。

5．露天堆场

露天堆场是指用于在露天堆放货物的场所，如图5–9所示。露天堆场一般用于堆放大宗原材料或不怕受潮的货物。

（四）按仓库的管理体制分类

根据仓库隶属关系的不同，可以分为自用仓库和公用仓库。

1．自用仓库

自用仓库是指某个企业建立的供自己使用的仓库，这种仓库一般由企业自己进行管理。

2．公用仓库

公用仓库是一种专业从事仓储经营管理的，面向社会的，独立于其他企业的仓库。一般自用仓库称为第一或二方物流仓库，而公用仓库被称为第三方物流仓库。

图5-9　露天堆场

此外，根据仓库使用的建筑材料的不同，可以将仓库分为钢筋混凝土仓库、钢质仓库、砖石仓库等；根据仓库所处的地理位置赋予仓库的特性来进行的分类，分为码头仓库、内陆仓库等。

任务二　仓库的选址与布局

一、仓库选址

任何一个仓库在规划建设初期都会将如何快速有效地送达货物作为考虑因素之一。货物的目的地大多是人口聚集地。因此，仓库的地址相对于大都市的远近，在运输成本和操作效率上所反映出的相关性就十分显著。

（一）仓库选址的影响因素

仓库选址的影响因素有自然环境因素、经营环境因素、基础设施状况、其他因素。

小贴士

特殊储存品种的仓库选址应注意的事项

果蔬食品仓库在选址时应选择入城干道处，以免运输距离过长，商品损耗过大。

冷藏品仓库应选择在屠宰场、加工厂附近，由于设备噪声较大，所以应选择在城郊。

建筑材料仓库因流通量大，占地多，防火要求严格，有些还有污染，所以应选择在城市周边，交通干线附近。

燃料及易燃材料仓库应选择在城郊独立的地段，在气候干燥、风大的城镇，应选择大风季节的下风位，应远离居民区，最好在地势低洼处。

（二）仓库选址的步骤和方法

仓库的选址可分为以下步骤进行。

1. 分析阶段

具体有需求分析、费用分析、约束条件分析。

2. 筛选及评价阶段

在分析活动结束后，要根据分析结果在本地区内初选几个仓库地址，然后在初选几个地址中进行评价，确定一个可行的地址，编写选址报告，报送主管领导审批。评价方法有重心法和加权评分法。

3. 确定选址

经过分析、筛选与评价后，根据情况编写确定选址报告，并提交有关部门和人员审查，审查通过后确定选址。

【物流小故事】

连云港外贸冷库选址

连云港外贸冷库建于20世纪80年代，由外经贸部投资兴建，是我国外贸系统的大型冷藏库之一，由12000吨的低温库（−18℃）和5000吨的保鲜库（0℃）组成，配备双回路电源。另有3000平方米的普通仓库、100多吨运力的冷藏车队、年加工能力为1500吨的冷冻品加工厂。其经营范围为物资储存、商品储存、加工；食用油及制品、副食品、饲料、建筑材料、金属材料的销售、代购、代销、公路运输服务等。

冷库所处区位优越，在连云港港区内，门前公路东接港口，西接宁连、徐连、汾灌高速公路，距离连云港民航机场只有50千米，库内有铁路专用线与亚欧大陆桥东桥头堡相连，毗邻公路、铁路客运站，交通十分便捷。

冷库的选址和设计主要包括：

（1）库址选择的基本条件：一是经济分析；二是交通条件；三是周边环境；四是地形地质；五是水电供应。

（2）平面设计的基本要求：一是货品流通顺畅、不交叉，生产和进出库运输畅通，作业不干扰，路线短；二是符合厂（库）区总平面布局的要求，与其他生产环节和进库货品流向衔接协调；三是高低温分区明确，尽可能各自分开；四是在温度分区明确、内部间隔合理的前提下，缩小绝热围护层的面积；五是库房立柱分布整齐，间距一致，结构简单；六是库房维修方便，并留有库房扩建预留地。

连云港外贸冷库的选址充分考虑了冷库的交通条件和周边环境，所处区位优越，与港口、高速公路、机场、铁路等都很近，交通十分便捷。

二、仓库布局

仓库布局是指在一定区域或库区内，对仓库的数量、规模、地理位置和仓库设施道路等各要素进行科学规划与整体设计。

（一）仓库布局的原则

（1）尽可能采用单层设备，这样做造价低，资产的平均利用效率也高。

（2）使货物在出入库是单向和直线运动，避免逆向操作和大幅度改变方向的低效率运作。

（3）采用高效率的物料搬运设备及操作流程。

（4）在仓库里采用有效的存储计划。

（5）在物料搬运设备大小、类型、转弯半径的限制下，尽量减少通道所占用的空间。

（6）尽量利用仓库的高度，也就是说，有效地利用仓库的容积。

（二）仓库布局的功能要求

（1）仓库位置应便于货物的入库、装卸和提取，库内区域划分明确、布局合理。

（2）集装箱货物仓库和零担仓库尽可能分开设置，库内货物应按发送、中转、到达货物分区存放，并分线设置货位，以防事故的发生；要尽量减少货物在仓库的搬运距离，避免任何迂回运输，并要最大限度地利用空间。

（3）仓库布局有利于提高装卸机械的装卸效率，满足装卸工艺和设备的作业要求。

（4）仓库应配置必要的安全、消防设施，以保证安全生产。

（5）仓库货门的设置，既要考虑集装箱和货车集中到达时的同时装卸作业要求，又要考虑由于增设货门而造成堆存面积的损失。

（三）仓库布局的目标

1. 保护目标

保护目标主要是指仓库物品防损坏、防盗，如易燃、易爆、易氧化的物品或需要温控的物品要妥善安置，仓库人员要按章作业等。

2. 效率目标

效率目标有以下两个含义：一是仓库空间要有效利用，也就是要利用现有设施的高度，减少过道的空间；二是仓库里台架的布局要合理，以减少人工成本和搬运成本。

3. 适度机械化

适度机械化有利于提高仓库的作业效率，但要同时考虑设备磨损和贬值导致大规模投资的回报问题。

（四）几种仓库布局的模式

1. 辐射型仓库

辐射型仓库是指仓库位于许多用户的一个居中位置，产品由此中心向各个方向用户运送，形如辐射状，如图5-10所示。辐射型仓库适用于用户相对集中的经济区域，而辐射面所达用户只起吸引作用；或者适用于仓库是主干运输线路中的一个转运站时的情况。

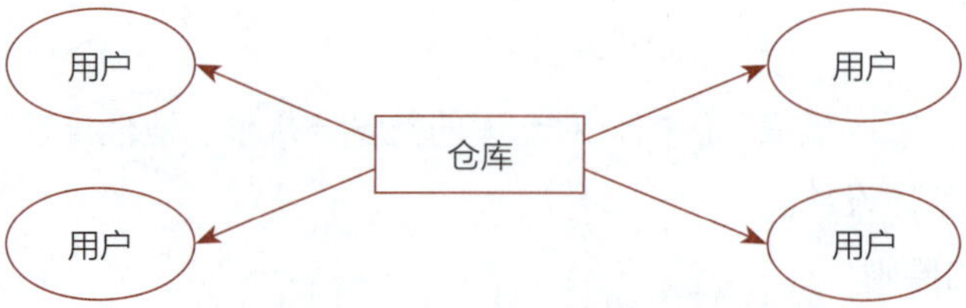

图5-10　辐射型仓库

2. 吸收型仓库

吸收型仓库是指仓库位于许多货主的某一居中位置，货物从各个产地向此中心运送，如图5–11所示。这种仓库大多属于集货中心。

3. 聚集型仓库

聚集型仓库类似于吸收型仓库，但处于中心位置的不是仓库，而是一个生产企业聚集的经济区域，四周分散的是仓库，而不是货主和用户，如图5–12所示。聚集型仓库布局适用于经济区域中生产企业比较密集，不可能设置若干仓库的情况。

4. 扇形仓库

扇形仓库指产品从仓库向一个方向运送，形成一个辐射形状，辐射方向与干线上的运输运动方向一致，如图5–13所示。这种仓库布局适宜于在运输主干线上仓库距离较近，各仓库的合理运送区域重合时。

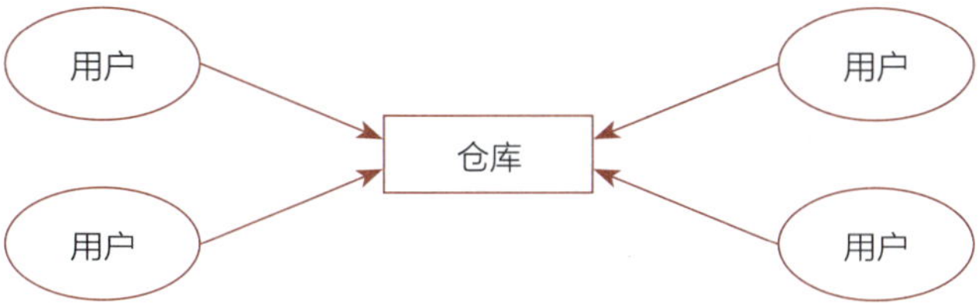

图5–11 吸收型仓库

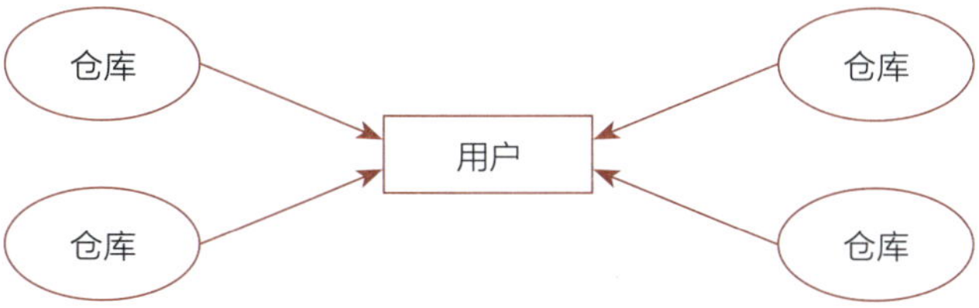

图5–12 聚集型仓库

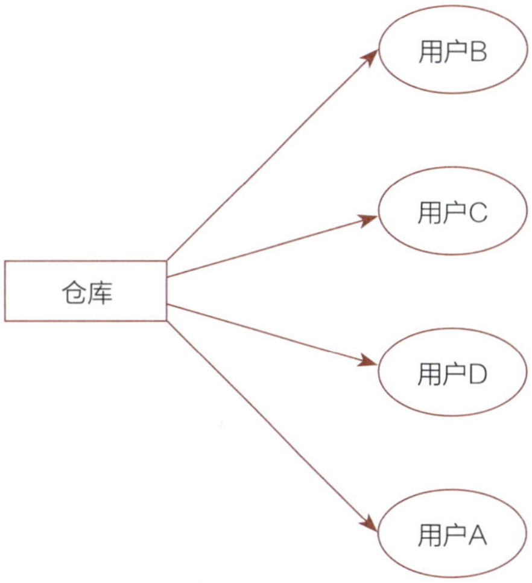

图5–13 扇形仓库

任务三 仓储作业

一、入库作业

入库作业是指仓储部门按照存货方的要求合理组织人力、物力等资源，按照入库作业程序，认真履行入库作业各环节的职责，及时完成入库任务的工作过程。

入库流程如图5–14所示。

1. 入库指令传递

入库核算员对各种入库指令进行采集（调拨、调运、返修、移库，或临时入库指令）或接受司机带来的入库指令直接进行确认，由核算员向财务主管或者仓库主管汇报。

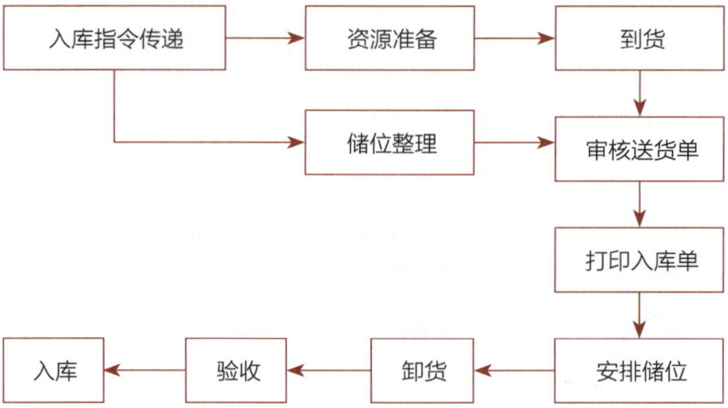

图5-14　入库流程

【物流小故事】

正泰集团自动化立体仓库的工作流程

正泰立体库占地面积达1600平方米，高度近18米，3个巷道（6排货架）。作业方式为整盘入库，库外拣选，其基本工作流程如下。

1. 入库流程

仓库二、三、四层两端六个入库区各设一台入库终端，每个巷道口各设两个成品入库台。需要入库的成品经入库终端操作员键入产品名称、规格型号和数量。控制系统通过人机界面接收入库数据，按照均匀分配、先下后上、下重上轻、就近入库、ABC分类和原则，管理计算器自动分配一个货位，并提示入库巷道。搬运工可依据提示，将装在标准托盘上的货物由小电瓶车送至该巷道的入库台上。监控机指令堆垛将货盘存放于指定货位。

库存数据入库处理分两种类型：一种是需操作员在产品入库之后，将已入库托盘上的产品名称（或代码）、型号、规格、数量、入库日期、生产单位等信息在入库客户机上通过人机界面而输入；另一种是托盘入库。

2. 出库流程

底层两端为成品出库区，中央控制室和终端各设一台出库终端，在每一个巷道口设有——LED显示屏幕于提示本盘货物要送至装配平台的出门号。需出库的成品，经操作人员键入产品名称、规格、型号和数量后，控制系统按照先进先出、就近出库、出库优先等原则，查出满足出库条件且数量相当或略多的货盘，修改相应账目数据，自动地将需出库的各类成品货盘送至各个巷道口的出库台上，经电瓶车将之取出并送至汽车上。同时，出库系统在完成出库作业后，在客户机上形成出库单。

3. 回库空盘处理流程

底层出库后的部分空托盘经人工叠盘后，操作员键入空托盘回库作业命令，搬运工依据提示用电瓶车送至底层某个巷道口，堆垛机自动将空托盘送回立体库二、三、四层的原入口处，再由各车间将空托盘拉走，形成一定的周转量。

2. 资源准备

仓库主管根据入库计划通知仓管员和搬运工做好入库的资源准备工作。

3. 储位整理

仓管员指挥搬运工按照仓库主管指令提前进行储位规划和整理。

4. 到货

在货物运到时，仓管员安排司机将车辆开到指定区域停放，等待处理。在入库旺季，应按到货时间排车，用排车号牌换客户的送货单并交仓库主管。

5. 审核送货单

仓库主管审核送货单和运输合同，包括印章和客户签名，不合格的退换货或代保管，返修等货物入库单应重新开列或补齐手续。

6. 打印入库单

仓库主管审核后，把合格的单据交给储位管理员，储位管理员填制并打印入库单，仓库主管审核后给仓管员三联，自己留存根联。

7. 安排储位

储位管理员根据入库计划指令，计算到货立方并通知仓库主管安排储位，仓库主管指挥仓管员确定卸货仓库并通知带车。

8. 卸货

将车按顺序带到卸货地点，卸货时注意货物搬运应轻拿轻放。

9. 验货

仓库管理人员按照入库单据信息（品名、规格、型号、数量或重量）对入库货物进行核查。残次品另外放存，有其他异常情况及时通知仓库主管和客户。

核查包括外观检验与内在质量检验。外观检验主要是对包装和重量进行检验，内在质量检验一般是在客户要求的情况下由专业检验单位进行，并出具相应报告。

10. 入库

搬运工将验收合格的货物搬运至安排好的货位。注意搬运时不能倒置，轻拿轻放，堆码不能超高。放置货物时要把不同型号货物分别放置，不要倒置产品。搬运并放置完毕后，要办理货物入库交接手续，划清送货部门和仓库部门的责任。入库交接手续包括接收货物、接收文件、签署单证、登记账簿、立卡、建档。

二、在库管理

（一）商品养护

1. 温度和湿度控制

影响仓储商品质量变化的环境因素有很多，其中最重要的是仓库的温度和湿度。商品对温度和湿度都有一定的适应范围，超过此范围，会对商品产生不良影响，甚至会导致商品发生质的变化。因此，商品养护的首要问题，就是采用科学的方法控制与调节温度和湿度，使温度和湿度适合于商品的储存，以保证商品完好无损。几种商品的温度和湿度要求如表5-1所示。

表5-1 几种商品的温度和湿度要求

种类	温度/℃	相对湿度/%	种类	温度/℃	相对湿度/%
金属及制品	5~30	≤75	重质油、润滑油	5~35	≤75
碎末合金	0~30	≤75	轮胎	5~35	45~65
塑料制品	5~30	50~70	布电线	0~30	45~60
压层纤维塑料	0~35	45~75	工具	10~25	50~60
树脂、油漆	0~30	≤75	仪表、电器	10~30	70
汽油、煤油、轻油	≤30	≤75	轴承、钢珠、滚针	5~35	60

2. 防锈

金属制品在储存期间发生锈蚀是常见的现象。它不仅影响外观质量，造成商品陈旧，而且使其机械强度下降，从而降低其使用价值，严重者甚至报废。例如：各种刀具因锈蚀使其表面形成斑点、凹陷，难以平整并保持锋利；精密量具锈蚀，可能影响其使用的精确度。因此，就要对一些商品进行防锈处理。

3. 防虫害

仓库虫害的防治工作是商品养护的一项十分重要的工作。仓库一旦发生虫害，必然造成极大危害。因此，必须加强入库验收，根据商品的具体情况，分别入库，隔离存放；在商品储存期间，要定期对易染虫害的商品进行检查，做好预测、预报工作；做好日常的清洁卫生，铲除库区周围的杂草，清除附近沟渠的污水，辅以药剂进行空库消毒，在库房四周1米范围用药剂喷洒防虫线，以有效杜绝害虫的来源。

4. 防霉变

霉变是仓储商品的主要质量变化形式，霉变产生的条件有：商品受到霉变微生物污染，其中含有可供霉变微生物利用的营养成分（如有机物构成的商品），商品处在适合霉变微生物生长繁殖的环境。霉菌往往寄生于能供给它养料的有机材料上，如木材、皮革、皮棉、麻制品等。要想防治霉变，必须根据霉菌的生理特点和生长繁殖的环境条件，采取相应的措施，抑制或杀灭霉菌微生物。

（二）商品盘点

1. 仓库盘点工具

常见的仓库盘点工具有盘点机，如图5-15所示。

图5-15 盘点机

盘点机又称条码数据采集器、手持终端、掌上计算机，它是将条码扫描装置与数据终端一体化，可离线操作的终端计算机设备。它具备实时采集、自动存储、即时显示、即时反馈、自动处理、自动传输功能。具有一体性、机动性、体积小、重量轻、性能高，以及适于手持等特点。它为现场采集数据的真实性、有效性、实时性、可用性提供了保证。

2. 盘点方法

盘点可分为账面盘点及现货盘点。国内多数配送中心都已使用计算机来处理库存账务，当账面数与实存数发生差异时，有时很难断定是账面数有误还是实盘数有误。所以，可以采取账面盘点和现货盘点平行的方法进行盘点，以查清误差出现的实际原因。

三、出库作业

（一）商品出库的要求

商品出库要求做到三不、三核、五检查。

1. 三不

即未接单据不翻账，未经审核不备货，未经复核不出库。

2. 三核

即在发货时，要核实凭证、核对账卡、核对实物。

3. 五检查

即对单据和实物要进行品名检查、规格检查、包装检查、件数检查、重量检查。

（二）商品出库业务流程

商品在库内的流向或出库单的流转构成出库业务各业务环节的衔接。商品出库业务流程如图5–16所示。

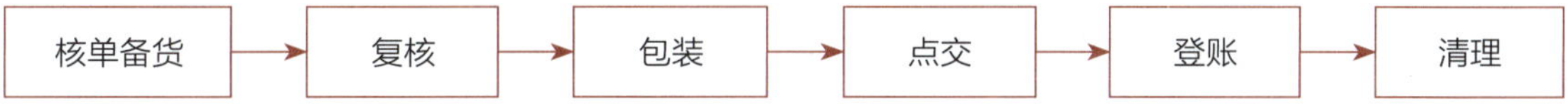

图5–16 商品出库业务流程

1. 核单备货

商品发放需有正式的出库凭证，仓库保管员必须认真核对出库凭证，首先审核凭证的真实性，然后核对商品的品名、型号、规格、单价数量、收货单位等，最后还要审核出库凭证的有效期等。

审核凭证之后，按照单证所列项目开始备货。应根据先进先出、易霉易坏先出、接近有效期先出的原则进行备货。备货完毕后要及时变动料卡余额数量，填写实发数量和日期。

2. 复核

为防止差错，备货后应立即进行复核。出库的复核形式主要有专职复核、交叉复核和环环复核3种。在发货作业的各个环节上，都应有复核工作。

3. 包装

如果出库的商品原来的包装不能满足运输部门或用户的要求，应再进行包装。

4. 点交

商品经复核后，需要办理交接手续，当面将商品交接清楚。交清后，提货人员应在出库凭证上签章。

5. 登账

商品经点交后，仓管人员应在出库单上填写实发数、发货日期等内容，并签章。

6. 清理

现场清理包括清理库存商品、库房、场地、设备等。档案清理是指对收发、保养、盈亏数量等情况进行整理。

四、储位管理

（一）储位管理的原则

1. 储位标志明确

应先将储存区域详细划分，并加以编号，让每一种预备存储的商品都有位置可以存放。商品所存放的位置必须是很明确的，而且经过储位编码的，不能是边界含糊不清的位置，如走道、楼上、角落、某商品旁等。需要指出的是仓库的过道不能作为储位来使用，虽然短时间会得到一些方便，但会影响商品的进出，违背了储位管理的基本原则。

2. 商品定位有效

依据商品保管方式的不同，应该为每种商品确定合适的储存单位、储存策略、分配规则，以及其他储存商品要考虑的因素，把货品有效地配置在先前所规划的储位上。例如：冷藏的商品就放冷藏库，流通速度快的商品就放置在靠近出口处，香皂不应该和食品放在一起等。

3. 变动更新及时

当商品被有效地配置在规划好的储位上之后，接下来的工作就是储位的维护。也就是说，不管商品是因拣货取出、被淘汰、受其他作业的影响等，使得商品的位置或数量发生了改变时，都必须及时把变动情形加以记录，以使记录与实物的位置和数量能够完全吻合，如此才能进行管理。由于此项变动登录工作非常烦琐，仓库管理人员在繁忙的工作中会产生惰性，因而这个原则是进行储位管理中执行最困难的，也是目前各仓库储位管理作业成败的关键所在。

（二）储位管理基本方法与步骤

（1）了解储位管理的原则，根据储位管理的原则来判别商品的储放需求。

（2）对储放空间进行规划配置，选择储放设备及搬运设备。

（3）进行储位编码和商品编号。

（4）储位编码与商品编号完成后，把商品分配到所编好码的储位上，可选择人工分配、计算机辅助分配、计算机全自动分配的方法进行分配。

（5）商品分配到储位上后，要对储位进行维护。

• 项目小结

本项目内容首先介绍了仓储的概念、作用和分类，以取得对仓储的初步了解；然后利用案例对仓库的选址与布局进行了说明，以获得对仓库选址与布局的科学认知；最后介绍了仓储的主要作业，包括入库、出库、在库及货位管理作业。

重点概念：仓储；立体仓库；仓库选址

• 知识巩固

一、不定项选择题

1. 仓储的作用主要表现为（　　）。

A. 调节供应和需求　　B. 运输整合和配载

C. 分拣和产品整合　　D. 流通加工

2. 在仓库的分类中，保税仓库是按照仓库的（　　）来分类的。

A. 作用　　B. 保管货物的特性

C. 仓库的构造　　D. 建造材料

3. 自动化程度最高的应是（　　）。

A. 简仓　　B. 露天堆场

C. 恒温仓库　　D. 立体仓库

4. 仓库选址时需考虑的影响环境因素主要包括（　　）。

A. 自然环境因素　　B. 商品特性

C. 经济环境因素　　D. 基础设施状况

5. 商品出库要求做到“三不、三核、五检查”。其中“三不”指（　　）。

A. 未接单据不翻账　　B. 未经审核不备货

C. 未经复核不出库　　D. 未接领导指示不作业

6. 仓储管理活动可以表述为：仓储管理人员和作业人员借助仓储设施和设备，对（　　）进行收发保管。

A. 库存物　　B. 仓库　　C. 仓库管理系统　　D. 重要物资

7.（　　）是指企业将物流活动转包给外部公司，由外部公司为企业提供综合物流服务。

A. 自有仓储　　B. 公用仓储　　C. 保税仓储　　D. 分散仓储

8. 仓储具有（　　）和静态仓储两种。

A. 动态　　B. 流动　　C. 静止　　D. 停滞

9. 当某些库存承担起国家的安全使命时，这些库存通常被称为（　　）。

A. 战略库存　　B. 保险库存　　C. 国家储备　　D. 制造库存

10. 仓储包括储存、（　　）和控制过程。

A. 运输　　B. 保管　　C. 生产加工　　D. 销售

二、判断题

1. 一般自用仓库称为第一或二方物流仓库，而公用仓库被称为第三方物流仓库。（　　）

2. 相对湿度在60%以下，就可以防止金属制品表面凝结水分，生成电解液层而遭受电化学腐蚀，所以一般库房应将相对湿度控制在60%以下。（　　）

3．在储位空间的分配上，对于流通型仓库，主要是仓库保管空间的储位分配；而对于仓储型仓库，则为便于拣货及补货进行储位分配。（ ）

4．露天堆场是用于在露天堆放货物的场所，一般对方大宗原材料，或者不怕受潮的货物。（ ）

5．仓储既有积极的一面也有消极的一面。只有考虑到仓储作用的两面性，尽量使仓储合理化才能有利于物流业务活动的顺利开展。（ ）

三、简答题

1．什么是仓储？

2．仓储的作用具体表现在哪些方面？

3．仓库的分类标准有哪些？具体可分为哪些具体功能或形式的仓库？

4．在进行仓库选址决策时，需考虑那些影响因素？

5．仓储作业的流程是什么？

课后习题答案

案例讨论

京东的智慧仓储物流

2020年9月，中国电信与京东物流共同发布《5G赋能未来物流——基于5G无线专网的物流新基建解决方案》白皮书并成立5G智能物流联合创新中心；2021年9月，完成京东物流亚洲一号仓及京威园区生产环境AGV应用场景规模部署，同时部署AMR、AR远程维修、数字月台/传送带/充电区视频监控及AI识别等应用场景，终端数量达到128台。5G智能无人仓，基于5G定制网，融合信息化和人工智能的技术，实现了仓储的柔性化和智能化，作为一个有力的抓手，有效地驱动了物流和供应链的数字化转型进程。

智慧物流的优势在于集成智能化技术，使物流全过程可自动感知识别、可追踪溯源、可实施应对、可智能化决策、各环节信息系统交互集成。而通过依托HT可视化技术，智慧仓储管理将可以通过2D组态，三维仿真形态的方式展现出物流中心的全场景管理交互系统，方便上游供应方的大批量货物进行集中仓库储存、管理等作业，并能接受处理下游用户的订货信息的一个3D智慧物流仓储管理系统可视化。

思考题：

1．总结京东在智慧仓储方面的做法，其先进之处表现在哪里？

2．借鉴京东的做法，你认为我国的仓储应如何发展？

技能实训

郑州航空港产业集聚区的选址布局

郑州航空经济综合实验区作为中国唯一一个国家级航空综合实验区，在“一带一路”环境下的，其区位优势得以显著体现。未来5至10年，郑州航空港产业集聚区将形成一个以电子信息、航空物流和生物医药等新兴主导产业为代表的高新技术产业集群，成为覆盖中西部的内陆无水港，辐射中亚和欧洲的东方陆港，初具规模的国际航空货运基地，辐射中西部的区域分拨中心，辐射中原城市群的本地配送中心。预计到2030年，郑州将以推进物流服务全球化能力为核心，建立起我国高端产业和消费市场物流需求为基础，以供应链管理为核心竞争力的全球领先现代物流中心。

一、实训目标

收集郑州航空港产业集聚区的相关信息；分析郑州航空港产业集聚区选址布局的特点。

二、实训步骤

1. 自由组合成小组，每组5人。
2. 明确每个人的职责，分析郑州市物流业现状。
3. 形成对郑州航空港产业集聚区布局选址的分析意见，全班共享。

三、实训要求

1. 了解本次实训的目的。
2. 学生在查找资料过程中做好记录。
3. 形成实训报告。
4. 进行实训考评。

四、实训报告

实训报告

班级		姓名		时间	
实训目的					
实训步骤					
实训内容					
我的做法					
我的结论					
我的想法					

五、实训考评

考评表

考评人			被考评人	
考评地点				
考评内容	物流认知			
考评标准	具体内容	分值	实际得分	
	实训背景分析	20		
	实训内容全面性	20		
	实训业务流程设计的可行性	30		
	在实训过程中体现的团队合作和职业素养	30		
合　计		100		

项目六 流通加工

项目目标

【知识目标】

1. 掌握流通加工的概念和作用
2. 了解常见的流通加工作业
3. 熟悉流通加工合理化的实现渠道

【能力目标】

1. 能判断不同流通加工作业的类型
2. 能操作简单的流通加工作业
3. 能分析不合理的流通加工现象
4. 能提出流通加工合理化建议

【素质目标】

1. 培养敏锐的市场趋势判断能力
2. 塑造乐于奉献、爱岗敬业、吃苦耐劳的物流人精神

思维导图

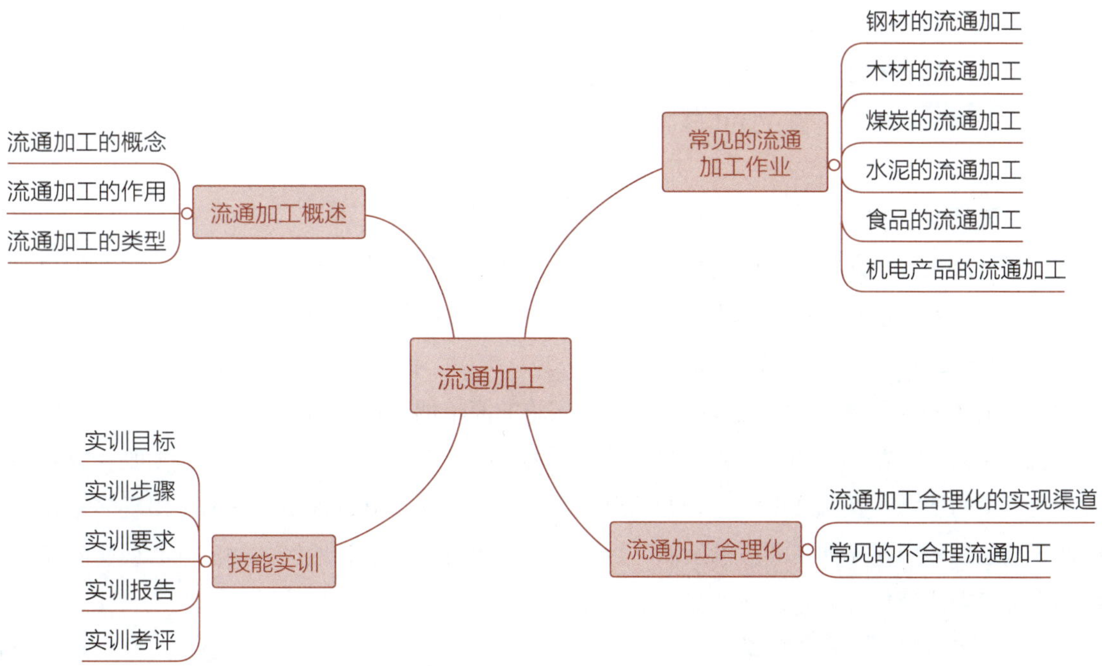

案例导入

鲜切果蔬

随着现代生活节奏的加快和人们生活水平的提高，人们对新鲜果蔬消费的需求越来越高，鲜切果蔬以其新鲜、方便、营养、无公害、卫生、可食率100%等特点，近年来消费量保持高度增长态势。关于鲜切果蔬的研究也已成为果蔬研究领域中的重要方向之一。

鲜切水果又称轻加工水果、最少加工水果、切割水果、调理水果，是对新鲜水果进行分级、清洗、整理、去皮（去核）、切分、浸泡、包装等处理，使产品保持生鲜状态的制品。鲜切果蔬加工如图6-1所示。

鲜切果蔬高成本、低价格的产品属性决定了其供应链运营难度很大，加工环节要保持规模化优势，实现规模化加工作业。

图6-1　鲜切果蔬加工

案例分析：

1. 查阅资料，找出国内领先的一两家鲜切果蔬企业相关资料。
2. 鲜切果蔬属于哪种类型的流通加工？
3. 流通加工的意义是什么？

• 项目知识

任务一　流通加工概述

流通加工的出现与现代社会消费的个性化有关，是商品在从生产者向消费者流通过程中，为了增加附加价值，满足客户需求，促进销售而进行简单的组装、剪切、套裁、贴标签、刷标志、分类、检量、弯管、打孔等加工作业。

一、流通加工的概念

现代物流实用词典指出，流通加工是指物品在从生产地到使用的过程中，根据需要施加包装、分割、计量、分拣、贴标、组装等简单作业的总称。流通加工作业如图6-2所示。

在2021版我国《物流术语》（GB/T 18354—2021）中，流通加工（Distribution Processing）是指“根据顾客的需要，在流通过程中对产品实施的简单加工作业活动的总称。简单加工作业活动包括包装、分割、计量、分拣、刷标志、拴标签、组装、组配等”。流通加工改变或完善了流通对象的形态，是流通中的一种特殊形式。随着经济的发展，消费者的需求出现多样化，促使了流通领域中流通加工业务的发展。目前，在世界许多国家和地区的物流中心或仓库经营中都大量存在流通加工业务，在物流发达国家更为普遍。

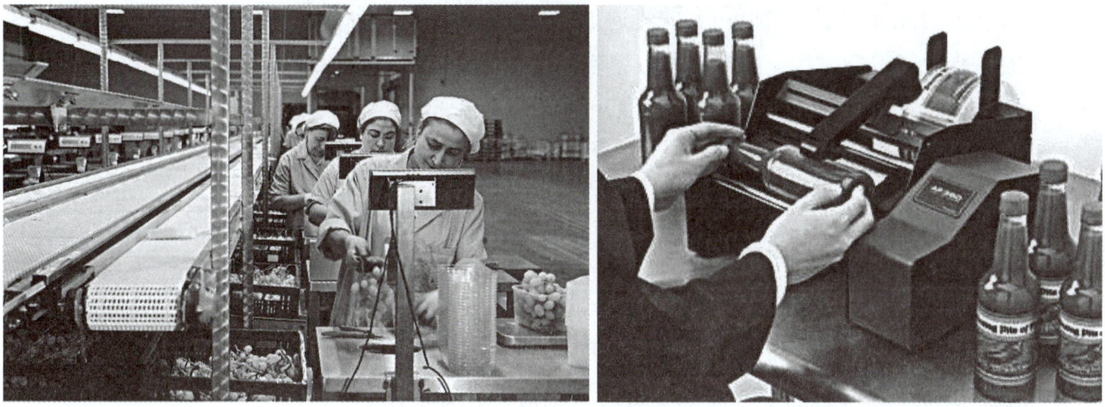

图6-2　流通加工作业

二、流通加工的作用

（一）流通加工的一般作用

1．提高原材料利用率

通过流通加工可以进行集中下料，将生产厂商直接运来的简单的规格产品，按用户的要求进行下料。例如：将钢板进行剪板、切裁；把木材加工成各种长度及大小的木板。集中下料可以优材优用、小材大用、合理套裁，明显地提高原材料的利用率，有很好的技术经济效果。

2．方便用户

用量小或临时需要的用户，不具备进行高效率初级加工的能力，通过流通加工可以使用户省去进行初级加工的投资、设备、人力，方便了用户。目前发展较快的初级加工有：将水泥加工成生混凝土，将原木或板、方材加工成门窗，钢板预处理、整形，等等。

3．提高设备运营效率和利用率

在分散加工的情况下，加工设备由于生产周期和生产节奏的限制，设备利用时松时紧，使得加工过程不均衡，设备加工能力不能得到充分发挥。流通加工面向全社会，加工数量大、加工范围广、加工任务多；因而可以通过建立集中加工点，采用一些效率高、技术先进、加工量大的专门机具和设备，一方面提高了加工效率和加工质量，另一方面还提高了设备利用率。

（二）流通加工在物流中的作用

1．流通加工能有效地完善流通的功能

流通加工在实现时间效用和场所效用这两个重要功能方面，确实不能与运输和保管相比，因而，流通加工不是物流的主要功能要素。另外，流通加工的普遍性也不能与运输、保管相比，流通加工不是对所有物流活动都是必须的。但这绝不是说流通加工不重要，实际上它也是不可轻视的，流通加工具有补充、完善、提高与增强流通的功能的作用，能起到运输、保管等其他功能要素无法起到的作用。流通加工可以提高物流水平，促进流通向现代化发展。

2．流通加工是物流的重要利润来源

流通加工是一种低投入、高产出的加工方式。实践中，有的流通加工通过改变商品包装，使商品档次升级而充分实现其价值；有的流通加工可将产品利用率大幅提高30%，甚至更多。这些都是采取一般方法以期提高生产率所难以做到的。实践证明，流通加工提供的利润并不亚于从运输和保管中获得的利润。因此，我们说流通加工是物流业的重要利润来源。

3．流通加工是重要的加工形式

流通加工在整个国的流通加工运行方面，它是一种重要的加工形式，对推动国民经济的发展、完善国民经济的产业结构具有一定的意义。

三、流通加工的类型

根据流通加工目的不同，流通加工可以分为以下10种类型。

（一）为适应多样化需要的流通加工

生产部门为了实现高效率、大批量的生产，其商品往往不能完全满足用户的要求。这样，为了满足用户对商品多样化的需要，同时又要保证高效率的大生产，可将生产出来的单一化、标准化的产品进行多样化的改制加工。例如：对钢材卷板的舒展、剪切加工，平板玻璃按需要的规格进行开片加工，木材改制成枕木、板材、方材等。

（二）为方便消费、省力的流通加工

根据下游生产的需要将商品加工成生产直接可用的状态。例如：根据需要将钢材定尺、定型，按要求下料；将木材制成可直接投入使用的各种型材；将水泥制成混凝土拌合料，使用时只需稍加搅拌即可使用等。

（三）为保护产品的流通加工

在物流过程中，为了保护商品的使用价值，延长商品在生产和使用期间的寿命，防止商品在运输、储存、装卸搬运、包装等过程中遭受损失，对商品采取稳固、改装、保鲜、冷冻、涂油等措施。例如：水产品、肉类、蛋类的保鲜、保质的冷冻加工、防腐加工等；丝、麻、棉织品的防虫、防霉加工等；为防止金属材料的锈蚀而进行的喷漆、涂防锈油等措施，运用手工、机械或化学方法除锈；木材的防腐朽、防干裂加工；煤炭的防高温自燃加工；水泥的防潮、防湿加工等。

（四）为弥补生产加工不足的流通加工

由于受到各种因素的限制，许多产品在生产领域的加工只能到一定程度，而不能完全实现终极的加工。例如：木材如果在产地完成成材加工或制成木制品的话，就会给运输带来极大的困难，所以在生产领域只能加工到圆木、板、方材这个程度，进一步的下料、切裁、处理等加工则由流通加工完成；钢铁厂大规模的生产只能按规格生产，以使产品有较强的通用性，从而使生产能有较高的效率，取得较好的效益。

（五）为促进销售的流通加工

流通加工也可以起到促进销售的作用。例如：将过大包装或散装物分装成适合依次销售的小包装；将以保护商品为主的运输包装改换成以促进销售为主的销售包装，以起到吸引消费者、促进销售的作用；将蔬菜、肉类洗净切块以满足消费者要求；等等。

（六）为提高加工效率的流通加工

许多生产企业的初级加工由于数量有限，加工效率不高。而流通加工以集中加工的形式，解决了单个企业加工效率不高的弊病。它以一家流通加工企业的集中加工代替了若干家生产企业的初级加工，促使生产水平有一定的提高。

（七）为提高物流效率的流通加工

有些商品本身的形态使之难以进行物流操作，而且商品在运输、装卸搬运过程中极易受损，因此需要进行适当的流通加工加以弥补，从而使物流各环节易于操作，提高物流效率，降低物流损失。例如：造纸用的木材磨成木屑的流通加工，可以极大地提高装载效率；自行车在消费地区装配加工可以提高运输效率，降低损失；石油气的液化加工，使很难输送的气态物转变为容易输送的液态物，可以提高物流效率。

（八）为衔接不同运输方式的流通加工

在干线运输和支线运输的节点设置流通加工环节，可以有效解决大批量、低成本、长距离的干线运输与多品种、少批量、多批次的末端运输和集货运输之间的衔接问题。在流通加工点与大生产企业之间形成大批量、定点运输的渠道，以流通加工中心为核心，组织对多个用户的配送；也可以在流通加工点将运输包装转换为销售包装，从而有效衔接不同目的的运输方式。例如，散装水泥中转仓库把散装水泥装袋、将大规模散装水泥转化为小规模散装水泥的流通加工，就衔接了水泥厂大批量运输和建筑工地小批量装运的需要。

（九）为生产流通一体化的流通加工

依靠生产企业和流通企业的联合，或者生产企业涉足流通，或者流通企业涉足生产，形成的对生产与流通加工进行合理分工、合理规划、合理组织，统筹进行生产与流通加工的安排，这就是生产流通一体化的流通加工形式。这种形式可以促成产品结构及产业结构的调整，充分发挥企业集团的经济技术优势，是目前流通加工领域的新形式。

（十）为实施配送的流通加工

这种流通加工形式是配送中心为了实现配送活动，满足客户的需要而对物资进行的加工。例如，混凝土搅拌车可以根据客户的要求，把沙子、水泥、石子、水等各种不同材料按比例要求装入可旋转的罐中。在配送路途中，汽车边行驶边搅拌，到达施工现场后，混凝土已经均匀搅拌好，可以直接投入使用。

任务二　常见的流通加工作业

一、钢材的流通加工

各种钢材（钢板、型钢、线材等）的长度、规格有时不完全适用于客户需要，如热轧厚钢板等板材最大交货长度可达12米，有的是成卷交货，这样都不能直接满足客户需要。在这种情况下，对于使用钢板的用户来说，如果采用单独剪板、下料的方式，那么设备闲置的时间长，人员浪费大，不便于采用先进的方法；如果采用集中剪板、集中下料的方式，可以避免单独剪板、下料的一些弊病，可以提高材料利用率。

钢材的流通加工主要就是对钢材进行剪板加工。钢材的剪板加工是在固定地点设置剪板机进行下料加工，或设置各种切割设备将大规格的钢板裁小或切裁成毛坯，以降低销售起点，便于用户使用，如图6-3所示。

图6-3 钢材的剪板加工

钢板剪板加工，应选择适宜的加工方式，使加工后的钢材晶体组织很少发生变化，保证原来的交货状态，有利于高质量加工；其加工精度高，可以减少废料、边角料，减少再进行机加工的切削量，既提高了再加工效率，又有利于减少消耗；由于集中加工可保证批量及生产的连续性，可以专门研究此项技术并采用先进设备，从而大幅度提高效率和降低成本；使用户能简化生产环节，提高生产水平。与钢板剪板加工类似，还有薄钢板的切断、型钢的熔断、厚钢板的切割、线材切断以及线材冷拉加工等。

汽车、冰箱、冰柜、洗衣机的生产制造企业每天需要大量的钢板，除了大型汽车制造企业外，一般规模的生产企业如若自己单独剪切，难以解决因用料高峰和低谷的差异引起的设备忙闲不均和人员浪费问题，如果委托专业钢板剪切加工企业进行加工可以解决这个矛盾。专业钢板剪切加工企业能够利用专业剪切设备，按照用户设计的规格尺寸和形状进行套裁加工，精度高、速度快、废料少、成本低。一般钢材流通加工企业不仅提供剪切加工服务和配送服务，还出售加工原材料和加工后的成品。

二、木材的流通加工

木材流通加工可依据木材种类、地点等决定加工方式。在木材产区可对原木进行流通加工，使之成为容易装载、易于运输的形状，如图6-4所示。

1. 磨制木屑、压缩输送

这是一种为了实现流通的加工。木材是容重轻的物资，在运输时占有相当大的容积，往往使车船满装但不能满载；同时，装车、捆扎也比较困难。从林区外送的原木中有相当一部分

图6-4 木材流通加工

用于造纸，将原木磨成木屑，可以制成便于运输的形状，以供进一步加工，这样可以提高原木利用率、出材率，也可以提高运输效率，具有相当客观的经济效益。例如：美国采取在林木生产地就地将原木磨成木屑，然后压缩使之成为容重较大、容易装运的形状，而后运至靠近消费地的造纸厂，取得了较好的效果。根据美国的经验，采取这种办法比直接运送原木节约一半的运费。

2. 集中开木下料

在流通加工点将原木锯截成各种规格的锯材，同时将碎木、碎屑集中加工成各种规格的板，或者进行打眼、凿孔等初级加工。用户直接使用原木，不但加工工序复杂，需要的加工场地大、加工设备多，更严重的是资源浪费严重，木材平均利用率不到50%，平均出材率不到40%。实行集中下料、按用户要求供应木料，可以使原木利用率提高到95%，出材率提高到72%左右，有相当好的经济效果。

三、煤炭的流通加工

煤炭流通加工的形式有除矸加工、煤浆加工、配煤加工。

1. 除矸加工

煤炭的除矸加工是以提高煤炭纯度为目的的加工形式。一般煤炭中混入的矸石有一定发热量，混入一些矸石是允许的，也是较经济的。但是，由于对煤炭纯度标准的要求大部分情况下，客户不允许煤炭中混入矸石，在运力十分紧张的地区也要求充分利用运力、降低成本，多运“纯物质”，少运矸石。在这种情况下，除矸加工可提高煤炭运输效益和经济效益，减少运输能力浪费。除矸加工使用的除矸机器，如图6–5所示。

2. 煤浆加工

用运输工具载运煤炭，运输中损失浪费比较大，又容易发生火灾。采用管道运输是近代兴起的一种先进技术。以管道运输方式运输煤浆，可以减少煤炭消耗，提高煤炭利用率，煤浆管道输送，如图6–6所示。

煤浆管道输送是在流通的起始环节将煤炭磨成细粉末，粉末便有了一定的流动性，再用水

图6-5 除矸机

图6-6 煤浆管道输送

把粉末调和成浆状，则具备了更好的流动性，可以像其他液体一样进行管道输送。煤浆管道输送不与现有的运输系统争夺运力，输送连续、稳定、快速，是一种经济的运输方法。

小贴士

水煤浆是一种新型、高效、清洁的煤基燃料，是燃料家庭的新成员，它是由65%～70%不同粒度分布的煤，29%～34%的水和约1%的化学添加剂制成的混合物。它经过多道严密工序，筛去煤炭中无法燃烧的成分等杂质，仅将碳本质保留下来，成为水煤浆的精华。它具有石油一样的流动性，热值相当于油的一半，被称为液态煤炭产品。水煤浆技术包括水煤浆制备、储运、燃烧、添加剂等关键技术，是一项涉及多门学科的系统技术，水煤浆具有燃烧效率高、污染物排放低等特点，可用于电站锅炉、工业锅炉和工业窑炉代油、代气、代煤燃烧，是当今洁净煤技术的重要组成部分。

我国是一个富煤少油的国家，水煤浆作为新型代油环保燃料，正被越来越多的企业所认识，采用水煤浆技术可进一步改善煤炭企业的产品结构，提高煤炭企业经济效益。

3．配煤加工

在使用地区设置集中加工点，将各种煤及一些其他发热物质按不同配方进行掺配加工，生产出各种不同发热量的燃料，称为配煤加工。配煤加工可以按需要的发热量生产和供应燃料，防止热能浪费或发热量过小，满足使用要求。工业用煤经过配煤加工还可以起到便于计量控制、稳定生产过程的作用，具有很好的经济和技术价值。

在我国，煤炭消耗量非常大，进行煤炭流通加工潜力也很大，可以大大节约运输能源，降低运输费用，具有很好的技术和经济价值。

四、水泥的流通加工

（一）水泥熟料的流通加工

在需要长途运入水泥的地区，可以先运进水泥熟料。然后在该地区先进行流通加工，在磨细工厂将熟料磨细，并根据当地的资源和对水泥使用的情况掺入混合材料等，制成不同品种及标号的水泥供应给当地用户，这是水泥流通加工的一种重要形式。水泥熟料加工企业，如图6-7所示。

图6-7 水泥熟料加工企业

在需要经过长距离输送供应的情况下，以水泥熟料形态代替传统的粉状水泥有以下优点。

1．可以大大降低运费、节省运力

运输普通水泥和矿渣水泥时，平均约有30%或以上的运力被消耗在矿渣及其他各种加入物上。在我国，水泥需用量较大的地区，工业基础大都较好，当地又有大量的工业废渣。如果在使用地区对熟料进行粉碎，可以根据当地的资源条件选择混合材料的种类，这样就节约了消耗在混合材料上的运力，节省了运费。同时，水泥输送的吨位也大大减少，有利于缓和铁路运输的紧张状态。

2．可按照当地的实际需要大量掺加混合材料

我国大、中型水泥厂生产的水泥，平均标号逐年提高，但是目前我国使用水泥的部门大量需要较低标号的水泥，然而，大部分施工部门没有在现场加入混合材料来降低水泥标号的技术设备和能力，因此不得已使用标号较高的水泥，这是很大的浪费。如果以熟料为长距离输送的形态，在使用地区加工粉碎，就可以按实际需要生产各种标号的水泥，尤其可以大量生产低标号水泥，以减少水泥长距离输送的数量。

3．容易以较低的成本实现大批量、高效率的输送

采用输送熟料的流通加工形式，可以充分利用站、场、仓库等地现有的装卸设备，又可以利用普通车皮装运，比散装水泥方式具有更好的技术经济效果，更适合于我国的国情。

4．可以大大降低水泥的输送损失

水泥的水硬性是在充分磨细之后才表现出来的，而未磨细的熟料抗潮湿的稳定性很强。所以，输送熟料也基本可以防止由于受潮而造成的损失。此外，颗粒状的熟料也不像粉状水泥那样易于散失。

5．能更好地衔接产需，方便用户

采用长途输送熟料的方式，水泥厂就可以和有限的熟料粉碎工厂之间形成固定的直达渠道，使水泥的物流更加合理，从而实现经济效果较优的物流。水泥的用户也可以不出本地区而直接向当地的熟料粉碎工厂订货，因而更容易沟通产需关系，大大方便了用户。

（二）集中搅拌混凝土

改变以粉状水泥供给用户，由用户在建筑工地现场拌制混凝土的习惯方法，而将粉状水泥输送到使用地区的流通加工点，搅拌成混凝土后再供给用户使用，这是水泥流通加工的另一种重要加工方法。这种流通加工方式，经济效益优于直接供应或购买水泥在工地现场搅拌制作混

凝土。因此，这种流通加工方式已经受到许多国家的重视。

五、食品的流通加工

食品流通加工的类型很多。只要我们留意超市里的货柜就可以看出，如洗净的蔬菜、水果、肉末、鸡翅、香肠、咸菜等都是流通加工的结果。这些商品的分类、清洗、贴商标或条码、包装、装袋等是在摆进货柜之前就已进行了加工作业，这些流通加工都不是在产地，已经脱离了生产领域，进入了流通领域。食品流通加工的具体项目主要有如下几种。

1．冷冻加工

冷冻加工是为了保鲜而进行的流通加工，如为了解决鲜肉、鲜鱼在流通中保鲜及装卸搬运的问题，采取低温冻结方式的加工。这种方式也用于某些液体商品、药品等。

2．分选加工

分选加工是为了提高物流效率而进行的对蔬菜和水果的加工，如去除多余的根叶等。农副产品规格、质量差别较大，为获得一定规格、质量的产品，采取人工或机械分选的方式加工称为分选加工。这种方式广泛用于果类、瓜类、谷物、棉毛原料等。

3．精制加工

精制加工是指对农、牧、副、渔等产品在产地或销售地设置加工点，去除无用部分，或进行切分、洗净、分装等加工，以便分类销售。这种加工不但大大方便了购买者，而且还可以对加工过程中的淘汰物进行综合利用。例如：鱼类的精制加工所剔除的内脏可以制成某些药物或用作饲料，鱼鳞可以制高级黏合剂，头尾可以制鱼粉等；蔬菜的加工剩余物可以制饲料、肥料等。

4．分装加工

许多生鲜食品零售起点较小，而为了保证高效输送出厂，包装一般比较大，也有一些是采用集装运输方式运达销售地区。分装加工是指为了便于销售，在销售地区按所要求的零售起点进行新的包装，即大包装改小包装，散装改小包装，运输包装改销售包装，以满足消费者对不同包装规格的需求，从而达到促销的目的。例如：葡萄酒是液体，从产地批量地将原液运至消费地配制、装瓶、贴商标，进行包装后出售，既可以节约运费，又安全保险，以较低的成本，卖出较高的价格，附加值大幅度增加。

此外，半成品加工、快餐食品加工也成为流通加工的组成部分。食品的流通加工节约了运输等物流成本，保护了商品质量，增加了商品的附加价值。

【物流小故事】

我国的水产品流通加工

2020年3月10日，瑞安华盛“渔加2号”归港卸货，几十名企业员工热火朝天地将一箱箱成品虾皮搬运到渔船上再运送至码头。

图6-8 瑞安华盛“渔加2号”海上水产加工船

据悉，华盛“渔加2号”是目前亚洲规模最大的海上水产干制品加工船，船长102米，高15米，宽16米，排水量5000吨，船上设有3条国际领先的水产干制品加工流水线，年产值可超亿元，如图6-8所示。

海上水产加工船可带领数十艘渔船出海作业。随队渔船将捕捞的水产品即时销售给加工船，既延长了渔民海上作业时间，也节省了往返航程的成本。一般渔民捕捞后将海产品运送到岸上，一趟来回需要花20多个小时，一趟出海只能捕一天的鱼；有水产加工船后，渔民出海打鱼，直接把捕捞到的鱼卖给就近的水产加工船即可，打捞时间可缩短50%，还可节省渔船来回海上的柴油费用和劳动力。同时，海上水产加工船还很好地解决了鲜活水产品的保鲜问题。

六、机电产品的流通加工

多年以来，机电产品的储运困难较大，主要原因是不易进行包装，如机电产品的防护包装的包装成本过大，并且运输装载困难，装载效率低，流通损失严重。但是这些货物有一个共同的特点，即装配比较简单，装配技术要求不高，主要功能已在生产中形成，装配后不需要进行复杂的检测及调试。所以，为了解决储运问题，降低储运费用，可以采用半成品大容量包装出厂，在消费地拆箱组装的方式。组装一般由流通部门在所设置的流通加工点进行，组装之后随即进行销售。

任务三 流通加工合理化

流通加工合理化指实现流通加工的最优配置，不仅做到避免各种不合理流通加工，使流通加工有存在的价值，而且综合考虑流通加工与配送、运输、商流等的有机结合，做到最优的选择，以达到最佳的流通加工效益。

一、流通加工合理化的实现渠道

实现流通加工合理化，主要应考虑以下几方面。

（一）加工和配送相结合

加工和配送相结合就是将流通加工点设置在配送点中，一方面按配送的需要进行加工；另一方面加工又是配送业务流程中分货、拣货或配货作业的一环，加工后的产品直接投入配货作业。这就无须额外单独设置一个加工的中间环节，使流通加工有别于独立的生产加工，而使流通加工与中转流通巧妙地结合在一起。同时，由于配送之前有加工，可使配送服务水平大大提高。这是当前对流通加工合理选择的重要形式，在煤炭、水泥等产品的流通中被广泛使用并已表现出较大的优势。

（二）加工和配套相结合

在对配套要求较高的流通中，配套的主体来自各个生产单位，但完全配套有时无法全部依靠现有的生产单位。进行适当的流通加工可以有效地促成配套，提高流通作为连接生产与消费的桥梁和纽带的作用。

（三）加工和合理运输相结合

流通加工能有效地衔接干线与支线运输，促进两种运输形式的合理化。流通加工在干、支线运输相互转换处，利用这一必须停顿的物流环节，按照运输的合理要求进行适当加工，加工完成后再进行中转作业，从而大大提高运输效率及运输转载水平。

（四）加工和商流相结合

通过流通加工有效地促进销售，提高商流的合理化程度，也是流通加工合理化的考虑方向之一。流通加工与配送的结合，提高了配送水平，强化了销售，也是流通加工与合理商流相结合的一个成功例证。

此外，通过简单地改变包装、形成方便的购买量，通过组装加工解除用户使用前进行组装、调试的麻烦或困难，都是流通加工有效促进商流的例子。

（五）加工和节约相结合

节约能源、设备、人力、耗费是流通加工合理化要考虑的重要因素，也是目前我国设置流通加工时考虑其合理化的比较普遍的形式。

对于流通加工合理化的最终判断，应看其能否实现社会效益和企业的经济效益，而且是否取得了最优效益。对流通加工企业而言，与一般生产企业的一个重要的不同之处是，流通加工企业更应把社会效益放在首位。如果片面追求企业的经济效益，不适当地进行加工，甚至与生产企业争利，不仅有违流通加工的初衷，而且其本身已不属于流通加工的范畴了。

二、常见的不合理流通加工

（一）流通加工地点设置不合理

流通加工地点设置即布局状况是使整个流通加工能否有效的重要因素。一般而言，为衔接单品种大批量生产与多样化需求的流通加工，加工地设置在需求地区才能实现大批量的干线运输与多品种末端配送的物流优势。

同时，流通加工地域范围的选址问题如果处理不妥，也会出现不合理。这种不合理主要表现在交通不便，流通加工与生产企业或用户之间距离较远，流通加工点的投资过高（如选址的地价过高），以及加工点的环境条件不好等。

（二）流通加工方式选择不当

流通加工方式包括流通加工对象、流通加工工艺、流通加工技术、流通加工程度等。流通加工方式的确定实际上是与生产加工的合理分工。分工不合理，会造成本来应由生产加工来完成的，却错误地由流通加工来完成；本来应由流通加工来完成的，却错误地由生产加工了完成。

流通加工不是对生产加工的代替，而是一种补充和完善。所以，一般而言，假如工艺复杂、技术装备要求较高，或加工可以由生产过程延续或轻易解决的，都不宜再设置流通加工；尤其不宜与生产过程争夺技术要求较高、效益较高的最终生产环节；更不宜利用一个时期市场的需求压力使生产者变成初级加工或前期加工，而流通企业完成装配或最终形成产品的加工。假如流通加工方式选择不当，就会出现与生产夺利的恶果。

（三）流通加工作用不大，形成多余环节

有的流通加工过于简单，或对生产及消费者作用都不大，甚至有时流通加工有盲目性，同样未能解决品种、规格、质量、包装等问题，反而增加了环节，这也是流通加工不合理的重要形式。

（四）流通加工成本过高，效益不好

流通加工之所以能够有生命力，重要优势之一是有较大的产出投入比。假如流通加工成本过高，则不能实现以较低投入实现更高使用价值的目的，除了一些必须的、服从政策要求即使亏损也应进行的加工外，都应看成是不合理的流通加工。

• 项目小结

本项目介绍了流通加工的概念、作用和类型，让你初步了解流通加工；然后对常见的流通加工形式进行说明，让你深入认知流通加工；最后介绍了流通加工合理化的途径和不合理的流通加工，让你加深理解流通加工。

重点概念：流通加工；流通加工合理化

• 知识巩固

一、不定项选择题

1. 平板玻璃按需要规格的开片加工是（　　）。

A. 为适应多样化需要　　　　B. 为方便消费、省力

C. 为保护产品　　　　D. 为弥补生产加工不足

2. 水产品、肉类、蛋类的保鲜、保质的冷冻加工是（　　）。

A. 为适应多样化需要的目的　　　　B. 为方便消费、省力

C. 为保护产品　　　　D. 为弥补生产加工不足

3. 常见的不合理流通加工表现为（　　）。

A. 流通加工地点设置不合理　　　　B. 流通加工方式选择不当

C. 流通加工作用不大，形成多余环节　　　　D. 流通加工成本过高，效益不好

4．流通加工由（　　）完成。

A．生产企业　　B．流通企业　　C．制造厂　　D．生产车间

5．流通加工的对象是（　　）。

A．原材料　　B．零部件　　C．半成品　　D．进入流通过程的商品

6．以下不属于流通加工内容的有（　　）。

A．电视机的生产　　B．防潮加工

C．石油气的液化加工　　D．平板玻璃的开片加工

7．在使用地区设置集中加工点，将各种煤及一些其他发热物质，按不同配方进行掺配加工，生产出各种不同发热量的燃料，称为（　　）。

A．除矸加工　　B．煤浆加工　　C．配煤加工　　D．混合加工

8．自行车在消费地区的装配加工、石油气的液化加工属于（　　）。

A．为提高物流效率、降低物流损失的流通加工

B．为提高加工效率的流通加工

C．为方便消费、省力的流通加工

D．为促进销售的流通加工

9．根据流通加工定义，下列属于流通加工的是（　　）。

A．某工厂采购布匹、纽扣等材料，加工成时装并在市场上销售

B．某运输公司在冷藏车皮中保存水果，使之在运到目的地时更新鲜

C．杂货店将购时的西红柿按质量分成1元/500克和2元/500克两个档次销售

D．将马铃薯通过洗涤、破碎、筛理等工艺加工成淀粉

10．以下四个选项中，不属于实现流通加工的合理化的是（　　）。

A．加工和配套结合　　B．加工和配送分离

C．加工和合理运输结合　　D．加工和合理商流结合

二、判断题

1．流通加工能提高原材料利用率。（　　）

2．通过将过大包装或散装物分装成适合依次销售的小包装的分装加工，将以保护商品为主的运输包装改换成以促进销售为主的销售包装，可以起到吸引消费者、促进销售的作用。（　　）

3．加工和配送相结合就是将流通加工点设置在配送点中。（　　）

4．一般而言，为方便物流的流通加工环节应设在产出地，设置在进入社会物流之后。（　　）

5．水产品、肉类、蛋类的保鲜、保质的冷冻加工、防腐加工等是为了方便消费、省力而进行的流通加工。（　　）

三、简答题

1．什么是流通加工？

2. 流通加工的作用具体表现在哪些方面?

3. 流通加工有哪些类型?

4. 怎样才能实现合理的流通加工?

5. 不合理的流通加工主要表现在哪些方面?应如何避免?谈一谈你的看法。

课后习题答案

案例讨论

某鞋店的“流通加工”

某鞋店在美国有一家超级市场,设立了组合式鞋店,摆放着不是做好了的鞋,而是做鞋用的半成品,款式花色多样,有6种鞋跟、8种鞋底,均为塑料制造的,鞋面的颜色以黑、白为主,搭带的颜色有80种,款式有百余种,顾客进来可任意挑选自己所喜欢的各个部位,交给职员当场进行组合,一双崭新的鞋便唾手可得。

这家鞋店昼夜营业,职员技术熟练。鞋子的售价与成批制造的价格差不多,有的还稍便宜些。所以,顾客络绎不绝,销售金额比邻近的鞋店多十倍。

思考题:

1. 该店是怎样通过流通加工扩大销售的?

2. 该店的做法对日用品的销售有何借鉴意义?

技能实训

参观钢筋加工配送企业

所谓钢筋加工配送是指通过把盘条或直条钢线材,经过一定的生产工艺,用专业机械设备将其制成钢筋成品,再直接销售至各个建筑工地,从而实现钢筋加工的工厂化、标准化及钢筋加工配送的商品化和专业化。其加工方式是依据用户需求加工和按标准及规程定型加工。

加工配送是钢铁物流中重要的一环,由于95%以上的钢材必须经过延伸加工才能被使用到最终产品上。发达国家较普遍的做法是充分利用“第三方物流”商,将钢材等原材料的采购、加工、配送等一系列物流活动全权交由“第三方物流”商代理,让专业化、社会化的钢材加工配送中心对钢材进行矫正、清理、剪切、冲压等工序,加工成下游用户所需的各种半成品或零部件,并通过其仓储、运输系统,及时地提供给最终用户直接使用。从而使制造企业的钢材利用率达到最大化,生产周期缩短,劳动生产率、场地使用率、设备使用效率和资金使用效率等也都将大大提高。

一、实训目标

收集本地钢筋加工配送企业的相关信息,在熟悉企业的基础上进行实地调研,了解企业的产品类型和客户范围,分析钢筋加工配送的优势和利润点。

二、实训步骤

1. 自由组合成小组,每组5人。

2. 明确每个人的职责，在熟悉企业的基础上进行实地调研。

3. 形成分析本地钢筋加工配送的书面意见，全班共享。

三、实训要求

1. 了解本次实训的目的。

2. 学生在查找资料基础上实地调研。

3. 形成实训报告。

4. 进行实训考评。

四、实训报告

实训报告

班级		姓名		时间	
实训目的					
实训步骤					
实训内容					
我的做法					
我的结论					
我的想法					

五、实训考评

考评表

考评人		被考评人	
考评地点			
考评内容	物流认知		
考评标准	具体内容	分值	实际得分
	实训背景分析	20	
	实训内容全面性	20	
	实训业务流程设计的可行性	30	
	在实训过程中体现的团队合作和职业素养	30	
合　计		100	

项目七 配送

项目目标

【知识目标】

1. 掌握配送与配送中心的概念
2. 了解配送的具体流程
3. 了解配送的功能和在其物流活动的地位
4. 了解配送中心的职能与运营模式

【能力目标】

1. 能根据物流活动的实际选择适当的配送形式
2. 能按照配送作业的要求实施简单的配送作业

【素质目标】

1. 严格遵守国家的法律法规，同时要遵守公司的各项规章制度
2. 树立配送人员在配送货物过程中要遵章行事，保证自身和货物安全的意识

思维导图

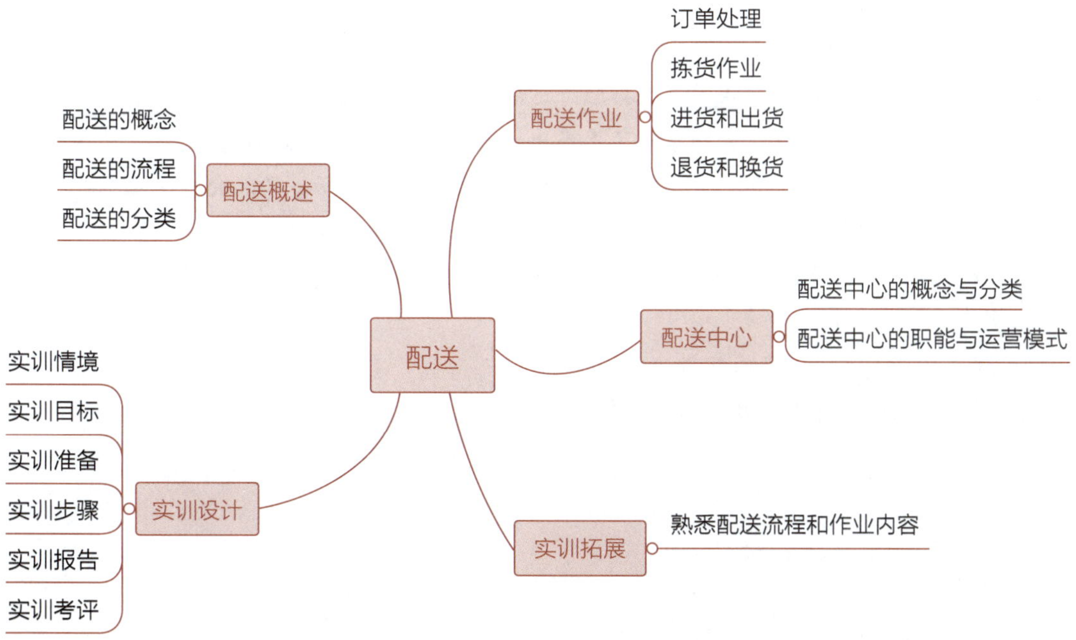

案例导入

连接商超、走进校园、帮送外卖……物流企业竞相争夺无人配送技术高地

作为解决物流配送“最后一公里”，提升物流配送效率，同时也作为无接触配送的解决方案之一，无人车配送在新的大环境下开始走进大众视野，这也引来了不少科技企业，在无人配送赛道开启了新一轮的争夺战。

据了解，2021年5月底，菜鸟驿站在1000所校园推出免费预约送货到楼服务，高校师生可在物流详情页预约天猫淘宝包裹送货，预约成功后，菜鸟无人车可在指定时间把包裹送到宿舍楼下。自6月全球智慧物流峰会后，3个月时间里，菜鸟无人车小蛮驴已新入驻20所高校，顺利“入学”，实现学生快递的常态化派送。

其实，不仅是在学校里，市面上个别商超也开始尝鲜无人车配送。9月1日，达达快送为山姆会员商店部分极速达订单提供的无人配送服务投入运营，京东物流无人车通过接入达达快送开放平台，实现高效配送。用户通过京东到家、山姆APP等平台下单，便可享受无人配送服务体验；9月2日，美团无人配送车等多款科技产品亮相2021年中国国际服务贸易交易会。就在前不久，美团第二季度财报中显示，美团的研发支出为39亿元，较去年同期的24亿元同比增长了62.5%。

在国外市场上，亚马逊已在无人技术领域布局数年，目前在美国四个州进行无人配送服务的测试，此前也在英国建立了无人配送团队。在7月初期，亚马逊透露将在芬兰建立研发中心，专门为亚马逊的无人送货终端开发新技术。

2021年6月，据辰韬资本发布的《末端无人配送赛道研究报告》显示，2021年我国末端配送市场规模将超3000亿元。另外，据国际咨询公司麦肯锡预测，未来10年80%的包裹交付将采取自动配送。据一家头部无人物流车厂商预测，到2025年，无人物流车累计销量将超过50万辆，而整个市场规模也将达到百亿元。

有业内人表示，后疫情时代对于无接触配送场景的增加、末端快递从业者的不稳定性，迫切的市场需求之下，无人配送显然拥有了更多出场的机会。可以预见的是，随着自动驾驶技术的不断成熟，越来越多像菜鸟、美团、京东这样的“大玩家”入场，必然会加速无人配送爆发期的到来，无人配送也将成为物流企业们互相争夺的下一块技术高地。

（资料来源：腾讯网https://xw.qq.com/amphtml/20210903AOBPX800）

案例分析：

1. 请查阅资料，了解无人配送运营模式。
2. 讨论无人配送体系在疫情环境下的应用。

项目知识

任务一 配送概述

一、配送的概念

随着我国生产和流通企业的结构调整，经济的快速发展和市场竞争的加剧，物流配送业受到越来越多的重视。同时，社会的发展对物流和配送也提出了更高的要求，这就需要建立更为先进、科学的物流体制。配送是现代物流活动的一个核心内容，也是现代市场经济体制、现代科学技术和系统物流思想的综合产物，配送对于企业发展具有战略意义。

从资源配置的角度上来看，配送是以现代送货形式实现资源配置的经济活动。因此，配送的主要经济活动是送货，是资源配置的一部分，是接近客户的配置，并且是最终配置。同时，由于配送是最接近客户的一段流通领域，因此在流通范围等方面有其局限性。

从实物运动形态的角度上来看，配送是按用户的订货要求，在配送中心或物流节点进行货物配备，并以最合理的方式送交用户的经济活动。配送是一种中转形式的物流运动，是以用户要求为出发点的配与送的有机结合形式。配送不是偶然的送货行为，而是一种有固定形态，有确定组织、确定渠道，有装备和管理力量、技术力量的现代高水平的送货形式。

国家标准《物流术语》（GB/T 18354—2021）对配送（Distribution）的定义是："在根据客户要求，对物品进行分类、拣选、集货、包装、组配等作业，并按时送达指定地点的物流活动"。

二、配送的流程

（一）准备商品

准备商品是物流配送的基础工作，包括货源筹集、质量检查、款项结算、单据交接等。电子商务下的物流配送的优势之一就是集中用户的需求进行一定规模的货物准备。准备货物是决定物流配送是否成功的初期工作，如果准备商品的成本太高，会大大降低电子商务和物流配送的经济效益。

（二）储存商品

一般来说，电子商务下的物流配送的储存有储备和暂存两种形态。储备是按一定时期的物流配送要求，形成对物流配送的一种资源保证。这种类型的商品存储，商品储备数量大，结构完善。可以根据货源和到货时间，有计划地确定周转储备及安全储备的结构和数量。储备保证了电子商务的网上订购得到解决。暂存是对周转速度较快的商品进行的一种储存形态，是适应电子商务需要，及时快速物流配送的方法。暂存减少作业次数和劳动力，节约成本。

（三）分拣与配货

分拣与配货是物流配送中很有特点的流程要素，也是物流配送成败的一项重要的支持性工作。分拣与配货是完善物流配送的准备性工作，是物流配送的必不可少的作业之一，也是不同物流配送企业在配送时进行市场竞争和提高自身经济效益的延伸。分拣与配货会大大提高物流配送的服务水平，是决定整个物流配送水平的关键要素。

（四）加工与配装

在物流配送中，加工要素不具有普遍性，但它往往是有重要作用的要素。通过配送加工，可以大大提高用户的满意程度。如果单个用户在电子商务中达成购买的商品数量不能达到配送车辆的有效载运负荷时，就存在如何集中不同用户的订购商品，进行搭配装载以充分利用运能、运力的问题，这就需要配装。

（五）配送运输

配送运输处于物流流程的末端，是把商品送到目的地的最后一个环节。相较于普通运输而言，配送是较短距离、较小规模、频率较高的物流形式，一般使用汽车做运输工具。由于配送用户较多，交通路线又较复杂，因而如何设计最佳运输路线，如何使配装和路线有效搭配等，是配送中难度较大的工作。配送中的商品送达和用户交接非常重要，应有效、方便地处理相关手续。

三、配送的分类

（一）按配送商品的种类和数量的多少进行分类

1. 单（少）品种、大批量配送

一般来说，对于工业企业需要量较大的商品，由于单独一个品种或几个品种就可以达到较大输送量，可以实行整车运输。这种情况下就可以由专业性很强的配送中心实行配送，往往不需要再与其他商品进行搭配运输。

2. 多品种、少批量配送

这种配送形式是指按用户要求，将所需的各种商品（每种商品需要量不大）配备齐全，凑成整车后由配送中心送达用户手中。类似的情况在向零售品店补充一般生活消费品的配送中也存在。以上这些情况，适合采用多品种、少批量的配送形式，这种配送形式适应了现代消费多样化、需求多样化的新观念。

3. 成套配送

这种配送方式是指根据企业的生产需要，尤其是装配型企业的生产需要，把生产每一台（件）产品所需要的全部零部件配齐，按照生产节奏定时送达生产企业，生产企业随即可将此成套零部件送入生产线以装配产品。

（二）按实施配送的节点不同进行分类

按实施配送的节点不同进行分类，配送可分为配送中心配送、仓库配送、商店配送、生产企业配送。

（三）按配送时间和数量的多少进行分类

按配送时间和数量的多少进行分类，配送可分为定时配送、定量配送、定时定量配送、定时定路线配送、即时配送。

（四）按经营形式不同进行分类

按经营形式不同进行分类，配送可分为销售配送、供应配送、销售供应一体化配送、代存代供配送。

任务二　配送作业

一、订单处理

（一）接受客户订单

接单作业为订单处理的第一步骤，订单处理可通过人工或计算机信息处理系统来完成，人工处理虽比较具有弹性，但只适合少量的订单，一旦订单数量稍多处理将变得缓慢且容易出错，而计算机处理不但速度快而且成本低，差错极少，适合大量的订单。随着流通环境及科技的发展，目前接受客户订单的方式已演变为计算机间直接送收订货信息的电子订货方式。电子订货，顾名思义即由电子传递方式，取代传统人工书写、输入、传送的订货方式，也就是将订货资料转为电子资料形式，再由通信网路传送。电子订货采用电子订货系统（Electronic Order System，EOS），电子订货系统是不同组织间利用通信网络和终端设备进行订货作业与订货信息交换的体系。

（二）货物名称、数量及日期的确认

这是对订货资料项目的基本检查，即检查货物名称、数量、送货日期等是否有遗漏、错误或不符公司要求的情况。尤其当客户要求的送货时间有问题或出货时间可能会延迟时，更需要再与客户确认一下订单内容或修改送货时间。同样若采用电子订货方式接单，也须对接收订货资料加以检查确认，若透过信息中心进行电子订货处理，可委托其进行一些基本的客户下单资料检查，对于错误的下单资料，应传给客户修改。

（三）客户信用的确认

无论订单是由何种方式传至公司的，订单管理系统的第一步骤即要查核客户的财务状况，以确定其是否有能力支付该订单的账款。

（四）订单确认

配送中心虽有整合传统批发商的功能，并且能高效率处理物流信息，但面对众多客户极其的不同需要其做法也有所不同，配送中心应对不同的客户或不同的商品有不同的交易及处理方式。例如：一般的交易订单，接单后，将订单资料输入订单处理系统，按正常的订单处理程序处理，订单资料处理后进行拣货、出货、配送、收款结账等作业；而与客户签订配送契约的交易订单，如签订在某期间内定时配送某数量的商品，约定的送货日来临时，需将该配送的资料输入系统进行处理，以便出货配送，或一开始便输入合约内容的订货资料并设定各批次送货时间，以便在约定日期来临时系统自动产生需要送货的订单资料。

（五）订货价格确认

对不同的客户、不同的订购量，可能有不同的售价，输入价格时系统应加以核对。若输入的价格不符（输入错误或因业务员降价强接单等），系统应加以锁定，以便主管审核。

（六）加工包装确认

客户对于订购的商品，是否有特殊的包装、分装或贴标签等要求，或有关赠品及包装等资料都需要详细加以确认并记录。

（七）设定订单号码

每一张订单都要有其单独的订单号码，此号码是由控制单位或成本单位来指定的，其除了便于计算成本外，可用于制造、配送等一切有关工作，且所有工作说明单及进度报告均应附此号码。

（八）建立客户档案

将客户信息详细记录，不但能让此次交易更容易进行，且有利于增加以后合作的机会。客户档案资料应包含订单处理需要用到的及与物流作业相关的资料。客户档案记录表可根据订单处理系统的要求自行设计，如表7-1所示。

表7-1　客户档案记录　　　　编号:

<table>
<tr><td>公司名称</td><td colspan="4"></td><td>规模、人数</td><td></td></tr>
<tr><td>经营模式</td><td colspan="2"></td><td colspan="2">主要业务及产品</td><td colspan="2"></td></tr>
<tr><td>公司地址</td><td colspan="4"></td><td>邮编</td><td></td></tr>
<tr><td colspan="7">公司决策层资料</td></tr>
<tr><td>姓名</td><td>职务</td><td>民族</td><td>生日</td><td>办公电话</td><td>手机</td><td>传真/E-mail</td></tr>
<tr><td></td><td></td><td></td><td></td><td></td><td></td><td></td></tr>
<tr><td></td><td></td><td></td><td></td><td></td><td></td><td></td></tr>
<tr><td></td><td></td><td></td><td></td><td></td><td></td><td></td></tr>
<tr><td colspan="7">人力资源资料</td></tr>
<tr><td>姓名</td><td>职务</td><td>民族</td><td>生日</td><td>办公电话</td><td>手机</td><td>传真/E-mail</td></tr>
<tr><td></td><td></td><td></td><td></td><td></td><td></td><td></td></tr>
<tr><td></td><td></td><td></td><td></td><td></td><td></td><td></td></tr>
<tr><td></td><td></td><td></td><td></td><td></td><td></td><td></td></tr>
<tr><td colspan="7">销售部资料</td></tr>
<tr><td>姓名</td><td>职务</td><td>民族</td><td>生日</td><td>办公电话</td><td>手机</td><td>传真/E-mail</td></tr>
<tr><td></td><td></td><td></td><td></td><td></td><td></td><td></td></tr>
<tr><td></td><td></td><td></td><td></td><td></td><td></td><td></td></tr>
<tr><td></td><td></td><td></td><td></td><td></td><td></td><td></td></tr>
</table>

（九）存货查询与分配

1. 存货查询

存货查询是指查询存货档案，确认库存是否能够满足客户的需求，通常称为事先拣货。存货档案的资料一般包括货品名称、代码、产品描述、库存量、已分配存货、有效存货及期望进货时间。

输入客户订货商品的名称、代码时，系统即开始查询存货档案的相关资料，看此商品是否缺货，若缺货则应提供商品资料或此缺货商品是否已经采购但未入库等信息，便于接单人员与客户协调是否改订其他替代品或延后出货等，以提高人员的接单率及接单处理效率。

2. 分配存货

订单资料输入系统中，确认无误后，最主要的处理作业在于如何将大量的订货资料进行最有效的汇总分类、调拨库存，以便后续的物流作业能有效地进行。

（十）拣货顺序确定与拣货时间计算

拣货顺序直接影响拣货的效率，它决定了拣货人员行走距离的长短，即拣货时间长短。拣货顺序可依据仓储货位的状况及货物存放的位置来确定。

由于要有计划地安排出货进程，因而对于每一张订单或每批订单可能花费的拣货时间要事先掌握。在具体实施时，应合理选择拣货路径、拣货设备和拣货方式，以最大限度缩短拣货时间。

（十一）缺货处理

若现有存货数量无法满足客户的需求，且客户又不愿以替代品替代时，则应依客户的意愿与公司的政策来决定对应方式。例如：当客户不允许过期交货（Back-Order），可删除订单上不足额的订货，或者做取消订单处理；当客户允许不足额订货，可以等待有货时再予以补送或留待处理下一次订单时再补送。

（十二）订单资料处理输出

订单资料经由上述的处理后，即可开始打印出货单和送货单，以开始后续的物流作业。

案例链接

“华东一号”智能仓库

“华东一号”智能仓库坐落在上海市松江区，占地面积20000平方米，规划有10万立方米实时有效动态容量，50万种SKU（库存量单位）的管理能力，以及20万份的日订单处理能力。这些指标目前在同类智能仓库中已居亚洲第一、世界前三。图7-1所示为“华东一号”智能仓库的一角。

图7-1 “华东一号”智能仓库

“华东一号”采用先进的自动化设备、软件技术和符合中国经验的商业模式，所有货物都设计有严格高效的入库和出库策略，拣选方式已从传统的“人找货”转变为“货到人”，与传统仓库相比，其空间利用率也更为充分，能耗也大为下降。

二、拣货作业

在配送作业的各环节中，拣货作业是非常重要的一环，它是整个配送中心作业系统的核心。拣货作业又称拣选作业，是依据客户的订货要求或配送中心的送货计划，迅速、准确地将商品从其储位或其他区域拣取出来，并按一定的方式进行分类、集中，等待配装送货的作业过程。

（一）拣货方式

1. 订单拣取

订单拣取是针对每一张订单，拣货员巡回于配送中心仓库内，将客户所订购的商品逐一由仓储中拣出的拣货方式。订单拣取是一种比较传统的拣货方式，由于其每次拣货都只针对一张订单，所以也称单一拣取。由于此种作业方式需拣货人员拉着集货箱在仓库货架间巡回走动，按照订单上所列货物的品种、规格、数量等将客户所需的货物拣出并装入集货箱内，就像在果园中摘取果子一样，因此订单拣取又称为摘果式拣取。

订单拣取适合订单大小差异较大、订单数量变化频繁、季节性强的物品的拣货作业，此类物品如化妆品、家具、电器、百货和高级服饰等。此外，在商品外形体积变化较大和商品差异较大的情况下，也采用这种方式。

2. 批量拣取

批量拣取是将多张订单集合成一批，按照商品品种类别汇总后再进行拣货，然后依据不同客户或不同订单的实际数量再进行分货的拣货方式。这种拣货方式类似于田园中的播种操作，即播种者一次取出足够的种子，在地中巡回播种，因此批量拣取也称播种式拣取。

批量拣取方式通常在系统化、自动化设备齐全、作业速度较高的情况下采用，适合订单变化较小，订单数量稳定的配送中心和外形较规则、固定的商品，如图书、音像制品的拣取。此外，需要进行流通加工的商品也可以采用批量拣取，然后再进行批量加工和分类配送，这样有利于拣货和加工效率的提高。

3. 复合拣取

为了克服订单拣取劳动量大、效率低下，批量拣取有相当的等待时间等缺陷，将订单拣取和批量拣取有机结合在一起的拣货方式即复合拣取方式。复合拣取即根据订单的品种、数量和出库频率，决定哪些订单适合按订单拣取，哪些订单适合批量拣取，然后分别采用不同的拣货方案的拣货方式。

（二）拣货策略

在物流配送作业活动中，拣货作业通常要占用大量的劳动及时间，耗费大量的人力及物力，因此在决定使用不同拣货作业方式时，为了提高拣货作业的效率，需应用一些拣货策略。

1. 分区

分区即将拣货作业场地进行区域划分，每一拣货区域由特定的一个或多个拣货员负责物品的拣取工作。常见的拣货场地分区方式有按拣货单位分区、按拣货方式分区和按工作范围分区3种。这3种分区方式并不是完全独立，可以以一种分区方式为主，另外一种或两种分区方式为辅。

2．订单分割

当一张订单所订购的商品项目较多，为了能在短时间内完成拣货作业，可使用订单分割策略。订单分割是将一张订单分成若干子订单，交由不同的拣货人员同时进行拣货，以加速拣货作业速度的一种拣货策略。订单分割策略必须与分区策略联合运用，才能有效地发挥其优势。另外，注意在各子订单拣货完成后，必须进行订单汇集操作。

3．订单分批

订单分批即为了提高拣货作业效率而把多张订单集合成一批，进行批次拣取作业，其目的在于缩短拣取时平均行走搬运的距离及时间。将每批次订单中的同一商品品项加总再做拣取，然后把货品分类至每一顾客订单，则形成批量拣取，这样不仅可缩短拣取时平均行走搬运的距离，也减少了储位重复寻找的时间，进而可提高拣货的效率。使用订单分批策略，由于需将多张订单汇总，这将增加拣货前置的等待时间，将影响拣货效率。

4．分类

在采用分批拣货策略，则必须随后采用分类策略相配合。常见的分类策略有拣取时分类和拣取后集中分类。拣取时分类是指在拣取的同时将货品按照不同的订单进行分类到各订单中；拣取后集中分类是先分批依总量拣取后，再进行集中分类的一种拣货方式。

（三）拣货单据

拣货作业开始前，指示拣货作业的单据或信息必须先行处理完成。虽然一些配送中心直接利用顾客订单或公司交货单作为拣货指示，但此类票据容易在拣货过程中受到污损而产生错误，所以多数拣货方式仍需将原始票据转换成拣货单或电子信号，使拣货员或自动拣取设备进行更有效的拣货作业。这种转换仍是拣货作业中的一大瓶颈。拣货单如图7–2所示。

三、进货和出货

（一）进货

配送的进货作业是商品从生产领域进入流通领域的第一步，进货作业即货品实体上的接收，是将货物从货车上卸下，并核对货品的数量及状况，以及将必要的信息书面化的过程。主要包括订货、接货、验收和储存4个环节。

1．订货

在收到并汇总客户的订单以后，首先要确定配送商品的种类和数量；然后查询管理信息系统，看现有库存商品有无所需要的订货商品，如有现货且数量充足，则转入拣货作业，如果没有现货或现货量不足，那么要及时向供应商发出订单，提出订货。另外，为了对流转速度较快的热门商保证供货，可以根据需求情况提前组织订购，批量上最好是经济批量。对于商流、物流分离的，订货作业由客户直接向供应商下达采购单，工作从接货作业开始。在订货过程中需运用到多种现代技术，如自动识别技术、EOS技术等。

XX物流中心拣货单

第1页，共1页

单号：89180502210128　配货作业号：0502210001　拣货次序：2080297　拣货门店：苏州苏苑5310
拣货区：40　货道：4001　拣货员：系统管理员　拣货类型：拆零
品种数：14　总件数：14　装车状态：未装车
拣货金额：313.3　周转箱数：0　实际箱数：0

序	货位	货品代码	货品名称	批号	单位	规格	件数	数量	条码	周转箱号
拣货道：4001										
1	40010411	31031101	金力波瓶啤640ml	—	瓶	1*12	1	12		
2	40010811	31030708	三得利蓝特爽啤酒640ml	—	瓶	1*12	1	12	6926027711061	
3	40011711	03091705	水森活纯净水3800ml	—	桶	1*4	1	4		
4	40012221	03010302	可口可乐600ml	—	瓶	1*24	1	24		
5	40013421	13010380	来一桶酸菜牛肉火锅面137g	—	桶	1*12	1	12	6925303773038	
6	40041911	13070709	龙口粉丝香辣排骨63g	—	碗	1*12	1	12	6928537100045	
7	40042411	53171101	S双船卫生纸500g	—	包	1*10	1	10		
8	40043221	13010952	农心辛大碗面117g	—	碗	1*12	1	12		
9	40043311	13010375	VI统一来一桶（番茄牛肉）109	—	桶	1*12	1	12	6925303773007	
10	40044721	13010150	康师傅红烧牛肉珍碗面90g	—	碗	1*12	1	12		
11	40044811	13010351	统一来一桶红椒牛肉110g	—	桶	1*12	1	12	6910505017219	
12	40045011	13010157	康师傅椒香牛肉大桶面117g	—	桶	1*12	1	12		

合计：　12　146

填单人：WMS测试员工　生成时间：2021-2-21　13:50:40

图7-2　拣货单

2．接货

供应商在接到配送中心或用户的订单后，会根据订单要求的品种和数量组织供货。配送中心则组织人力、物力接收货物，有时还要到港、站、码头接运货物。

3．验收

所订商品到达配送中心后，配送中心负责对商品进行验收。验收的内容主要是商品的质量、数量和包装的完好性。验收的依据主要是合同条款要求和有关质量标准。验收合格无误的货物办理入账、信息采集和货物入库手续；如货物不符合要求，则应详细登记差错情况，按有关规定或合同中双方的事先约定处理，或者拒收货物。

4．储存

配送中心为保证货源供应，通常都会保持一定数量的商品库存。对于商流、物流一体化的配送中心来说，一次性集中采购、储备一定数量的商品，可享受供应商的价格折扣优惠。储存作业的主要内容是随时掌握商品的库存动态，使库存商品保持质量完好并且数量准确。商品进入储存后，应对其进行编码，以便于查询。

（二）出货

出货作业是指将拣取好的商品进行分类、出货检查、适当包装和标示，并根据车辆趟次或厂商等分类指示，将商品运至出货准备区、最后装车配送的过程。

1．出货作业的内容

出货作业的主要内容包括依据客户订单资料印制出货单据，进行出货排程，印制出货批次报表、出货商品上所要粘贴的地址标签及出货检核表。由排程人员决定出货方式、选用集货工具、调派集货作业人员，并决定所运送车辆的大小与数量。由仓库管理人员或出货管理人员决定出货区域的规划布置及出货商品的摆放方式。

2．出货作业的流程

针对快速且正确分货的作业要求，为适应多品种少量订货的市场趋势，自动分类机被广泛运用于分货作业中。自动分类机利用计算机及辨识系统来分类，其分类速度快、正确率高且不费体力。尤其是在拣取数量或分类数量众多时，其效率更高。

①商品条码检查法。用扫描机导入条码，让条码跟着货品跑。当进行出货检查时，将拣出的货品的条码用扫描机读出，计算机则会自动将读出的信息与出货单上的相应信息进行比对，以检查是否有数量或号码上的差异。

②声音输入检查法。声音输入检查法是由作业员读出货品的名称或代号及数量，之后，计算机接收声音并进行自动判识，然后将转成的信息与出货单上的相应信息进行比对的检查方式。此方式的优点是作业员只用口读取资料，手脚仍可做其他的工作，自由度较高。但要注意的是，使用该方法要发音准确，且每次发音字数要符合规定，否则计算机难以识别，可能会产生错误。

③重量计算检查法。这是利用自动加总出货单上的货品重量，而后将拣出货品以计重器称出总重，再将两者互相比对的检查方式。若能利用装有重量检核系统的拣货台车拣货，则在拣取过程中就能利用此法来进行货品检查，拣货员每拣取一样货品，台车上的计重器就会自动显示其重量以做查对，可完全省去事后的检查工作，提高工作效率及正确率。

四、退货和换货

退货和换货是指配送中心按配送合同将货物发出后，由于某种原因，客户将商品退回公司或进行调换。商品退换货会大幅度增加成本、减少利润，因此在销售业务中，应尽可能地避免退换货。

（一）退货的原因

1．有质量问题

对于不符合质量要求的商品，如新鲜度不佳、数量不足等，配送中心应给予退货。

2．次品回收

商品在设计、制造过程中存在问题，在商品销售后由消费者或生产商发现，必须立即部分或全部收回。

3．协议退货

对有特别协议的季节性商品、试销商品、代销商品等，协议期满后，剩余商品配送中心将予以退回。

4．搬运中损坏

由于包装不良或搬运中的剧烈震动，造成货物破损或包装污损，应予以退货。这时必须重新研究包装材料的材质、包装方式和搬运过程中的各项上、下货动作，找出造成货物破损或包装污损的原因并进行改善。

5. 商品送错

由于配送中心本身处理不当，造成商品的条码、规格、重量、数量等与订单不符，出现这种情况都必须退货或换货。

6. 商品过期

一般的食品或药品都有相应的保质期，如面包、饼干、速冻食品、加工肉类等。过期商品的处理，要花费大量的时间、费用和人力，无形中会增加了配送中心的营运成本。为此，要事先分析货物的需求，合理配置库存，以减少过期货物的产生。

（二）退货作业流程

为规范商品的退换货工作，配送中心要制定一套符合企业标准流程作业的退货作业流程，以保证退货业务的顺利进行。

1. 接受退货

配送中心首先要明确退货的标准和程序，如什么样的货物可以退，由哪个部门来决定，信息如何传递等。配送中心的业务部门接到客户传来的退货信息后，要尽快将退货信息传递给相关部门，运输部门安排取回货物的时间和线路，仓库人员做好接收准备，质量管理部门人员确认退货的原因。一般情况下，退货由送货车带回，直接入库。

2. 重新入库

对于客户退回的商品，配送中心的业务部门要进行初步审核。仓库接收退货后，要将退货堆放在退货处理区。退回的商品要进行严格的重新入库登记，及时输入信息系统，核销客户应收账款。退货人员还要对退回的商品进行整理、分类、登记、处理等一系列的工作。

3. 品质检验

退回的商品重新入库后，质量管理部门要按照新品入库验收标准对退回的商品进行新一轮的检查，以确认退回的商品的品质状态。对退回的商品中符合标准的商品进行储存或分拣配送；对客户退回的有问题的商品，贴上“拒收标签”标志后进行隔离存放。

4. 财务结算

实施退货虽然能满足客户的各种需要，但对配送中心的日常配送工作却带来了不便。由于销货和退货的时间不同，同一货物价格可能出现差异，同质不同价、同款不同价的问题时有发生，因而配送中心的财务部门在退货发生时要进行退回商品货款的估价，将退货商品的数量、销货时的商品单价及退货时的商品单价信息输入信息系统，并依据销货退回单办理扣款业务。

5. 跟踪处理

退货发生时，要跟踪处理客户提出的意见，统计退货发生的各种费用，通知供应商退货的原因并退回生产地或履行销毁程序。与此同时，退货处理部门要冷静地接受客户的抱怨，并抓住抱怨的重点，分析发生的原因，找出解决方案。

知识链接

某电器销售商的退换货规则，如表7-2所示。

表7-2 某电器销售商的退换货规则

<table>
<tr><th>退换类别</th><th>货物状态</th><th>退换货</th><th>退换货时间</th><th>收取运费</th><th>给客户的说明</th></tr>
<tr><td>未收货或收货前想退货</td><td>商品完好</td><td>√</td><td></td><td>×</td><td>入驻商户所售出的商品，若非商品本身或商家问题而退货，您需要承担已产生的运费（入驻商户原因造成退货除外）</td></tr>
<tr><td>验货时对商品不满意</td><td>开箱验机外观完好或有瑕疵、缺漏附件等</td><td>√</td><td></td><td>×</td><td>（1）请注意签收前验机
（2）商品验机时的外观有损、缺少附件类问题，您可指出并选择退换货
（3）入驻商户所售出的商品，若非商品本身问题而拒收退货，您需要承担已产生的运费</td></tr>
<tr><td rowspan="5">签收后对商品不满意</td><td>未拆包装</td><td>√</td><td rowspan="2">自收货次日起7天</td><td>√</td><td rowspan="3">（1）不支持收货后办理退换货的品类除外
（2）无质量问题或因您自身原因造成的退货，由您承担退货产生运费
（3）已安装的商品，出现性能故障，在故障经过确认后即可免费办理退换货</td></tr>
<tr><td>已拆包装未使用或仅试用（无人为损坏）</td><td>√</td><td>√</td></tr>
<tr><td>已安装使用，商品存在性能故障（无人为损坏）</td><td>√</td><td rowspan="3">自收货次日起确认故障存在，7天退15天换</td><td>×</td></tr>
<tr><td>无须安装，因商品性能或质量问题退换货</td><td>√</td><td>×</td><td>您可在订单中心自助申请退换货，根据提示由厂家指定的服务商或授权网点核实，确认故障现象后即可免费办理退换货</td></tr>
<tr><td>已拆包装，有人为损坏</td><td>×</td><td>√</td><td>因商品使用后的污损、磕碰、划伤等影响商品的完好性，不支持无理由退换货</td></tr>
</table>

任务三 配送中心

一、配送中心的概念与分类

（一）配送中心的概念

配送中心接受并处理末端用户的订货信息，对上游运来的多品种货物进行分拣，根据用户要求进行拣选、加工、组配、送货等作业。《物流术语》（GB/T 18354—2021）对配送中心（Distribution Center）的定义是：具有完善的配送基础设施及信息网络，可便捷地连接对外交通运输网络，并向末端客户提供短距离、小批量、多批次配送服务的专业化配送场所。配送中心应基本符合下列要求：

（1）主要为特定客户或末端客户提供服务。

（2）配送功能健全。

（3）辐射范围小。

（4）提供高频率、小批量、多批次配送服务。

（二）配送中心的分类

1．按配送中心的设立者分类

（1）制造商型配送中心。制造商型配送中心是以制造商为主体的配送中心。这种配送中心里的物品100%是由该制造商自己生产制造的，制造商型配送中心可以让制造商以降低商品流通费用，提高商品售后服务质量，并及时地将预先配齐的成组元器件运送到规定的加工和装配工位。制造商型配送中心从商品制造到商品的包装等多方面都较易控制，按照现代化、自动化的配送中心设计比较容易，但制造商型配送中心不具备社会化的要求。

（2）批发商型配送中心。批发商型配送中心是由批发商或代理商所成立的配送中心，以批发商为主体。批发是商品从制造者到消费者手中之间的传统流通环节之一，一般是按部门或商品类别的不同，把每个制造厂的商品集中起来，然后以单一品种的商品或不同品种的商品搭配起来向消费地的零售商进行配送。这种配送中心的商品来自各个制造商，它所进行的一项重要的活动是对商品进行汇总和再销售，它的全部进货和出货都是进行社会配送，社会化程度高。

（3）零售商型配送中心。零售商型配送中心是由零售商向上整合供应商所成立的配送中心，是以零售业为主体的配送中心。零售商发展到一定规模后，可以考虑建立自己的配送中心，为专业商品零售店、超级市场、百货商店、建材商场、粮油食品商店、宾馆饭店等提供服务，其社会化程度介于前两者之间。

（4）专业物流配送中心。专业物流配送中心是以第三方物流企业（包括传统的仓储企业和运输企业）为主体的配送中心。这种配送中心有很强的运输配送能力，地理位置优越，可将到达的货物迅速地配送给用户。它为制造商或供应商提供物流服务，而配送中心的货物仍属于制造商或供应商所有，配送中心只是提供仓储管理和运输配送服务。这种配送中心的现代化程度往往比较高。

2．按服务范围分类

（1）城市配送中心。城市配送中心是以城市范围为配送范围的配送中心。由于城市范围一般处于汽车运输的经济里程中，这种配送中心可采用汽车，把商品直接配送到最终用户。所以，这种配送中心往往和零售经营相结合。由于其运距短，反应能力强，因而从事多品种、少批量、多用户的配送较有优势。

（2）区域配送中心。区域配送中心以较强的辐射能力和库存准备，向全国乃至国际范围的用户进行商品配送。这种配送中心的配送规模较大，用户也较多，配送批量也较大，而且往往是配送给下一级的城市配送中心。虽然也从事零星的配送，但不是主体形式。

3．按配送中心的功能分类

（1）储存型配送中心。它有很强的储存功能。我国目前建设的配送中心，多为储存型配送中心，库存量较大。

（2）流通型配送中心。它包括通过型或转运型配送中心，基本上没有长期储存的功能，仅以暂存或随进随出的方式进行配货和送货。其典型的配送方式是：大量货物整批进入，然后按一定批量零出。一般采用大型分货机，其进货直接进入分货机传送带，分送到各用户货位或直接分送到配送汽车上。

（3）加工型配送中心。它是以流通加工为主要业务的配送中心。

4．按配送货物的属性分类

根据配送货物的属性，可以分为食品配送中心、日用品配送中心、医药品配送中心、化妆品配送中心、家电产品配送中心、电子产品配送中心、书籍配送中心、服饰配送中心、汽车零件配送中心及生鲜食品处理中心等。

虽然不同种类与行业形态的配送中心，其作业内容、设备类型、营运范围可能完全不同，但就总体来看，已呈现逐渐由以仓库为主体的配送中心向信息化、自动化的整合型配送中心发展的趋势。

二、配送中心的职能与运营模式

（一）配送中心的职能

1．储存职能

配送是依靠集中库存来实现对多个用户服务的，所以储存职能必不可少。

2．分拣、理货职能

为了将多种物资向多个用户进行按不同要求种类、规格、数量的配送，配送中心必须有效地分拣，并在分拣的基础上，按配送计划进行理货。这是配送中心的核心职能。

3．配货、分放职能

各用户所需的多种货物，在配送中心有效地组合在一起，形成向用户方便发送的货物。

4．倒装、分装职能

不同规模的货物款式在配送中心应能高效地分解及组合，按用户要求形成新的组合或新的装运形态。

5．装卸搬运职能

配送中心中进货、理货、装货、加工都需要辅之以装卸搬运。有效的装卸会大大提高配送中心的水平。装卸搬运是一项基础职能。

6．加工职能

多数配送中心都要对货物进行不同程度的加工，加工活动在有的配送中心是关键性活动。加工职能能有效地提高配送水平。

（二）配送中心的运营模式

建设现代化的物流配送中心是一个复杂的系统工程，不仅涉及物流技术、信息技术，而且涉及物流管理思想和方法，特别是战略定位和业务模式，对配送中心的建设至关重要。同时，配送中心每天要接受大量来自内部和外部，来自各个动作环节的资讯，如不及时进行处理，就不能保证整个物流配送中心的高效运转。

1．自营配送模式

自营配送模式是指企业物流配送的各个环节由企业自身筹建并组织管理，实现对企业内部及外部货物配送的模式。这种模式有利于企业供应、生产和销售的一体化作业，系统化程度相对较高，既可满足企业内部原材料、半成品及成品的配送需要，又可满足企业对外进行市场拓展的需要。其不足之处表现在，企业为建立配送体系的投资规模将会大大增加，在企业配送规模较小时，配送的成本和费用也相对较高。

一般而言，采取自营配送模式的企业大都是规模较大的集团公司，有代表性的是连锁企业的配送。其通过组建自己的配送系统来完成企业的配送业务，包括对内部各场、店的配送和对企业外部顾客的配送。

案例链接

沃尔玛公司与家乐福的配送模式

2．第三方配送模式

第三方配送模式也称第三方物流配送模式，是指由物流劳务的供方、需方之外的第三方去完成物流服务的物流运作方式。第三方就是指提供物流交易双方的部分或全部物流功能的外部服务提供者，是物流专业化的一种形式。企业不拥有自己的任何物流实体，将商品采购、储存和配送都交由第三方完成。

3．共同配送

共同配送也称共享第三方物流服务，指多个客户联合起来共同由一个第三方物流服务公司来提供配送服务。它是在配送中心的统一计划、统一调度下展开的。共同配送是由多个企业联合组织实施的配送活动，其本质是通过作业活动的规模化降低作业成本，提高物流资源的利用效率。

4．互用配送模式

所谓互用配送模式是指几个企业为了各自利益，以契约的方式达到某种协议，互用对方配送系统而进行的配送模式。其优点在于企业不需要投入较大的资金和人力，就可以扩大自身的配送规模和范围，但需要企业有较高的管理水平以及与相关企业的组织协调能力。

• 项目小结

配送是指在经济合理区域范围内，根据客户要求，对物品进行拣选、加工、包装、分割、组配等作业，并按时送达指定地点的物流活动。配送的具体流程一般比较规范，一般表现为：准备商品、储存商品、分拣与配货、加工与配装、配送运输。配送作为现代物流活动的一个核心内容，对于企业发展具有战略意义。配送可按实施配送的节点、配送商品的种类等进行不同的分类，以选择最有效的配送方式。配送作业主要包括订单处理、商品拣选、进出货、退换货等作业内容。配送中心是接受并处理末端用户的订货信息，对上游运来的多品种货物进行分拣，根据用户订货要求进行拣选、加工、组配等作业，并进行送货的设施和机构。

重点概念：配送；配送中心

• 知识巩固

一、不定项选择题

1. 将多张订单集合成一批，按照商品品种类别汇总后再进行拣货，然后依据不同客户或不同订单的实际数量再进行分货的拣货方式是（　　）。

A. 订单拣取　　B. 批量拣取　　C. 摘果式拣取　　D. 播种式拣取

2. 针对每一张订单，拣货员巡回于配送中心仓库内，将客户所订购的商品逐一由仓储中拣出的拣货方式是（　　）。

A. 订单拣取　　B. 批量拣取　　C. 摘果式拣取　　D. 播种式拣取

3. 配送中心的运营模式主要包括（　　）。

A. 自营配送模式　B. 第三方配送模式　C. 共同配送　　D. 互用配送模式

4. 按配送中心的设立者分类可分为（　　）。

A. 制造商型配送中心　　B. 批发商型配送中心

C. 零售商型配送中心　　D. 专业物流配送中心

5. 当一张订单所订购的商品项目较多，为了能在短时间内完成拣货作业，可使用（　　）策略。

A. 分区　　B. 订单分割　　C. 订单分批　　D. 分类

6. 目的在于缩短拣取时平均行走搬运的距离及时间的是（　　）策略。

A. 分区　　B. 订单分割　　C. 订单分批　　D. 分类

7. 配送的进货作业主要包括（　　）环节。

A. 订货　　B. 接货　　C. 验收　　D. 储存分区

8. 按用户要求，将所需的各种商品（每种商品需要量不大）配备齐全，凑成整车后由配送中心送达用户手中的配送方式是（　　）。

A．单（少）品种、大批量配送　　B．多品种、少批量配送

C．成套配送　　D．定量配送

9．对于工业企业需要量较大的商品，由于单独一个品种或几个品种就可以达到较大输送量，可以实行（　　）配送。

A．单（少）品种、大批量配送　　B．多品种、少批量配送

C．成套配送　　D．定量配送

10．常见的拣货场地分区方式有（　　）3种。

A．按拣货单位分区　　B．按拣货方式分区

C．按工作范围分区　　D．按数量分区

二、判断题

1．配送的具体流程一般比较规范，所有商品的配送流程都一致。（　　）

2．配送中的送达商品和用户交接非常重要，有效地、方便地处理相关手续，是大有讲究的最末端管理。（　　）

3．播种式拣取适合订单大小差异较大、订单数量变化频繁、季节性强的物品的拣货作业，此类物品如化妆品、家具、电器和高级服饰等。（　　）

4．商品退换货会大幅度增加企业成本、减少企业利润，因此在销售业务中，应尽可能地避免退换货。（　　）

5．互用配送模式优点在于企业不需要投入较大的资金和人力，就可以扩大自身的配送规模和范围。（　　）

三、简答题

1．什么是配送和配送中心？

2．配送和配送中心的类型分别有哪些？

3．配送和配送中心的职能分别有哪些？

4．配送的流程是怎样的？

5．常见的配送中心运营模式有哪些？

课后习题答案

案例讨论

苏果超市的物流配送中心运营模式

• 实训设计

一、实训情境

（1）某配送中心接收到××公司编号为CD000011的进货通知单，如表7–3所示。该配送中心与相应的供应商进行联系，预约到货时间为2021年11月01日，配送中心于当天进行收货作业。

（2）2021年11月1日，供应商按预约定的时间将××公司编号为CD000011的进货通知单所列的全部商品送达配送中心，配送中心进行收货作业。配送中心验收人员确认货品无误后，进行卸货验收工作，采购单提交给信息员后，信息员依据采购信息制作入库单，如表7–4所示。

（3）信息员依据上述的入库单信息，进行对应货物的储位分配工作，形成储位分配单，如表7–5所示。

（4）2021年11月5日，配送中心接收到来自某超市连锁店的编号为EF000836的发货通知单，要求2021年11月7日为其进行商品配送。配送中心开始处理该订单，采用先进先出的出货方式及少量共配的配送方式进行作业，拣货完毕后，将拣货单交予信息中心，信息员进行制作出库单，并将出库单提交给配送部门。出库单如表7–6所示。

表7–3　进货通知单

××公司进货通知单

NO. CD000011

<table>
<tr><td colspan="2">部门</td><td></td><td>业务员</td><td colspan="2"></td><td>审批</td><td colspan="2"></td><td>到货日期</td><td rowspan="4">提货
日期</td><td rowspan="4"></td></tr>
<tr><td colspan="2" rowspan="3">进货方式
（选择）</td><td>首次进货</td><td></td><td colspan="2" rowspan="3">供应商性质
（选择）</td><td>发行商</td><td rowspan="3">提货地点
（选择或填写）</td><td>对方公司</td><td></td></tr>
<tr><td>补　货</td><td></td><td>经销商</td><td>对方送货</td><td></td></tr>
<tr><td>销售退货</td><td></td><td>其他</td><td>其他地点</td><td></td></tr>
<tr><td rowspan="3">供应商</td><td>全称</td><td colspan="5"></td><td>地区</td><td colspan="2"></td><td rowspan="3">备注</td><td rowspan="3"></td></tr>
<tr><td>地址</td><td colspan="5"></td><td>邮编</td><td colspan="2"></td></tr>
<tr><td>联系人</td><td></td><td colspan="2">电话</td><td colspan="2"></td><td>传真</td><td colspan="2"></td></tr>
<tr><td rowspan="6">产品资料</td><td>序号</td><td>名称（全称）</td><td colspan="2">数量</td><td colspan="2">进价</td><td>总价</td><td>零售价</td><td colspan="3">最低库存量</td></tr>
<tr><td>1</td><td></td><td colspan="2"></td><td colspan="2"></td><td></td><td></td><td colspan="3"></td></tr>
<tr><td>2</td><td></td><td colspan="2"></td><td colspan="2"></td><td></td><td></td><td colspan="3"></td></tr>
<tr><td>3</td><td></td><td colspan="2"></td><td colspan="2"></td><td></td><td></td><td colspan="3"></td></tr>
<tr><td>4</td><td></td><td colspan="2"></td><td colspan="2"></td><td></td><td></td><td colspan="3"></td></tr>
<tr><td>5</td><td></td><td colspan="2"></td><td colspan="2"></td><td></td><td></td><td colspan="3"></td></tr>
<tr><td colspan="3">合计</td><td colspan="2"></td><td colspan="2"></td><td></td><td></td><td colspan="3"></td></tr>
</table>

表7-4　入库单

× ×公司入库单

NO.

部门			订单号		日期			
商品明细								
序号	商品编号	商品名称	规格	单位	单价	入库数量	实收数量	备注
1								
2								
3								
4								
5								
合计								
负责人		记账		验收		填单		

表7-5　储位分配单

储位分配单

作业单号					库房			
制单人					日期			
商品明细								
序号	位置	商品名称	规格	批次	应放	实放	单位	备注
1								
2								
3								
4								
5								

表7-6　出库单

× ×公司出库单

NO.

收货单位					收货时间			
商品明细								
序号	商品编号	商品名称	规格	单位	单价	入库数量	实收数量	备注
1								
2								
3								
4								
5								
负责人		记账		收货		填单		

二、实训目标

（1）了解各种配送单证的流转程序。

（2）能根据作业的具体要求填写各种配送单证。

三、实训准备

准备相关电子和书面配送单证。

四、实训步骤

（1）自由组合成小组，每组5人。

（2）按照配送流程要求，填写相关的电子和书面配送单证。

（3）配送单证流转，完成商品配送要求。

五、实训报告

实训报告

班级		姓名		时间	
实训目的					
实训步骤					
实训内容					
我的做法					
我的结论					
我的想法					

六、实训考评

教师对各组配送作业做出综合评价。

考评表

考评人		被考评人	
考评地点			
考评内容	配送单证流转与商品配送		
考评标准	具体内容	分值	实际得分
	项目团队部门设计	20	
	配送单证填写	40	
	配送实操	30	
	在训练过程中体现了团队合作和职业素养	10	
合　计		100	

项目八 物流信息

项目目标

【知识目标】

1. 掌握物流信息的概念
2. 掌握物流信息的内容和功能
3. 掌握物流信息管理的内容
4. 了解物流信息技术的概念

【能力目标】

1. 能结合实际说明物流信息的作用
2. 能够区分并应用物流信息
3. 能熟练掌握条码技术
4. 能用集成的思想进行物流设计

【素质目标】

1. 努力实现物流信息服务最高的质量、最高的效益
2. 了解和尊重现有的与物流信息工作有关的法律
3. 能对物流信息系统和它们包括可能引起的危机等方面做出综合的理解和彻底的评估，重视合同、协议和指定的责任

思维导图

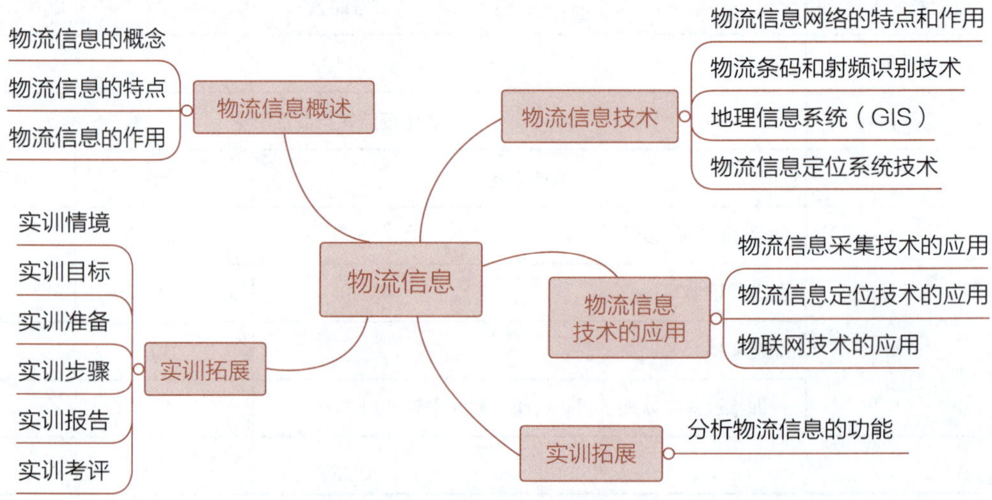

案例导入

“新基建”护航技术转型，京东智能供应链“C位出道”

智能供应链加上智能物流，让京东在新冠疫情的局面下也能稳住阵脚，准确连接起生产者和消费者，是最优最快的物流方案；让京东可以准确计算出单个小区在一定时间段里对某一种物品的需求能够达到的数量，进而可以计算出补货的具体时间、数量和类型；还可以帮助京东的合作伙伴精准计划排产，将其库存周期大幅减少，提升运营效率，甚至实现的C2M（消费—生产）的反向定制。

智能供应链的发展不仅会让京东受益，也会对整体经济的数字化做出贡献。16年前，京东瞄准互联网发展的机遇，成为中国领先的互联网零售平台；这一次京东又踩准了“新基建”国家发展战略的脉搏。同时，京东在疫情中显示出能量的供应链体系，或将在未来改变资本市场对京东的定价逻辑。京东不再是一家单纯的互联网零售公司。在2020年3月2日发布的2019年第四季度及全年业绩报中，京东将自己定位为“以供应链为基础的技术与服务企业”。2019年京东的净服务收入在集团净收入中的占比已经接近11.5%，供应链“重装上阵”。2017年，京东集团提出向技术转型，“要用12年的时间，让技术驱动和支撑今天所有的业务”，要“让无人车、无人机、无人仓、配送机器人等先进应用把人从烦琐的体力劳动中解放出来”。3年过去了，尽管距离当初的目标仍有相当长的距离，但是京东的技术转型已经初见成效。最明显的是，配送机器人出现了。2020年2月6日，京东自主研发的智能配送机器人穿过武汉街头，将医疗物资送达了武汉第九医院。武汉第九医院是武汉市收治新型冠状病毒感染肺炎的定点医院，这个医院距离京东物流的武汉仁和配送站只有600米，疫情期间，该站点利用机器人每天多次往返往医院配送物资，几乎支撑了第九医院医疗物资的配送工作。这只是京东在疫情中一系列动作的一小部分。自2020年1月20日至2月28日，京东集团累计向全国消费者供应了2.2亿件、超29万吨的米面粮油、肉蛋菜奶等生活用品，此外，在全国累计承运医疗应急物资约5000万件，超过1.5万吨。京东还推出了“应急资源信息发布与匹配平台”，提供的物资总量已超过6.6亿件，其中包括应急药品超4亿盒，应急口罩1.5亿个，向湖北疫情中心区域承运的应急物资约54万件，超1.5万吨。京东推出的“慢性病患者购药求助平台”，上线一周，就收到湖北地区超过14000条慢病患者的断药求助信息，京东已经为其中超过80%的断药求助者成功解决了药品需求。由京东健康的自营大药房发货或者协调当地厂家发货，快递送药上门。中国政府在2020年2月举办的国务院新闻发布会上专门点赞了京东等企业，称其在疫情期间运用其全球供应链，有效增加了物资供给，保障了群众的基本需求。而京东的智能供应链和智能物流在疫情推动中，加速演进，抓住了危机带来的爆发式机遇。京东在自营物流模式下着力打造的“数字化供应链”，正在体现新技术引领、大平台架构、力求以数字化与智能化形成高速应变能力和大网络特点，在此次疫情中表现出十分值得肯定的较高效率。

京东自营运作着超过600万SKU（数据化管理下的库存保有单位），是传统零售商的几十倍，这意味着京东有着充足的货源，也意味着京东必须要有高效的商品流通管理体系。这一点是传统供应链是无法做到的，但智能供应链却能够快速而有效地协调各方资源，给出最优化的生产、库存指令。

疫情初期，口罩需求爆发，2020年1月19日至1月22日，京东每天有1590万只口罩调入仓库，京东的运输车辆甚至可以直接到3M的工厂接货装车。加上原有库存，在这几天中，京东累积出售了1.26亿只口罩。2020年1月24日，京东宣布向前一天已经封城的武汉市捐赠100万只医用口罩及6万件医疗物质，仅7个小时后，首批物资就已经送到。这批口罩中超过一半是在武汉周围调集的，另外一部分，由就近的南京调配而来。过去多年间，京东在全国铺设了700个物流中心，92%的自营商品可以在24小时内送达。实现了真正的仓配一体化物流体系。这使得京东可以预测消费需求，提前布局。京东零售背后的大数据甚至可以计算出单个小区对某一件商品在一定时间的销售量情况。同时京东已经可以部分实现全渠道销售。全渠道是指消费者可以通过网络、实体店或者两者结合的方式进行购物。在2020年的第一季度，“中国的大部分经济仍处于冻结状态”，不少企业面临着困境。但是京东预计，其第一季度的收入还能增长10%。

（资料来源：腾讯网https://new.qq.com/omn/20200330/20200330AOI38MOO.html）

案例分析：

1. 查阅资料京东智能物流运用到哪些信息技术。
2. 讨论智能物流对物流企业产生哪些影响。

• 项目知识

任务一　物流信息概述

一、物流信息的概念

信息技术可以说是新的利润源泉，是新经济风暴的起源。在物流行业中信息更是不可忽略的关键环节。信息技术是现代物流发展的基础，如果没有当今信息技术的发展，就谈不上现代物流。2021版《物流术语》（GB/T 18354—2021）解释，物流信息（Logistics Information）是反映物流各种活动内容的知识、资料、图像、数据的总称。在物流行业中，信息是不可忽略的关键环节。信息技术是现代物流发展的基础，如果没有当今信息技术的发展，就谈不上现代物流。从世界发达国家走过的历程来看，在工业化发展到一定阶段，都要向物流信息化发展。

二、物流信息的特点

（1）物流信息量大、分布广，信息的生产、加工、传播和应用在时间、空间上不一致，方式也不同。

（2）物流信息动态性强，实时性高，信息价值衰减速度快，时效性强。

（3）物流信息种类多。不仅搜集的有本系统内部各个环节的不同种类的信息，而且由于物流系统与其他系统（如生产系统、供应系统）密切相关，因而搜集的还有物流系统外的有关信息。

（4）物流信息趋于标准化。随着信息处理手段电子化，要求物流信息标准化。

三、物流信息的作用

1. 沟通联系的作用

物流系统是由许多个行业、部门以及众多企业群体构成的经济大系统，系统内部正是通过各种指令、计划、文件、数据、报表、凭证、广告、商情等物流信息，从而建立起各种纵向和横向的联系，沟通生产厂、批发商、零售商、物流服务商和消费者，满足各方的需要。因此，物流信息是沟通物流活动各环节之间联系的桥梁。

2. 引导和协调的作用

物流信息随着物资、货币及物流当事人的行为等信息载体进入物流供应链中，同时信息的反馈也随着信息载体反馈给供应链上的各个环节。依靠物流信息及其反馈，可以引导供应链结构的变动和物流布局的优化；协调物资结构，使供需之间平衡；协调人、财、物等物流资源的配置，促进物流资源的整合和合理使用等。

3. 管理控制的作用

通过移动通信、计算机信息网、EDI、GPS等技术实现物流活动的电子化，如货物实时跟踪、车辆实时跟踪、库存自动补货等，用信息化代替传统的手工作业，实现对物流运行、服务质量和成本等的管理控制。

4. 缩短物流管道的作用

为了应付需求波动，在物流供应链的不同节点上通常设置有库存，包括中间库存和最终库存，如零部件、在制品、制成品的库存等，这些库存增加了供应链的长度，提高了供应链的成本。但是，如果能够实时地掌握供应链上的不同节点的信息，如知道在供应管道中，什么时候、什么地方、多少数量的货物可以到达目的地，那么就可以缩减过多库存，缩短物流链，从而提高物流服务水平。

5. 辅助决策分析的作用

物流信息是制定决策方案的重要基础和关键依据，物流管理决策过程的本身就是对物流信息进行深加工的过程，是对物流活动的发展变化规律性认识的过程。物流信息可以协助物流管理者鉴别、评估物流实施方案，如进行车辆调度、库存管理、设施选址、资源选择、流程设计及有关实施方案比较；还可以进行成本—收益分析等。

6. 支持战略计划的作用

作为决策分析的延伸，物流战略计划涉及物流活动的长期发展方向和经营方针的制定，如企业战略联盟的形成、以利润为基础的顾客服务分析，以及能力和机会的开发和提炼。确定物流战略计划是一种更加抽象、松散的决策，它是对物流信息进一步提炼和开发的结果。

7. 价值增值的作用

在物流领域中，物流信息在实现其使用价值的同时，其自身的价值呈现增长的趋势，即物流信息本身具有增值特征。物流信息是影响物流的重要因素，它把物流的各个要素以及有关因素有机地结合起来，形成现实的生产力和创造出更高的社会生产力。同时，在社会化大生产条件下，生产过程日益复杂，物流诸要素都渗透着知识形态的信息，信息真正起着影响生产力的作用。

物流企业只有有效地在生产和经营活动利用物流信息，才能使劳动者、劳动手段和劳动对象进行最佳结合，从而产生放大效应，使经济效益出现增值。进行物流系统的优化、物流环节的优化所采取的办法、措施（如选用合适的设备、设计最合理路线、决定最佳库存储备等）都要切合实际情况，即都要依据能准确反映实际情况的物流信息。否则，决策就会带有盲目性。所以，物流信息对提高经济效益也起着非常重要的作用。

任务二　物流信息技术

一、物流信息网络的特点和作用

（一）物流信息网络的特点

物流信息网络是物流企业利用互联网技术建立的物流企业信息网络，是物流企业信息管理和交换的基础设施与平台。物流信息网络具有以下几个特点。

1．服务对象具有针对性

物流信息网络主要应用于流通服务领域，属于专业的商用信息网络，主要用于物流网络中仓储、配送、运输、包装、流通加工等物流过程的信息资源处理、传输和发布。担负着对运输、储存、装卸过程中生成信息的处理、传输、发布职能。

2．服务内容具有专业性

物流信息网络不仅能提供信息发布、查询等基本服务，还可以为各个子系统提供更深层次的服务。例如：它可以为运输系统提供在途货物信息查询，运输车辆GPS定位；还可以为存储系统提供实时库存查询和最低库存预警等专业化服务。

3．网络信息实时性强

物流网络中信息资源的及时传递是影响整个物流网络效率的重要的因素，它直接影响生产企业、商业企业的生产经营活动，物流信息网络中信息传递与交换的实时性、准确性相比于其他信息网络要求更高。

4．地域的广域性

物流信息网络覆盖面，可以跨部门、跨地区，甚至跨国界。

（二）物流信息网络的作用

1．物流信息网络是物流实体网络的重要支撑

物流信息网络对物流实体网络的建设提供基础支撑和指导，提升物流企业的信息化和标准化水平有助于物流行业信息化程度、社会物流运作效率的提高。迅速、准确、及时、全面的物流信息能有效地理顺物流企业的运作流程，规范企业管理，提高物流企业的工作效率，提升物流企业的服务质量，并减少人为原因造成的货物积压。物流信息网络还能有效督促回单及时回收和运费及时收回，为企业的资金使用提供保障；同时，物流信息网络还能帮助企业高层随时

掌握企业的各种信息，及时发现工作中的不足，从而提出整改意见，督促执行。

2. 物流信息网络可以有效地管理物流服务的各个环节

通过物流信息网络可以对不同客户、不同节点的执行效率进行信息交互式管理和监控，对商品资源、物流资源进行集中的管理和控制。通过共同管理业务过程和共享信息来改善零售商与供应商的伙伴关系，提高采购订单的计划性，提高市场预测的准确度，提高供应链运作的效率，控制存货周转率，从而最终降低成本，使物流实体网络运行效率更高。

3. 能够提供结算功能

物流信息网络可提供财务结算管理功能。这不但能有效地提高企业的结算管理。同时保证结算人员能够一目了然地了解到每个客户所欠应收账款的情况，便于财务人员及时督促欠款回收，保证资金的及时回笼。结算管理功能还可以对业务部门交接的现金数额进行复核，监控是否还有未上交现金，保证资金及时回笼。通过结算功能还可以有效控制资金的流动情况，减少出现资金管理漏洞。

4. 能够提供实时的客户查询功能

通过物流信息网络查询，可以掌握货物的物流实时状态，以及时回复客户的电话查询。不但减轻了员工的工作压力，还大大地降低了查询时发生的通信成本。如果可以让客户在物流信息网络自主查询货物的物流信息，对于提升物流企业的对外形象，提升了客户的满意度会有很好的帮助。

二、物流条码和射频识别技术

条码（Bar Code）是由一组规则排列的条、空机器对应字符组成的，用以表示一定信息的标识。

（一）物流条码技术

条码是由一组规则排列的条、空及其对应字符组成的，用以表示一定信息的标识。条码技术分为一维条码和二维条码。

1. 一维条码

常用的一维条码的码制包括EAN（European Article Number，EAN）码、39码、交叉25码、UPC（Universal Product Code，UPC）码、128码、93码、ISBN（International Standard Book Number，ISBN）码和Codabar（库德巴）码等。这里仅介绍EAN码。

EAN码是国际物品编码协会制定的一种商品用条码，通用于全世界。EAN码有标准码（EAN–13码）和缩短码（EAN–8码）两种。标准码共13位，其包括3位国家代码、4位（或5位）厂商代码、5位（或4位）产品代码和1位校验码。缩短版共8位，其包括2位国家代码、5位产品代码和1位校验码。两者最后一位都是校验码，分别由前面的12位数字或7位数字计算得出。中华人民共和国大陆可用的国家代码为690～699，其中696～699尚未使用。生活中最常见的代码为690～693，其中以690、691开头时，其厂商代码为4位，产品代码为5位；以692、693开头时，其厂商代码为5位，产品代码为4位。

如图8-1所示，条码6901010101098为罐装饮料健力宝的条码，690代表中国大陆，1010代表广东健力宝公司，10109代表罐装饮料产品。这种编码可以确保无论何时何地，条码6901010101098只对应该种商品。

6 901010 101098

图8-1 商品条码

此外，图书和期刊作为一种特殊的商品，也用标准码表示ISBN和ISSN。前缀977用于ISSN，前缀978用于ISBN。我国被分配使用7开头的ISBN号，所以我国出版的书籍上的所有条码都以9787开头。

2. 二维条码

（1）堆叠式（行排式）二维码。堆叠式（行排式）二维码是在一维条码编码原理的基础上，将多个一维条码在纵向堆叠而成的。它在编码设计、校验原理、识读方式等方面继承了一维条码的一些特点，其识读设备和印刷与一维条码技术兼容。但由于行数的增加，需要对行进行判定，因而其译码算法和软件也不完全与一维条码相同。有代表性的行排式二维条码如图8-2所示，有PDF417、Ultracode、Code49、Code16K。很容易看出，这些二维码是使用截短的一维码组合而成的。

（2）矩阵式二维条码。矩阵式二维条码是在一个矩形空间里，通过黑、白像素在矩阵中的不同分布进行编码形成的。典型的矩阵式二维条码如图8-3所示，有Data Matrix、Maxi Code、Aztec Code、QR Code、Vericode。从图上可以看出，我们平时最常见的二维条码是QR Code。

PDF417　Ultracode　Code49　Code 16K

图8-2 堆叠式（行排式）二维码

Data Matrix　Maxi Code　Aztec Code　QR Code　Vericode

图8-3 矩阵式二维条码

知识链接

PDF417码是由留美华人王寅敬（音）博士发明的。PDF是取英文Portable Data File三个单词的首字母的缩写，意为“便携数据文件”。因为组成条码的每一符号字符都是由4个条和4个空构成，如果将组成条码的最窄条或空称为一个模块，则上述的4个条和4个空的总模块数一定为17，所以称417码或PDF417码。

QR码是一种矩阵码或二维空间的条码，1994年由日本Denso-Wave公司发明。QR是英文

Quick Response的缩写，即快速反应的意思，源自发明者希望QR码可让其内容快速被解码。QR码常见于日本，并为目前日本最流行的二维空间条码。QR码比普通条码可储存更多的资料，也无须像普通条码那样在扫描时要直线对准扫描器。

3．条码技术特点

在信息输入技术中，采用的自动识别技术种类很多。条码作为一种图形识别技术与其他识别技术相比，有以下几个特点：

（1）简单。条码符号制作容易，扫描操作简单易行。

（2）信息采集速度快。使用普通计算机键盘录入的速度是每分钟200个字符，而利用条码扫描录入信息的速度是其20倍。

（二）射频识别技术

射频技术（Radio Frequency Identification，RFID），即射频识别。常称为感应式电子晶片或近接卡、感应卡、非接触卡、电子标签、电子条码等。其原理为由扫描器发射一特定频率的无线电波能量给接收器，用以驱动接收器电路将内部的代码送出，此时扫描器便接收此代码。接收器的特殊在于免用电池、免接触、免刷卡、不怕脏，且晶片密码为世界唯一，无法复制，安全性高、寿命长。最基本的RFID系统由以下3部分组成。

1．标签

标签即射频卡，也称电子标签，由耦合元件及芯片组成，标签含有内置天线，用于与射频天线进行通信，如图8-4所示。

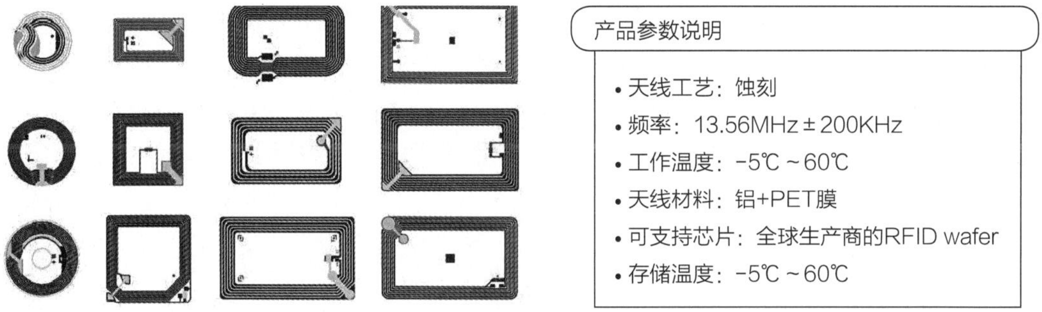

图8-4　标签

2．阅读器

阅读器也称读写器、询问器，是对标签进行读、写操作的设备，如图8-5所示。

3．天线

天线用于标签和阅读器间传递射频信号。有些系统还通过阅读器的RS232或RS485接口与外部计算机（上位机主系统）连接，进行数据交换。RFID系统的基本工作流程是：阅读器通过发射天线发送一定频率的射频信号，当标签进入发射天线工作区域时产生感应电流，标签被激活；标签将自身编码等信息通过其内置发送天线发送出去；系统接收天线接收到从标签发送来的载波信号，经天线调节器传送到阅读器，阅读器对接收的信号进行解调和解码，然后送到后台主系统进行相关处理；主系统根据逻辑运算，判断该标签的合法性，针对不同的设定做出相应的处理和控制，发出指令信号控制执行机构动作，如图8-6所示。

图8-5 阅读器

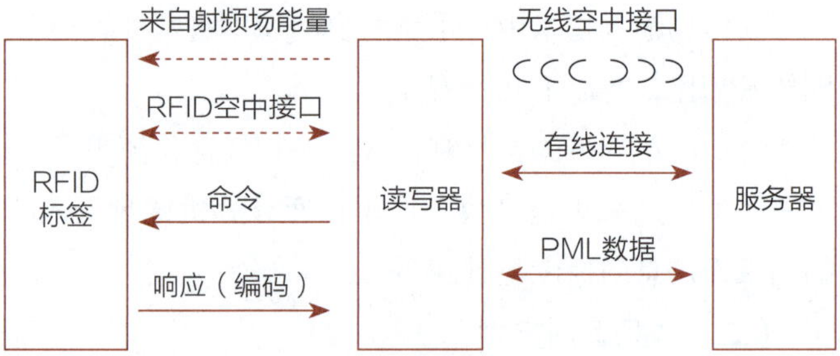

图8-6 RFID系统的基本工作流程

三、地理信息系统（GIS）

（一）GIS的概念

地理信息系统简称为GIS，那么究竟什么是GIS呢？不同的部门和不同的应用目的，GIS的定义也相同。有的强调GIS技术内涵，有的偏重于GIS的应用功能。为了能更具体的认识和真正了解GPS的概念，我们引入美国联邦数字地图协调委员会的定义："是由计算机硬件、软件和不同的方法组成的系统，该系统用来支持空间数据的采集、管理、处理、分析、建模和显示，以便解决复杂的规划和管理问题。"根据这个定义可以从以下方面去理解GIS：

（1）GIS是一种基于计算机的工具，其物理外壳是计算机化的技术系统。该系统又有若干的相关联的子系统构成，如数据采集子系统、数据管理子系统、数据处理和分析子系统、可视化表达与输出子系统。这些子系统构成直接影响了GIS的硬件平台、系统功能和效率数据处理的方法与产品输出类型。

（2）GIS对空间信息进行分析和处理（简而言之，是对地球上存在的现象和发生的事件进行成图和分析）。GIS技术把地图这种独特的视觉化效果和地理分析功能与一般的数据库操作（例如：查询和统计分析等）集成在一起。独特的地理空间分析能力、快速的空间定位搜索和复杂的查询功能。强大的图形创造和可视化表达方式，以及地理过程的演化模拟和空间决策支持功能等。其中通过地理空间分析可以产生常规方法难以获得的重要信息，实现在系统支持下的地理过程动态模拟和决策支持。这既是GIS的研究核心，也是GIS重要贡献。

（3）GIS的对象是地理实体。位置与地理信息既是LBS的核心，也是LBS的基础。一个单纯的经纬度坐标只有置于特定的地理信息中，代表为某个地点、标志、方位后，才会被用户认识和理解。地理实体的数据的根本特点是每一个数据都按统一的地理坐标进行编码。实现对其定位、定性、定量和拓扑关系的描述。GIS以地理实体数据作为处理和操作的主要对象，这是它与其他类型信息系统的根本区别，也是其技术难点。

（二）GIS的功能

GIS功能主要包括以下几个部分。

1. 数据采集与编辑功能

数据采集与编辑功能，包括图形数据采集与编辑和属性数据编辑与分析。

2. 地理数据库的信息和管理功能

地理信息数据库管理系统是数据存储和管理的高新技术，包括数据库定义。数据库的建立与维护数据库操作通信等功能。

3. 制图功能

根据GIS的数据结构及绘图仪的类型，客户可获得矢量图和栅格地图。GIS不仅可以为客户输出全要素地图，而且可以根据客户需要分层输出各种专题地图，如行政区划图、道路交通图等。另外，还可以通过空间分析得到一些特殊的地理学分析用途，如坡度图、剖面图等。

4. 空间查询与空间分析功能

空间查询空间分析功能，包括拓扑空间查询、缓冲区分析、重叠分析、空间集合分析、地学分析、数字高程模型的建立和地形分析等。

5. 二次开发

客户可以在自己的编程环境中调用GIS的命令和函数，或者GIS将某些功能做成专门的控件，供客户开发使用，完成各种类型的应用和输出。

（三）GIS应用软件

1. 国外主要GIS软件

（1）ArcGIS：已于美国Esri公司整合了GIS与数据库、软件工程、人工智能等多方面计算机主流技术成功推出全系列GIS产品。它包含了一系列部署GIS的框架：

ArcGIS Desktop：一个专业GIS应用的完整套件。

ArcGIS Engine：为定制开发GIS应用的嵌入式开发组件。

服务端GIS：ArcSDE，ArcIMS和ArcGIS Server。

移动GIS：ArcPad以及为平板电脑使用的ArcGIS Desktop和Engine。

ArcGIS是基于一套由共享GIS组件组成的通用组件库实现的，这些组件被称为ArcObjectsTM。

（2）MapInfo：美国MapInfo公司的桌面地理信息系统软件，是一种数据可视化、信息地图化的桌面解决方案界面。它依据地图及其应用的概念、采用办公自动化的操作、集成多种数据库数据、融合计算机地图方法、使用地理数据库技术、加入了地理信息系统分析功能，形成了极具实用价值的、可以为各行各业所用的大众化小型软件系统。MapInfo含义是“Mapping+Information（地图+信息）”，即地图对象+属性数据。

2. 国内主要GIS软件

（1）MapGIS：MapGIS是中国地质大学开发的通用工具型地理信息系统软件，是中国具有完全自主知识版权的GIS，是在享有盛誉的地图编辑出版系统的MapCAD基础上发展起来的，可对空间数据进行采集、存储、检索、分析和图形表示。MapGIS包括了MapCAD的全部基本制图功能，可以制作具有出版精度的十分复杂的地形图和地质图。同时，它能对地形数据与各种专业数据进行一体化管理和空间分析查询，从而为多源地学信息的综合分析提供了一个理想的平台。

（2）SuperGIS:由北京超图软件股份有限公司开发的新一代GIS软件系统，可以直接用于应用开发，也可以作为专业应用平台开发的基础性软件。

四、物流信息定位系统技术

中国北斗卫星导航系统（BeiDou Navigation Satellite System，BDS）是中国自行研制的全球卫星导航系统，也是继GPS、GLONASS之后的第三个成熟的卫星导航系统。北斗卫星导航系统（BDS）和美国GPS、俄罗斯GLONASS、欧盟GALILEO，是联合国卫星导航委员会已认定的供应商。

（一）GPS技术概述

GPS是美国20世纪70年代初推出的具有全球、全天候、连续实时、自动化、高效益优势的导航、定位、定时、测速系统。它能为用户提供高精度的七维信息（三维位置、三维速度、时间）。GPS最先用于军事，可跟踪野外士兵和装备，为飞机、军舰导航。后来，美国国防部和交通部达成协议，交付民用。但美国长期对外实行SA（Selective Availability，SA）政策，将国外GPS定位精度降低到50～100米。直到2000年5月1日，克林顿才宣布取消SA。取消SA干扰后，GPS定位精度提高10多倍，真正达到实用程度，全球民用市场得到全面开放，GPS迅速扩大应用范围，成为一种全球公用设施，同时产生巨大的社会效益与经济效益。GPS主要由空间卫星、地面监控站及用户设备3部分构成。

（二）北斗卫星导航系统

早在20世纪60年代末，我国就开展了卫星导航系统的研制工作，但由于诸多原因而夭折。自20世纪70年代后期以来，国内开展了探讨适合国情的卫星导航系统的体制研究，先后提出过单星、双星、三星和3-5星的区域性系统方案，以及多星的全球系统的设想，并考虑到导航定位与通信等综合运用问题。但由于种种原因，这些方案和设想都没能得以实现。在20世纪80年代到90年代，我国就结合国情，科学、合理地提出并制定自主研制实施北斗卫星导航系统建设的“三步走”规划：第一步是试验阶段，即用少量卫星利用地球同步静止轨道来完成试验任务，为北斗卫星导航系统建设积累技术经验、培养人才，研制一些地面应用基础设施设备等。2000年，中国北斗卫星导航系统（“北斗一号”）建成运行，成为继美国、俄罗斯之后世界上第三个拥有自主卫星导航系统的国家。当前，全球有四大卫星定位系统，分别是美国的GPS、俄罗斯的格罗纳斯（GLONASS）系统、欧洲在建的“伽利略”系统、中国的北斗卫星导航系统；第二步是到2012年，发射10多颗卫星，建成覆盖亚太区域的北斗卫星导航定位系统（“北斗二号”区域系统）；第三步是到2020年，建成由5颗静止轨道和30颗非静止轨道卫星组网而成的全球卫星导航系统。

1. 北斗卫星导航系统的定位原理

北斗卫星导航系统采用主动式双向测距二维导航。地面中心控制系统解算，供用户三维定位数据。GPS采用被动式伪码单向测距三维导航，由用户设备独立解算自己三维定位数据。“北斗一号”的工作原理带来两个方面的问题；一是用户定位的同时失去了无线电隐蔽性，这在军事上相当不利；二是由于设备必须包含发射机，因此在体积、重量、价格和功耗方面处于不利的地位。

2. 用户容量

由于北斗卫星导航系统是主动双向测距的询问—应答系统，用户的设备与地球同步卫星之间不仅要接收地面中心控制系统的询问信号，用户的设备还要向同步卫星发射应答信号，这样，系统的用户容量取决于允许的信道阻塞率、询问信号速率和用户的响应频率。因此，北斗卫星导航系统的用户设备容量是有限的。GPS是单向测距系统，用户的设备只要接收导航卫星发出的导航电文即可进行测距定位，因此GPS的用户设备容量是无限的。

3. 生存能力

与所有导航定位卫星系统一样，“北斗一号”基于中心控制系统和卫星工作，但是“北斗一号”对中心控制系统的依赖性明显要大很多，因为定位解算在那里而不是由用户的设备完成的。为了弥补这种系统易损性，GPS正在发展星际横向数据链技术，使万一主控站被毁后GPS卫星可以独立运行。而“北斗一号”系统从原理上排除了这种可能性，一旦中心控制系统受损，系统就不能继续工作了。

4. 覆盖范围

北斗卫星导航系统是覆盖中国本土的区域导航系统。覆盖范围为东经70°～140°，北纬5°～55°。GPS是覆盖全球的全天候导航系统，能够确保在地球上的任何地点、任何时间都能同时观测到6～9颗卫星。

任务三　物流信息技术的应用

一、物流信息采集技术的应用

物流信息采集技术主要包括条码技术、射频技术。

由于RFID标签可以唯一的标志商品，通过同计算机技术、网络技术、数据库技术等的结合，可以在物流的各个环节上跟踪货物，实时掌握商品的动态信息。传感器是数据采集，信息处理的关键部件，它可以将物理世界中的一个物理量映射到一个定量的测量值，使人们对物理世界形成量化的认识。传感器技术是新技术革命和信息社会的重要技术基础。应用RFID技术，可以缩短作业时间，改善盘点作业质量，增大配送中心的吞吐量，降低运转费用，实现可视化管理，使信息的传送更加迅速、准确，从而获得预期效益。

（一）仓库环境监测

可以用于仓库环境监测，满足温度、湿度、空气成分等环境参数的分布式监控的需求，实现仓储环境智能化；无线传感器网络（Wireless Sensor Networks，WSN）还可以应用于运输车辆与在运物资的全程跟踪与监测，传感器节点能够实时监测每个物资在运输途中的位置和状态，向监控中心发送物资的流向和状态信息，这种基于无线传感器网络的物流监控系统可以使管理者能更有效地管理和控制物流过程，确保产品的品质。

（二）危险品物流预警

WSN在危险品的物流管理中也大有可为。危险品物流作为物流领域的一个分支，其作用和影响也逐渐凸显。我国危险品物流管理还处于起步阶段，大部分危险品的物流运作仍是沿用传统普通货物的物流操作，安全事故时有发生。危险品物流的特殊性，更需要强调安全性。应用无线传感器网络能够实时监测危险品以及其容器的状态，一旦超过警戒值可以及时报警，这样就能为危险品物流过程的跟踪、监控、管理等提供安全保障。

案例链接

科技利器助力我国“智慧”战“疫”

“技术多跑路，群众少跑腿。”“科技利器”减少了人员流动和直接接触，有效阻断疫情传播途径。以一棵蔬菜为例，从种到吃，“智慧”无穷。

生产端远程“种菜”。在有着“中国菜篮子”之称的山东寿光，“手机种棚”既减少了种植户外出频次，还不耽误蔬菜管理，保障蔬菜供应。在寿光市田柳镇现代农业创新创业示范园区，160个高标准蔬菜大棚里，除了在蔬菜采收阶段，看不到多少工作人员。

“我们园区的菜发往全国各地，现在每天的蔬菜产量达65吨左右。”园区厂长助理韩永琦说，得益于蔬菜大棚的智慧化改造，以前需要4～5名技术员管理1个棚，现在1名技术员通过手机APP，可以管理5～6个235米长的大棚，产量也明显提升。

销售端无人卖菜。“无人售卖，每包5元，扫码支付”，在山东德州齐河明珠花园社区，分拣好的土豆、胡萝卜、西蓝花、西葫芦、菠菜等蔬菜一应俱全。以前这里是货车售卖，为避免人员接触交叉感染，现在蔬菜按照单品分装成小包装，均价销售，推出无人售卖，扫码支付。

消费端在线买菜。针对广大城市居民“宅”在家里催生的巨大消费需求，多家电商、外卖平台开启“线上买菜、线下配送”服务，网上买菜订单量大增。为保障消费者和配送员安全，一些平台还开启“无接触配送”。

（资料来源：凤凰新闻https://ishare.ifeng.com/c/s/v004tsy6ob_Cx_SenQzP1Goth20ul6GZm6lUOGnW_L6lEOU__?spss=np&aman=6V16dn1bdr339U8e6S45e）

（三）冷链物流温湿度监控

冷链物流中的货物在储运过程中易受到外界温度、湿度等条件影响而发生腐烂变质，为了保持易腐货物的本来品质和使用价值，在运输途中不发生腐烂变质和数量上的短缺，就必须将易腐货物置于其保鲜所需的较低温度条件下。因此，如果把无线传感器网络应用在冷链物流中，就可以全程监控冷冻环境中的产品温度以及湿度，及时调控温湿度，保证产品的质量。

但是传感器网络对节点一般都不会采用全局标志，而RFID技术对节点的标志有其优势，如将两者结合应用就能够弥补彼此的缺陷，在物流信息采集应用中传感器节点可以将网络的主要精力集中到数据上，当需要考虑某个具体节点信息时，就可以利用RFID的标志功能。例如：监控仓库物品的状态。其中，RFID技术实现人员、货物、车辆等目标的识别，WSN技术实现仓储环境智能，满足温度、湿度、空气成分等环境参数的分布式监控需求。

二、物流信息定位技术的应用

卫星定位系统不仅能够提供物流配送和动态调度功能，还可以提供货物跟踪、车辆优选、路线优选、报警救援功能。

（一）物流配送

卫星定位系统能把物流车辆的状态信息（包括位置、速度、车厢内温度等）和客户的位置信息快速、准确地反映给物流系统，由特定区域的配送中心统一、合理地对该区域内所有车辆做出快速调度。这样便大幅度提高了物流车辆的利用率，减少了空载车辆的数量和空载的时间，从而减少物流企业的运营成本，提高物流企业的效率和市场竞争能力，同时增强物流配送的适应能力和应变能力。

（二）动态调度

可进行车辆待命计划管理。操作人员通过在途信息的反馈，在车辆未返回车队前即做好待命计划，提前下达运输任务，减少等待时间，加快车辆周转，从而提高重载率，减少空车时间和空车距离，充分利用运输工具的运能。通过提前预设车辆信息及精确的抵达时间，让用户根据具体情况合理安排回程配货，为运输车辆排解后顾之忧。

（三）货物跟踪

通过卫星定位系统和电子地图系统，可以实时了解车辆位置和货物状况（车厢内温度、空载或重载），真正实现在线监控。避免在货物发出后难以知情的被动局面，提高货物的安全性。货主也可以主动、随时了解到货物的运动状态信息以及货物运达目的地的整个过程，增强物流企业和货主之间的相互信任。

（四）车辆优选

可以查出锁定范围内可供调用的车辆，根据系统预先设定的条件判断车辆中哪些是可调用的。在系统提供可调用的车辆的情况下，可以根据最优化原则，在可能被调用的车辆中选择一辆最合适的车辆安排任务。

（五）路线优选

地理分析功能可以快速地为驾驶人员选择合理的物流路线，以及提供这条路线的一些信息。所有可供调度的车辆不用区分本地或异地，都可以统一调度。配送货物目的地的位置和配送中心的地理数据结合后，产生的路线将是整体的最优路线。

（六）报警援救

在物流运输过程中，有可能发生一些意外的情况。当发生故障和一些意外情况时，卫星定位系统可以及时地反映发生事故的地点，调度中心可以及时地、尽可能地采取相应的措施来挽回和降低损失，增加运输的安全性和应变能力。

卫星定位系统的投入使用，为物流企业降低运输成本、加强车辆安全管理、推动货物运输的有效运转发挥了重要作用。此外，卫星定位系统的网络设备还能容纳上千车辆同时使用，跟踪区域遍及全国。物流企业导入北斗卫星定位系统，是物流行业以信息化带动产业化发展的重要一环，它不仅为运输企业提供信息支持，并且对整合货物运输资源、加强区域之间的合作具有重要意义。

三、物联网技术的应用

（一）食品的可追溯系统、药品等的可追溯系统

食品的可追溯系统、药品的可追溯系统等追溯系统可以为保障食品安全、药品安全提供坚实的物流保障。

（二）物流过程的可视化智能管理网络系统

物流过程的可视化智能管理网络系统基于卫星定位系统技术、RFID技术、传感技术等多种技术，可在物流过程中实时实现车辆定位、运输物品监控，实现在线调度与配送可视化管理。在公共信息平台与物联网结合方面，也有一些公司在探索新的模式，展望未来，一个高效精准、实时透明的物流业将呈现在我们眼前。

（三）智能化的企业物流配送中心

智能化的企业物流配送中心是基于传感、声、光、机、电、移动计算等各项先进技术，建立的全自动化的物流配送中心。其建立了物流作业的智能控制、自动化操作的网络，实现物流与制造联动，实现商流、物流、信息流、资金流的全面协同。

（四）物联网技术在配送中心的应用

物流配送中心是处于枢纽或重要位置、具有完整的物流环节，主要完成物品的存货、分拣、配送和信息反馈等功能。基于物联网的物流配送系统主要是应用物联网的相关技术，实现物流配送中心工作的实时性、智能性和系统性，提高配送效率和安全性。

• 拓展阅读

区块链技术

• 项目小结

信息技术可以说是新的利润源泉，是新经济风暴的起源。在物流行业中利用信息技术更是不可忽略的关键环节。信息技术是现代物流发展的基础，如果没有当今信息技术的发展，就谈不上现代物流。物流信息是反映物流各种活动内容的知识、资料、图像、数据的总称（GB/T 18354—2021《物流术语》）。物流信息化最大的作用就是使企业顺利实现信息的采集、传输、加工和共享，最后在决策过程中有效的利用各种信息，从而提高经济效益。从世界发达国家走过的历程来看，在工业化发展到一定阶段，都要向信息物流化发展。

重点概念：物流信息；物流信息技术

• 知识巩固

一、不定项选择题

1．最基本的RFID系统由（　　）3部分组成。

A．标签　　B．阅读器　　C．天线　　D．条码

2．EAN码有（　　）和缩短码（EAN-8码）两种。

A．标准码（EAN-13码）　　B．EDI码

C．MRP技术　　D．JIT

3．地理信息系统简称为（　　）。

A．GIS　　B．GPS　　C．POS　　D．EDI

4．按照EAN-13条码的规定是（　　）。

A．国家代码由2位数字组成，厂商代码由4位数字组成，产品代码由6位数字组成，校验码由1位数字组成

B．国家代码由3位数字组成，厂商代码由3位数字组成，产品代码由6位数字组成，校验码由1位数字组成

C．国家代码由3位数字组成，厂商代码由5位数字组成，产品代码由4位数字组成，校验码由1位数字组成

D．国家代码由3位数字组成，厂商代码由4位数字组成，产品代码由5位数字组成，校验码由1位数字组成

5．北斗卫星导航系统的简称是（　　）。

A．GIS　　B．GPS　　C．POS　　D．BDS

二、判断题

1．二维条码主要用于对物品的标志，一维条码用于对物品的描述。（　　）

2．RFID系统的工作频率划分中，低频系统应用于需要较长的读写距离和较高的读写速度的场合。（　　）

3．现今的条码印刷上去之后就无法更改，RFID标签则可以重复地新增、修改、删除RFID卷标内储存的数据，方便信息的更新。（　　）

4．物流技术中应用最广泛的自动识别技术是条码技术和射频识别技术。（　　）

三、简答题

1．物流信息的概念是什么？

2．简述物流信息的作用。

3．简述物流信息技术。

课后习题答案

案例讨论

条码与RFID之争

有一个衬衫公司，其销售额每年以近50%的速度增长，随着企业规模的不断扩大，企业的管理面临许多危机。其中，服装的生产和销售环节最为迫切，公司总经理认为需要一种具有输入速度快、信息大、准确度高、成本低、可靠性强等特点的技术，以优化企业的信息管理，支撑采购、生产、销售等环节。该公司总经理为使用条码技术还是RFID技术左右为难。

1. 使用条码技术的优势分析

使用条码技术可以应用到供应链或ERP的全过程。具体有以下几个优势：

（1）到货经过扫描以后直接采集该物料的数据，自动完成到货与采购订单核对的过程，改进了ERP使用的效能和实施的难度。

（2）可以支持直送的供货方式，大大节省采购、到货至存储过程的时间，降低库房面积、物料搬运作业和其他物料处理的成本，这是采用精益生产方式的企业增加库存周转所必不可少的措施。

（3）条码标签的数据经过解码以后还有助于提高原材料批次跟踪水平，方便查找出物料的来源和去处，可以极大地提高跟踪响应速度、降低质量成本和有助于挽回企业的信誉。

2. 使用RFID技术的优势分析

在企业应用中，最有前途的自动识别和数据采集技术是RFID技术。但是，应用RFID需要大规模的基础设施建设。使用RFID技术的优势主要如下：

（1）RFID标签的信息通过无线电频率收发，其优势很多，如可以在无人照管的情况下完成识别和信息存储过程。

（2）RFID可以穿过包装物、运输容器和金属之外的多种材料读出。RFID具有对标签上的条码和文字进行补充。

（3）RFID与ERP集成的优势有：对在制品和原材料提供实时的跟踪；动态地更新或改写在包装或标签上的信息，不需要人工介入或不必在可视环境下完成对产品信息的扫描；减少供应链交接的信息传递和采集，以至可暂时脱离ERP数据库获取或读出信息。

（4）可以利用RFID技术提供实时定位系统用来跟踪成品的位置。在每一辆离开生产线的成品上贴上RFID标签，可以很容易地从最后测试到装载运输的移动过程中跟踪每一个产品。

（5）RFID可以实现车间现场数据采集的自动化，只要零件进入生产线或到达完工区，将自动记录工序、设备和工人的ID号、加工时间，避免了大量人工进行的滞后的数据输入、条码扫描等操作和由此带来的可能的不精确数据，彻底解决了ERP系统实施的信息获取这个“瓶颈”问题。

（6）在复杂的产品销售和维修服务中，产品上的RFID标签是一个随产品移动的数据库，可以随时读出它的历史和质量的记录，避免了书面材料的人工传递或对远程主机数据库的访问。

从以上分析看来，无论在功能与应用上，RFID似乎都强于条码技术，但是建设RFID的高成本很让该公司总经理犹豫，尤其是处在一个劳动密集型低附加值的行业中，并且对于该公司目前的管理水平是否能够适应这样一种新技术，该公司总经理也没有多少信心。但是，即使是使用条码技术，该公司现在由生产到销售流程也需要改变，而且条码使用后是否能将产品对市场的响应速度及原材料和产成品库存维持在具有竞争力的水平，也不是很确定。无论怎样，激烈竞争的市场要求该公司总经理尽快做出决定。

思考题：

（1）你认为条码技术和RFID技术分别适用于怎样的环境。

（2）请帮助该公司总经理做出选择决定。

• 实训拓展

一、实训情境

在汽车行业，某汽车集团公司为了更好地发挥自身优势，提高汽车行业整车物流的管理水平，减少庞大的管理费用。为此，该公司要实现整车仓储的自动化管理，以提高管理效率，并充分共享和跟踪车辆信息，以满足市场的快速变化对信息准确、及时的要求。该公司应如何进行信息化建设来实现这些目的。

二、实训目标

利用学到的物流信息技术知识为该公司设计信息化建设初步方案。

三、实训准备

了解我国的汽车生产现状。

四、实训步骤

1. 自由组合成小组，每组5人。
2. 明确每个人的职责，分析我国汽车生产现状。
3. 形成公司信息化建设初步设计方案，全班共享。

五、实训报告

实训报告

班级		姓名		时间	
实训目的					
实训步骤					
实训内容					
我的做法					
我的结论					
我的想法					

六、实训考评

教师对各组设计方案做出综合评价。

考评表

<table>
<tr><th>考评人</th><th colspan="2"></th><th>被考评人</th><th></th></tr>
<tr><td>考评地点</td><td colspan="4"></td></tr>
<tr><td>考评内容</td><td colspan="4">某汽车集团公司信息化建设初步设计方案</td></tr>
<tr><td rowspan="5">考评标准</td><td colspan="2">具体内容</td><td>分值</td><td>实际得分</td></tr>
<tr><td colspan="2">项目背景分析</td><td>20</td><td></td></tr>
<tr><td colspan="2">项目内容科学性</td><td>40</td><td></td></tr>
<tr><td colspan="2">项目可行性论证</td><td>30</td><td></td></tr>
<tr><td colspan="2">在训练过程中体现了团队合作和职业素养</td><td>10</td><td></td></tr>
<tr><td colspan="3">合　计</td><td>100</td><td></td></tr>
</table>

模块三

物流应用

项目九　企业物流

项目目标

【知识目标】

1. 掌握企业物流的概念
2. 理解物流企业的内涵与特征
3. 掌握物流企业战略的主要内容
4. 熟悉物流企业的管理

【能力目标】

1. 能根据企业的经营实际判断该企业物流所属类别
2. 能客观评价企业物流的现状

【素质目标】

1. 树立物流成本理念
2. 能参与企业物流活动预测、决策和计划、预算的制定

思维导图

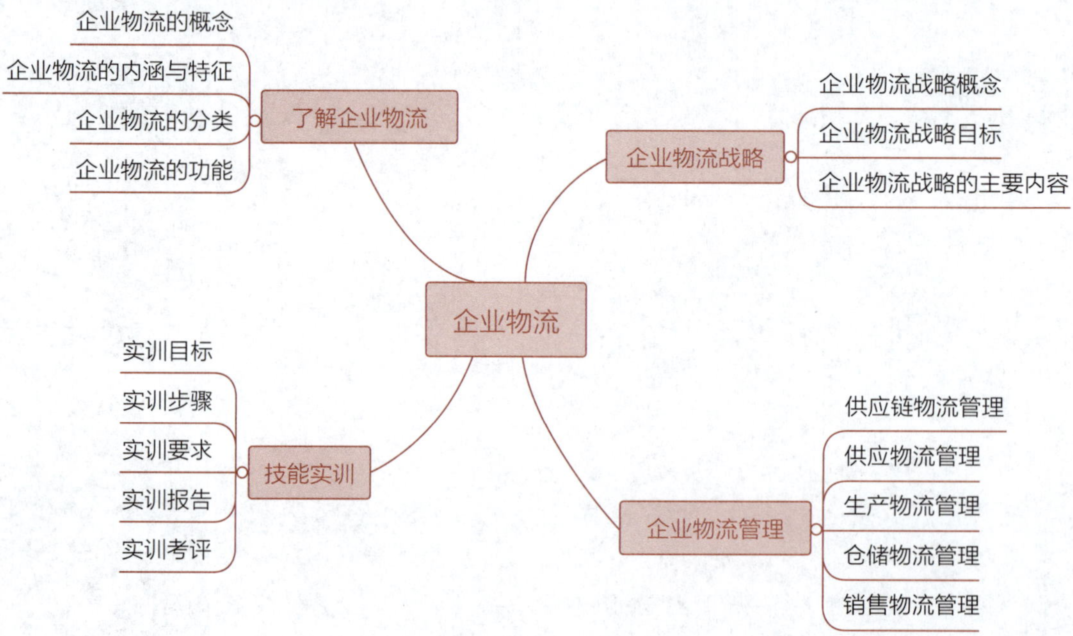

案例导入

沃尔玛公司实际上是一家物流公司

沃尔玛公司一直被很多专业人士称为“伪装成零售企业的物流企业”，这是因为它的“天天低价”，不仅来自于郊区选点和规模化采购，更来自于它在运营过程中的成本节约，尤其是在物流过程中的成本节约。

沃尔玛公司是最早通过“配送中心”将门店物流集中管理的零售商。由供应商将货物运送到指定的配送中心（这个过程被称为“入站物流”），再由沃尔玛公司自己的运输团队将配送中心的货物分发到零售门店（这被称为“出站物流”）。沃尔玛公司的物流配送流程如图9-1所示。

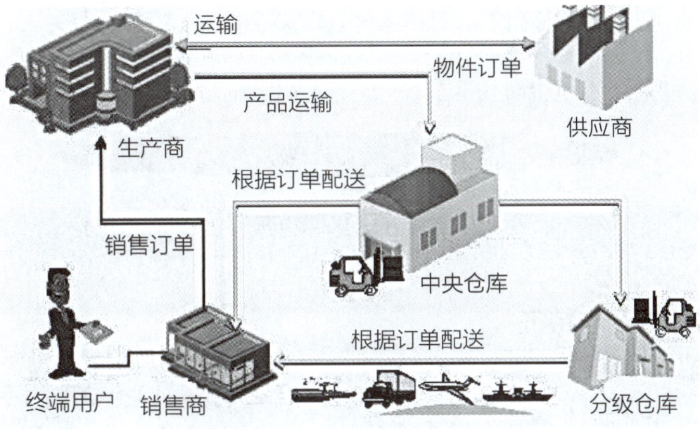

图9-1　沃尔玛公司的物流配送

这种模式称为集中配送模式，也称为轴辐配送模式。沃尔玛公司80%的货物都是由配送中心集中发货的。而其主要竞争对手凯玛特，这一比例仅为50%（另一半由供应商直接配送）。经验表明，与供应商直供的物流体系相比，“集中配送模式”能更好地发挥规模效应，并通过信息化、电子化管理降低物流成本，缩短存货周期和加强货品控制。

结果，沃尔玛公司的物流成本仅为销售额的1%～1.5%。集中配送还使沃尔玛公司门店的仓库面积压缩了10%～25%，从而可以最大限度地增加零售面积。

案例分析：

1. 请查阅资料，了解沃尔玛公司的区域物流的发展历程。
2. 为什么案例中说沃尔玛公司实际上是一家物流公司？

任务一　了解企业物流

一、企业物流的概念

根据我国《物流术语》（GB/T 18354—2021）的定义，企业物流（Enterprise Logistics）是指生产和流通企业围绕其经营活动所发生的物流活动。企业物流从企业角度研究与之有关的物流活动，在企业生产经营过程中，物品从原材料供应，经过生产加工，到产成品和销售以及伴随生产与消费过程中产生的废弃物回收及再利用的一系列活动，是具体的、微观物流活动的典型领域（图9–2）。

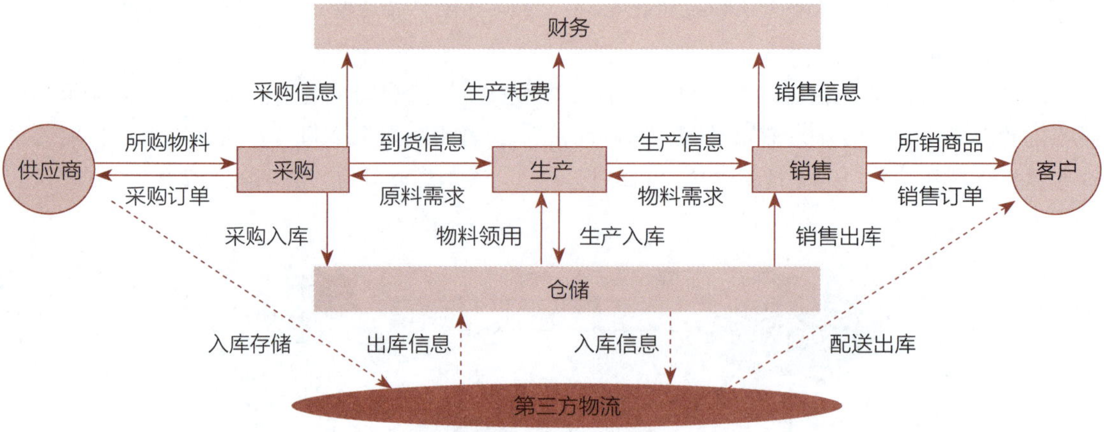

图9–2　企业物流

二、企业物流的内涵与特征

（一）企业物流的内涵

从系统论角度：企业物流是一个承受外界环境干扰作用的具有输入—转换—输出功能的自适应体系。

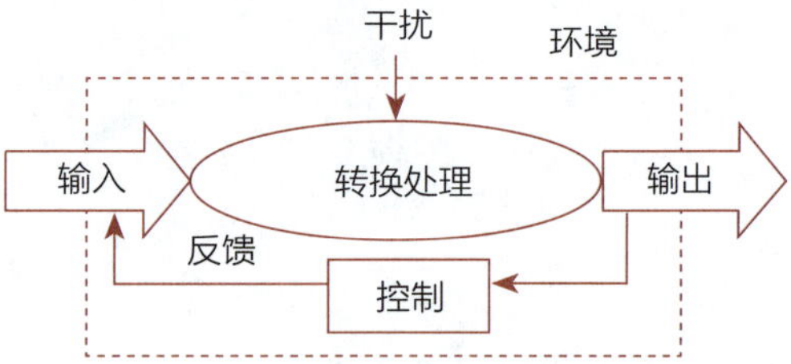

图9–3　系统的模型

系统的模型如图9–3所示。

1．企业物流系统的输入

企业生产活动所需生产资料的输入供应，即供应物流，它是企业物流的起始阶段。具体包括一切生产资料的采购、运输、库存管理、用料管理和供应输送等。原材料及设备采购供应阶段的物流是企业为组织生产所需要的各种物资供应而进行的物流活动。它包括组织物料生产者送达本企业的企业外部物流和本企业仓库将物资送达生产线的企业内部物流。

2．企业物流系统的转换

即企业生产物流，也称厂区物流、车间物流等，它是企业物流的核心部分。生产物流是指生产过程中，原材料、在制品、半成品、产成品等，在企业内部的实体流动。生产阶段的物流是指企业按生产流程的要求，组织和安排物资在各生产环节之间进行的内部物流。

生产阶段的物流主要包括物流的速度，即物资停顿的时间尽可能的短，周转尽可能地加快；物流的质量，即物资损耗少，搬运效率高；物流的运量，即物资的运距短，无效劳动少等方面的内容。

3．企业物流系统的输出

即企业物流的输出系统，承担完成企业产品的输出任务，并形成对生产经营活动的反馈因子。销售物流是生产企业、流通企业出售商品时，物品在供方与需方之间的实体流动。

（1）销售阶段的物流。销售阶段的物流是企业为实现产品销售，组织产品送达用户或市场供应点的外部物流。对于双方互需产品的工厂企业，一方的销售物流便是另一方的外部供应物流。商品生产的目的在于销售，能否顺利实现销售物流是关系到企业经营成果的大问题。销售物流对工业企业物流经济效果的影响很大，成为企业物流研究和改进的重点。

（2）返品的回收物流。返品的回收物流是指由于产品本身的质量问题或用户因各种原因的拒收，而使产品返回原工厂或发生结点而形成的物流。

（3）废旧物资物流。废旧物资物流主要是指对生产过程中的废旧物品，经过收集、分类、加工、处理、运输等环节，且可转化为新的生产要素的全部流动过程。

废旧物流又可分为废品回收物流和废弃物流两个部分。废品回收物流是指对生产中所产生的废旧物品经过回收、加工等可转化为新的生产要素的流动过程；而废弃物流则是指不能回收利用的废弃物，只能通过销毁、填埋等方式予以处理的流通过程。

（二）企业物流的特征

1．实现价值的特点

企业物流和社会物流的一个最本质的不同之处，也即企业物流最本质的特点，并不是如同社会物流一样“实现时间价值和空间价值的经济活动”，而主要是实现加工附加价值的经济活动。

2．主要功能要素的特点

社会物流的功能要素是运输、存储和配送，其他是作为辅助性或次要功能或强化功能要素出现的。企业物流主要功能要素则是搬运活动。

3．物流过程的特点

企业物流是一种工艺过程性物流。企业生产工艺、生产装备及生产流程是确定的，企业物流也因而成了一种稳定性的物流，物流便成了工艺流程的重要组成部分。

4．物流运行的特点

企业物流的运行具有极强的伴生性，往往是生产过程中的一个组成部分或一个伴生部分。这一点决定了企业物流很难与生产过程分开而形成独立的系统。

5．企业生产物流的连续性

企业的生产物流完善了企业生产过程中的作业活动，而且把整个生产企业的所有孤立的作业点、作业区域有机地联系在一起，构成了一个连续不断的企业内部生产物流。

6．物料流转是企业生产物流的关键特征

物料流转的手段是物料搬运，在企业生产中，物料流转贯穿于生产、加工制造过程的始终。生产过程物流的目标应该是以提供畅通无阻的物料流转，保证生产过程顺利、高效率地进行。

7．企业物流成本的二律背反性

企业物流功能之间或物流与服务水平之间的二重矛盾，即追求一方必须舍弃另一方的一种状态，是两者之间的对立状态。

案例链接

务实的索尼全球物流运营

三、企业物流的分类

企业物流可以分为两大类：按企业性质不同分类和按物流活动的主体分类。

（一）按企业性质不同分类

按企业性质不同可以将物流企业分为以下几个类别。

1．工业生产企业物流

工业生产企业物流是对应生产经营活动的物流。按主体物流活动区别，可大体分为四种：

（1）供应物流突出的类型（比如：汽车制造行业）。

（2）生产物流突出的类型（比如：冶金企业）。

（3）销售物流突出的类型（比如：小商品、小五金企业）。

（4）废弃物物流突出的类型（比如：造纸、印染等工业企业）。

2．农业生产企业物流

农业种植企业的物流是农业生产企业物流的代表。这种类型企业的四个物流系统的特殊性是：

（1）供应物流：化肥、种子、农药等生产资料的物流。

（2）生产物流：生产对象在种植时不发生生产过程位移。移动的是一些生产资料；一个周期的生产物流活动，停滞时间长而运动时间短。

（3）销售物流：以组织农业产品的物流为主要内容，其以储存功能的需求较高。储存量大，且储存时间长。

（4）废弃物物流。

3．批发企业物流

批发企业物流是以批发据点为核心由批发经营活动所派生的物流活动。投入是组织大量物流活动的运行，产出是组织总量相同物流对象的运出，转换是包装形态及包装批量的转换。不同地位的批发企业物流有所不同，主要有两种类型：一是大型企业销售网络中的批发企业；二是独立批发企业。

4．配送企业物流

配送企业物流是指以配送中心为核心的由配送活动组成的物流。这一物流的主要特点是主要从事配送中心内部的分货、拣选、配货等物流活动，这是和生产物流有不同特点的物流活动。

5．仓储企业物流

仓储企业是以储存业务为盈利手段的企业。仓储企业物流是以接运、入库、保管保养、发运或运输为流动过程的物流活动，储存保管是其主要的物流功能。

6．第三方物流企业

第三方物流通常也称之为契约物流或物流联盟，它是从生产到销售的整个物流过程中进行服务的“第三方”，向客户提供个性化的物流代理服务，包括商品运输、储存、配送以及附加的增值服务等。

7．零售企业物流

零售企业物流是以零售商店据点为核心，以实现零售销售为主体的物流活动。不同零售企业伴随投入、转换、产出的物流活动有一定区别，主要有以下三种类型：一般多品种零售企业；连锁型零售企业；直销企业。

（二）按物流活动的主体分类

按物流活动的主体分类，可以将物流企业分为：企业自营物流、专业子公司物流和第三方物流。

1．企业自营物流

企业自营物流是指企业自备车队、仓库、场地、人员，以自给自足的方式经营企业的物流业务。

2．专业子公司物流

专业子公司物流一般是指从企业传统物流运作功能中剥离出来，成为一个独立运作的专业化实体，它与母公司（或集团）之间的关系是服务与被服务的关系。它以专业化的工具、人员、管理流程和服务手段为母公司提供专业化的物流服务。

3．第三方物流

第三方物流（Third-party Logistics）是指由供方与需方以外的物流企业提供物流服务业务模式，是指为了更好地提高物流运作效率以及降低物流成本而将物流业务外包给第三方物流公司的做法。

四、企业物流的功能

1．网络设计功能

网络设计是物流管理的一项基本功能。典型的企业物流设施包括制造工厂、仓库、转运设施及渠道商。网络设计要确定完成物流工作所需的各类设施的数量和地点，同时还要确定每一设施内应储备存货的种类、数量，以及安排应在何处交付客户订货等。物流设施的网络形成了物流作业据以进行的框架结构，因此该网络也融合了信息和运输功能，还包括了与订货处理、存货管理和物料搬运等有关的具体工作。

2．信息功能

物流中依赖于信息的工作主要是物流预测与订单管理。物流预测要估计未来的需求，以指导存货定位，满足预期的顾客需求。订单管理部门的工作是处理具体客户的需求。客户下订单是物流活动中的一项主要交易活动。

3．运输功能

在既定的网络设施和信息能力下，运输就是从地理上给存货定位的一个物流功能领域。由于运输具有十分重要的意义和可见成本，因此长期以来运输始终得到企业管理部门的普遍重视。根据企业的负担能力，可以选择3种不同的方式来实现运输功能。这3种方式分别为自有车队运输、合同运输和公共运输。这3种方式的运输各有优缺点，企业必须根据自身的实际情况选择。现在物流运输的发展趋势是，从自有车队的运输向第三方物流公司（合同运输）的运输方式转变，这是分工的专业化发展的必然结果。

从物流系统的观点来看，运输成本和运输速度是影响运输的最关键因素。运输成本是指为两个地理方位之间的运输所支付的款项，以及与在途存货有关的行政管理费和维持费。设计物流系统时，应考虑设计为物流系统总成本最低的运输。运输速度是指完成特定的运输所需的时间。

4．存货功能

企业的存货需求取决于网络结构和期望的客户服务水平。良好的存货管理政策基于5个方面的内容，即客户细分、产品需求、运输一体化、时间要求和竞争性作业表现。高收益率的客户构成企业的核心市场，有效进行物流细分的关键是让企业的核心客户拥有优先存货权，以满足其需求。

5．仓储、物料搬运和包装功能

物流系统中需要用到仓库时，企业可以选择自己经营仓库，也可以从外部获得专业仓储服务。很多物流过程中的重要活动会出现在仓储这个环节上，如货物分类、排序、订单分拣、联合运输，有时还包括产品的修改与装配。

物料搬运是仓库中的一项重要活动。搬运会产生货损，产品搬运的次数越少，产品受损的可能性就越小，仓库内的整体运作效率就越高。

包装可以提高搬运效率，通常将罐装、瓶装或盒装的产品装入更大的包装内，即进行工业包装。工业包装起到两方面的作用，一是在物流过程中起到保护产品的作用；二是将零散的产品打包成大包装的形式，以提高搬运安全性和效率。

6．流通加工功能

流通加工是为了提高物流速度和物品的利用率，在物品进入流通领域后，按客户的要求进行的加工活动，即在物品从生产者向消费者流动的过程中，为了促进销售、维护商品质量和提高物流效率，对物品进行一定程度的加工。流通加工通过改变或完善流通对象的形态来实现“桥梁和纽带”的作用，因此流通加工是流通中的一种特殊形式。随着经济增长，国民收入增多，消费者的需求出现多样化，促使在流通领域开展流通加工。目前，在世界许多国家和地区的物流中心或仓库经营中都大量存在流通加工业务，在日本、美国等物流发达国家则更为普遍。

流通加工是指物品在生产地到使用地的过程中，根据需要施加包装、切割、计量、分拣、刷标志、拴标签、组装等简单作业的总称。流通加工是流通中的一种特殊形式，它是在物品从生产领域向消费领域流动的过程中，为了促进销售、维护产品质量和提高物流效率，对物品进行的加工，使物品发生物理、化学或形状的变化。

7．配送功能

配送是物流活动中一种非单一的业务形式，它与商流、物流、资金流紧密结合，并且主要包括了商流活动、物流活动和资金流活动，可以说他是包括了物流活动中大多数必要因素的一种业务形式。从物流来讲，配送几乎包括了所有的物流功能要素，是物流的一个缩影或在某小范围中物流全部活动的体现。一般的配送集装卸、包装、保管、运输于一身，通过这一系列活动完成。

任务二　企业物流战略

一、企业物流战略的概念

企业物流战略是把企业物流看作一个过程，通过识别物流过程的相互依赖性从而将整个物流过程的功能进行优化，并对各个物流功能进行分配。企业物流战略是指企业针对企业物流的目标、任务和方向而制定的相对具体的政策和措施。它是企业为实现经营目标，通过对企业的外部环境和内部资源的分析而制定的较长期的全局性的重大物流发展决策。制定企业物流战略是一个创造性的过程，需要具有创新思想。

企业物流战略与企业战略呈现出相辅相成的关系：

（1）企业战略统观企业经营的全局，为企业的经营发展确定目标、指明方向。

（2）有效地实现企业战略需要企业物流战略等职能级战略的支持和保证，企业战略需要由具体的职能战略来具体落实。

二、企业物流战略目标

企业物流战略的基本目标是在保证物流服务水平的前提下，实现物流成本的最低化。具体而言，企业物流战略的基本目标有以下几个：

（1）维持企业长期物流供应的稳定性、低成本、高效率。

（2）作为产品的个性谋求良好的竞争优势。

（3）针对环境的变化，为企业整体战略提供预警和功能范围内的应变力。

（4）以企业整体战略为目标，追求与生产销售系统良好的协调性。

基于以上四点，有人提出企业物流战略有三个目标，即降低成本、减少资金占用、改进服务。

1．降低成本

降低成本是指战略实施的目标是将运输和储存相关的可变成本降至最低。通常要评价各备选的行动方案，如在不同的库址选择中或者在不同的运输方式中进行选择，都要形成最佳战略，且服务水平一般保持不变，与此同时，还要找出成本最低的方案。

2．减少资金占用

战略实施的目标是实施物流系统的投资最小化，该战略的根本出发点是投资回报的最大化。例如：为避免进行仓储而直接将产品送达客户，放弃自有仓库选择公共仓库，选择及时供给的办法而不采用储备库存的办法，或者利用第三方物流供应商提供物流服务。与需要高额投资的战略相比，这些战略可能导致可变成本增加，尽管如此，投资只要其上升值小于投资回报率的增加，这些方法就是值得考虑的。

3．改进服务

该战略目标基于认为企业收入取决于所提供的物流服务水平。尽管提高物流服务水平将大幅度提高物流成本，但收入的增长可能会超过成本的上涨，因而权衡综合利弊对企业来说是至关重要的。服务改善的指标值通常用顾客需求满足率来评价，但最终的评价指标是企业的年收入。

总之，企业物流战略作为企业总体战略的组成部分，要服从企业目标和一定的顾客服务水平；企业总体战略决定了其市场上的竞争力。此时，高效的物流系统往往是体现企业竞争力的重要因素。例如，海尔全球的供应链物流战略保证了海尔“三位一体”的国际化战略。

案例链接

某办公设备公司为节约设备维修服务的宝贵时间迈出了大胆的一步。按以往做法，服务中心派技术人员到客户的维修地点。这样，受过高级培训且薪水很高的技术人员要在往返途中花费大量时间。

该企业重新设计了物流系统，在全国各地设置供租借和替换的机器存货。若机器出现故障，企业就会将替换用的机器送往客户所在地，有故障的机器则被送往服务中心进行维修。

新系统不仅节约维修成本，而且提高客户服务水平。

三、企业物流战略的主要内容

（一）企业物流战略框架

企业物流战略通常包含10个关键部分，分别被组织在4个重要层次上，构成物流战略金字塔，它确立了企业设计物流战略的框架，如图9–4所示。

图9–4 企业物流战略框架

第一层：根据顾客服务需求确立战略方向。

顾客服务需求左右着包括制造、营销和物流在内的整个供应链的结构。清晰地了解顾客需要什么，并开发能够满足那些期望的顾客服务战略。顾客服务战略的简单或复杂取决于企业的产品、市场和顾客服务目标。

第二层：物流系统的结构部分。

渠道设计和网络分析提供了满足顾客的服务需求的基础。渠道设计分销渠道是指某种货物和劳务从生产者向消费者移动时取得这种货物或劳务的所有权或帮助转移其所有权的所有企业和个人。按流通环节的多少，可分为直接渠道与间接渠道。

网络分析将解答以下问题：

（1）需要多少设施，它们的地点应选在何处，每个地点的任务将是什么？

（2）每个设施应为哪些顾客和产品线服务？

（3）每个设施应保持多少存货以满足特定服务水平？

（4）应利用什么运输服务来满足顾客期望的服务？

（5）在此系统下，返还品的货流（如待维修设备的返回，或包装材料返回处理等）怎样管理？

（6）作业的全部或部分应由一个第三方物流服务提供商管理吗？

第三层：物流战略的职能部分。

物流金字塔的第三层包含了物流战略的职能部分，尤其是运输、仓储和物料管理方面的分析。

职能部分的战略考虑涉及以下问题：

（1）我们企业应外包更多的物流活动吗？

（2）我们应该考虑仓储或运输上的第三方服务吗？

（3）我们对自己的仓储服务是自营、外租还是建立合同仓储服务？

第四层：执行层。

执行层包括支持物流的信息系统、指导日常物流运作的方针与程序、设施设备的配置及维护，以及组织与人员问题。

（二）企业物流战略的主要内容

1. 即时物流战略

即时制管理在企业的经营管理中得到了广泛的重视和运用。它的基本思想是，在必要的时间、对必要的产品从事必要量的生产或经营，因而不存在生产、经营过程中产生浪费和造成成本上升的库存，即所谓的零库存。即时制管理是即时生产、即时物流的整合体。因为物流的整个活动中包括了采购等一系列活动，因此即时物流的一个重要内容就是要满足即时采购。

即时采购是一种先进的采购模式。它主张企业的采购符合5个恰当，即在恰当的时间、恰当的地点，以恰当的数量、恰当的质量从上游厂商采购恰当的产品。

2. 协同一体化战略

协同化物流是指打破单个企业的界线，通过相互协调和统一，创造出最适宜的物流运行结构。协同化战略是在竞争中实现的，其体现了竞争的活力，可以达到资源的优化组合，提高整个社会的经济效益。协同化战略旨在弥合流通渠道中企业之间的对立，或解决企业规模与实际需要的矛盾。它通过企业之间的合作，以及对商品物流活动的统一管理和统一行动，从而彻底消除库存，降低成本，并对客户的需求做出快速响应。

3．高度化物流战略

在当前企业之间的竞争日趋剧烈、技术突飞猛进的背景下，要更好地应对挑战和发展的机遇，继续沿用传统的战略方式来管理生产、销售、物流，已无法使企业真正建立起强大的战略优势，企业必须不断改变战略视角和战略模式。全球化物流管理、互联网物流管理和绿色物流管理作为企业物流战略的发展方向，是企业针对日益增强的竞争压力对传统企业经营模式造成冲击的一种有益的响应和适应。

案例链接

中国邮政与雅戈尔集团深化合作

任务三　企业物流管理

一、供应链物流管理

（一）供应链物流的概念

供应链物流是以物流活动为核心，协调供应领域的生产和进货计划、销售领域的客户服务和订货处理业务，以及财务领域的库存控制等活动。它包括物流采购、外包、转化等过程的全部计划和管理活动。更重要的是，它还包括与渠道伙伴之间的协调和协作，涉及供应商、中间商、第三方服务供应商和客户。

（二）供应链物流管理的主要方法

供应链物流管理是指以供应链的核心产品或者核心业务为中心的物流管理体系。前者主要是指以核心产品的制造、分销和原材料供应为体系而组织起来的供应链的物流管理，如汽车制造、分销和原材料的供应链的物流管理，就是以汽车产品为核心的物流管理体系。后者主要是指以核心物流业务为体系而组织起来的供应链的物流管理，如第三方物流、配送、仓储、运输供应链的物流管理。这两类供应链的物流管理既有相同点，又有不同点。

供应链物流管理的方法主要有以下几种。

1．供应商管理库存

供应商管理库存（Vendor Managed Inventory，VMI）是指按照双方达成的协议，由供应链的上游企业根据下游企业的物料需求计划、销售信息和库存量，主动对下游企业的库存进行管理和控制的库存管理方式。供应商管理库存是以实际或预测的消费需求和库存量作为市场需求预测和库存补货的解决方法，其由销售资料得到消费需求信息，使供货商可以更有效、快速地对市场变化和消费需求做出反应。

2. 联合库存管理

联合库存管理（Joint Managed Inventory，JMI）是指供应链成员企业共同制定库存计划，并实施库存控制的供应链库存管理方式。联合库存管理和供应商管理库存不同，它强调双方同时参与，共同制订库存计划，使供应链过程中的每个库存管理者（供应商、制造商、分销商）都从相互之间的协调性考虑，保持供应链相邻的两个节点之间的库存管理者对需求的预期保持一致，从而消除需求放大现象。联合库存管理使任何相邻节点需求的确定都是供需双方协调的结果，库存管理不再是各自为政的独立运作过程，而是供需连接的纽带和协调中心。

3. 连续库存补充计划

连续库存补充计划（Continuous Replenishment Program，CRP）是指利用及时准确的销售时点信息确定已销售的商品数量，根据零售商或批发商的库存信息和预先规定的库存补充程序确定发货补充数量和配送时间的计划方法。

4. 配送资源计划

配送资源计划（Distribution Resource Planning，DRPⅡ）是在配送需求计划（DRP）的基础上提高各环节的物流能力，达到系统优化运行目的的企业内物流配送计划管理方法。它主要解决在物流配送过程中物资的供应计划和调度问题，达到保证有效地满足市场需要又使得配置费用最少的目的。

5. 准时化生产

准时化生产（Just In Time，JIT）的基本思想是，只在需要的时候、按需要的量生产所需的产品，也就是追求一种无库存或库存达到最小的生产系统。准时化生产模式又被称为“精益生产”。

6. 快速反应系统

快速反应系统（Quick Response，QR）是指供应链成员企业之间建立战略合作伙伴关系，利用电子数据交换等信息技术进行信息交换与信息共享，用高频率小批量配送方式补货，以实现缩短交货周期，减少库存，提高顾客服务水平和企业竞争力等为目的的一种供应链管理策略。它关系到一个厂商是否能及时满足顾客的服务需求的能力，因而对于提高企业的经济效益具有重要的意义。

7. 有效客户反应系统

有效客户反应（Efficient Consumer Response，ECR）是以满足顾客要求和最大限度降低物流过程费用为原则，能及时做出准确反应，使提供的物品供应或服务流程最佳化的一种供应链管理策略。有效客户反应能使物流企业在面对多品种、小批量的客户需求，不再是储存产品，而是储存各种生产要素，当客户提出需求时，能及时提取生产要素进行组装，从而为客户提供所需产品。

二、供应物流管理

（一）供应物流的概念

企业供应物流是企业物流活动的起始阶段，是企业生产之前的准备工作和资源配置活动。供应物流（Supply Logistics）是指提供原材料、零部件或其他物品时所发生的物流活动。供应物流包括原材料等一切生产物资的采购、进货运输、仓储、库存管理、用料管理和供应管理，也称为原材料采购物流。它是生产物流系统中相对独立性较强的子系统，并且和生产系统、财务系统等生产企业各部门，以及企业外部的资源市场、运输部门有密切的联系。供应物流是企业为保证生产节奏，不断组织原材料、零部件、燃料、辅助材料供应的物流活动，这种活动对企业生产的正常、高效率进行发挥着保障作用。企业供应物流不仅要实现保证供应的目标，而且要在低成本、少消耗、高可靠性的限制条件下来组织供应物流活动。

（二）基本过程

企业供应物流的具体情况各不相同，但基本流程是相同的，一般有以下3个阶段。

1. 取得资源

取得资源是完成所有供应活动的前提条件。取得什么样资源，要根据企业的核心生产过程，以及供应物流的技术条件和成本条件来进行决策。取得的资源的质量、价格、信誉、供应的及时性等都是重要的考虑因素，可通过采购或交换的方式实现。

2. 组织到厂物流

取得的资源必须经过物流才能达到企业。在物流过程中，往往要反复运用装卸搬运、存储、运输等物流活动才能使取得的资源到达企业。这些物流活动可以由企业、社会公共物流部门、第三方物流企业等完成。

3. 组织厂内物流

组织厂内物流是指到达企业的物资，经工作人员确认后，在厂区继续移动，最后到达车间、分厂或生产线的物流过程。组织厂内物流通常由企业自己承担，企业的仓库就是内外物流的转换节点。

（三）供应物流的模式

因企业的不同，以及供应环节、供应链的不同，供应物流过程也有所不同，从而使供应物流出现了许多不同种类的模式。企业供应物流有以下4种基本模式。

1. 供应商代理

供应商代理模式是指由供应商或社会销售企业送货上门的供应物流模式。采用供应商代理模式，生产企业可以免除物流活动，而供应商利用熟悉的物流渠道，对生产企业进行供应服务，并不断增加服务的内容，以取得生产企业的更多信赖，与生产企业结成战略联盟。

2. 委托第三方物流企业代理

委托第三方物流企业代理是指在生产企业完成了采购程序之后，由销售方或者生产企业委托专业物流公司从事送货或提货的物流活动。这种模式在现在的社会经济环境下将逐渐成为主流。

3．企业自供、外委与外协

企业自供是指生产企业把上一环节的产品作为下一生产环节的原材料来供应。外委是指企业将整个半成品都委托外部单位加工，自己只出原材料。外协是指企业对原料进行一部分加工后，将某些工序委托外部单位加工。外协属于工序协作，通常由生产企业向外协厂提供所需产品的技术图纸和品质要求，由外协厂组织生产、供应，以满足企业的生产需要。

4．供应链供应

供应链供应模式以信息和网络为依托，将物资供应商、生产商、储运商、分销商、消费者组成供需物流网络链，供应商和企业结成最高层次的动态联盟，在互利互惠、信息共享、风险共担、相互信赖的原则下，建立长期的供应合作关系。

以上方式中，供应链供应、委托第三方物流企业代理等属于较高层次的管理模式，也是供应物流的发展方向。

三、生产物流管理

（一）生产物流的概念

生产物流是企业生产的重要环节。生产物流的合理与否对工厂的生产秩序、生产成本有很大影响。生产物流均衡、稳定，可以保证在制品顺畅流转，缩短生产周期。在制品库存的压缩，设备负荷的均衡化，也都和生产物流的管理有关。

生产物流管理是指运用现代管理思想、技术、方法与手段对企业生产过程中的物流活动进行计划、组织与控制。生产物流管理的内容包括物料管理、作业管理、系统状态监控和信息管理。这些管理是通过对立体仓库、平面仓库和缓冲站的管理来实现的。

（二）生产物流管理的主要内容

1．物料管理

物料管理具体体现为库存管理及对入库和出库进行管理，并协调出库与入库，以保证生产所需物料的准时、可靠供应。

2．作业管理

作业管理是指根据生产加工的需要，计划和调度各种运输设备，规划运输路线，使所需的物料及时、畅通地运达指定位置。这里既包含作业计划，也包含作业控制。

3．系统状态监控

系统状态监控是指通过生产物流系统设置各种检测装置，对生产物流系统进行过程中的物流状态进行检测，通过模拟屏或计算机屏幕实时显示各种状态，以掌握物流实际运行状况。在系统发现故障的情况下，应及时采取措施，排除故障，保障系统正常运行。

4．信息管理

信息管理是指对生产物流系统和各种信息进行采集、处理、传输、统计和报告。

物料管理、作业管理、系统状态监控和信息管理并不是截然分开的，而是相互联系、有机结合的。其中，信息管理是现代生产物流管理的核心和基础。无论是物料管理、系统状态监控，还是作业管理，都离不开信息。生产物流的过程，实际上是物料流动及信息流动的过程。在物料流动的过程中，物料的数量、物理位置和品种的变化是按照实际加工需要来进行的。在信息流动过程中，信息的采集、处理和传输服务于管理的需要。也可以说，在现代生产物流系统运行过程中，物质实体的流动是目的，而为达到这一目的所进行的管理是以信息为基础的。

四、仓储物流管理

（一）仓储物流的概念

仓储物流是指利用自建或租赁库房、场地，储存、保管、装卸搬运、配送货物。传统的仓储定义是从物资储备的角度给出的。现代“仓储”不是传统意义上的“仓库”“仓库管理”，而是在经济全球化与供应链一体化背景下的仓储，是现代物流系统中的仓储。

（二）仓储物流管理的地位

1. 仓储是物流与供应链中的库存控制中心

库存成本是主要的供应链成本之一。在美国，库存成本约占总物流成本的三分之一。因此，管理库存、减少库存、控制库存成本就成为仓储在供应链框架下降低供应链总成本的主要任务。

2. 仓储是物流与供应链中的调度中心

仓储直接与供应链的效率和反应速度相关，是物流与供应链中的调度中心。人们要求仓储中处理物品的准确率能达到99%以上，能够对特殊需求做出快速反应。目前，当日配送已经成为许多仓库采用的一种业务方式。因此，仓库管理人员要不断提高精确度、及时性、灵活性，应对客户的需求做出快速的反应。

（三）仓储物流管理的发展趋势

从仓储的运营主体分析，仓储可分为工商企业内部仓储与社会公共仓储。企业内部仓储是各个产业长期且普遍存在的物流活动，其好处在于仓储与供应链更方便地融为一体。但在全球竞争和全球经营的条件下，特别是在原材料和能源价格上升的压力下，企业要在持续增长的客户需求的前提下不断降低供应链成本，因此许多制造商、分销商或零售商都选择社会公共仓储服务，社会公共仓储可以集中利用储存空间资源、人力资源和知识资源。社会公共仓储有一个长期不断发展与壮大的过程，也是经济全球化与供应链一体化环境下的一种发展趋势，但也面临如何更好地融入供应链管理、更好地满足供应链上下游需求的重大挑战。

五、销售物流管理

（一）销售物流的概念

销售物流（Distribution Logistics）又称为企业销售物流，是指企业在出售商品过程中所发生的物流活动。销售物流是企业为保证本身的经营利益，不断伴随销售活动，将产品所有权转给用户的物流活动。

在现代社会中，市场环境是一个完全的买方市场，因此销售物流带有极强的服务性，其目的是满足买方的要求，最终实现销售。销售往往以送达用户并经过售后服务才算终止，因此销售物流的空间范围便很大，这便是销售物流的难度所在。在这种前提下，企业销售物流的特点，便是通过包装、送货、配送等一系列物流实现销售，这就需要研究送货方式、包装水平、运输路线等，并采取诸如少批量、多批次，定时、定量配送等特殊的物流方式以达到目的。

（二）销售物流的形式

1．生产企业自己组织销售物流

生产企业自己组织销售物流是在买方市场环境下主要的销售物流模式之一，也是我国当前绝大部分企业采用的物流形式。

生产企业自己组织销售物流，实际上，是生产企业把销售物流作为企业生产的延伸或生产的继续。于是，销售物流就成了企业经营的一个环节。这个经营环节是与用户直接联系，直接面向用户提供服务的一个环节。在企业从以生产为中心转向以市场为中心的情况下，这个环节逐渐变成了企业的核心竞争环节，因此也不再是生产过程的继续，而是企业经营的中心。

生产企业自己组织销售物流的好处有以下几个：

（1）生产企业可以将企业的生产经营活动与用户需求直接联系起来，并且信息反馈速度快、准确程度高。在买方市场前提下，销售物流是开拓市场、进行市场竞争中的一个重要环节。

（2）可以对销售物流的成本进行大幅度的调节，充分发挥它的成本中心的作用。

（3）可以从整个企业的经营系统角度，合理安排和分配销售物流环节的资源。

在生产企业规模可以达到销售物流的规模效益前提下，采取生产企业自己组织销售物流的办法是可行的，但不一定是最好的选择。其主要原因有以下几个：

（1）企业的核心竞争力的培育和发展问题。如果企业的核心竞争力在于产品的开发，销售物流可能占用过多的资源和管理力量，对核心竞争力会造成影响。

（2）生产企业销售物流专业化程度有限，自己组织销售物流缺乏优势。

（3）一个生产企业的规模终归有限，即便是分销物流的规模达到经济规模，延伸到配送物流之后，就很难再达到经济规模，因此可能反过来影响对市场更广泛、更深入的开拓。

2．第三方物流企业组织销售物流

第三方物流企业组织销售物流是由专门的物流服务企业组织的销售物流，实际上是生产企业将销售物流外包，将销售物流社会化。

由第三方物流企业承担生产企业的销售物流，其最大优点在于，第三方物流企业是社会化的物流企业，它向很多生产企业提供物流服务，因此可以将企业的销售物流和企业的供应物流一体化，可以将很多企业的物流需求一体化，采取统一解决的方案，可以做到专业化和规模化。专业化和规模化可以使第三方物流企业降低成本和提高服务水平。在网络经济时代，第三方物流企业组织销售物流是一个发展趋势。

3．用户自己提货

用户自己提货，这实际上是将生产企业的销售物流转嫁给用户，变成了用户自己组织供应物流的形式。这种模式是在计划经济时期广泛采用的模式，已经不适于当前社会发展的需要。

（三）销售物流管理的主要内容

1. 合理布局物流网点

物流网点的布局也泛指物流各个环节（装卸、运输、仓储、加工、包装、发送等）的组合情况。物流网点在空间上的布局，在很大程度上影响物流的路线、方向和流程，而物流各环节的内部结构模式又直接影响物流运动的成效。物流网点的布局要考虑物流结构的合理化、物流过程的优质化、物流体制的科学化。

2. 销售物流合理化

销售物流活动受企业销售政策制约，单从物流效率的角度是不能找出评价的尺度的。销售物流合理化的类型有大量化、计划化、商物分离化、标准化、共同化等，一种销售物流并不仅仅与一种销售物流合理化类型相对应。

3. 有效预测货物的流量和流向

随着信息技术的发展，预测手段及工具的更新，企业可以对货物的流量和流向进行有效预测，增加货物流动的批量，减少批次，或者增加商品的保管面积。

• 拓展阅读

疫情之下，供应链物流的价值

• 项目小结

本项目内容首先介绍了企业物流的概念、作用和分类，以取得对企业物流的初步了解；然后利用案例对企业物流的战略进行了说明；最后介绍了企业物流管理的主要内容，包括供应物流管理、生产物流管理、仓储物流管理、销售物流管理等。

重点概念：企业物流；企业物流管理；供应链

• 知识巩固

一、不定项选择题

1. 企业物流可区分以下不同典型的具体物流活动（　　）。

A. 企业供应物流　　B. 企业生产物流

C. 企业销售物流　　D. 企业回收与废弃物物流

2. 企业物流战略的主要内容有（　　）。

A. 即时物流战略　　B. 协同一体化战略

C. 高度化物流战略　　D. 物流组织化战略

3. 企业物流的功能（　　）。

A. 网络设计功能　　B. 信息功能

C. 运输、存货功能　　D. 仓储、物料搬运和包装功能

4.（　　）是指生产和流通企业围绕其经营活动所发生的物流活动。

A. 物流企业　　B. 企业物流

C. 销售物流　　D. 生产物流

5. 按企业性质不同可以将物流企业分为（　　）。

A. 工业生产企业物流　　B. 农业生产企业物流

C. 批发企业物流　　D. 配送企业物流

6.（　　）是指物品在生产地到使用地的过程中，根据需要施加包装、切割、计量、分拣、刷标志、拴标签、组装等简单作业的总称。

A. 配送　　B. 储存　　C. 流通加工　　D. 运输

7. 企业物流战略的目标（　　）。

A. 降低成本　　B. 减少资金占用　　C. 改进服务　　D. 促进生产

8.（　　）是以物流活动为核心，协调供应领域的生产和进货计划、销售领域的客户服务和订货处理业务，以及财务领域的库存控制等活动。

A. 供应链物流　　B. 生产物流　　C. 销售物流　　D. 回收物流

9. 生产物流管理的主要内容（　　）。

A. 物料管理　　B. 作业管理　　C. 系统状态监控　　D. 信息管理

10. 销售物流的形式有（　　）。

A. 生产企业自己组织销售物流　　B. 第三方物流企业组织销售物流

C. 用户自己提货　　D. 第四方物流企业组织销售物流

二、判断题

1. 即时物流的一个重要内容就是要满足即时采购。（　　）

2. 生产物流突出，而供应物流、销售物流较为简单的典型的例子是超市企业。（　　）

3. 供应商管理库存在本质上是将单级供应链问题变成多级库存管理问题。（　　）

4. 一种销售物流并不仅仅与一种销售物流合理化类型相对应。（　　）

5. 企业物流战略框架可以分为四个层次。（　　）

三、简答题

1. 企业物流的概念是什么？

2. 企业物流有哪些类型？企业物流的功能有哪些？

3. 你如何理解企业物流战略的含义？企业物流战略的主要内容有哪些？

4. 谈谈工业企业和农业企业的企业物流的主体内容有何不同。

5. 供应链物流管理的主要方法有哪些？

课后习题答案

案例链接

小米打造坚实国产供应链　致力提升“中国智造”

技能实训

一、实训目标

大学生的日常消费通常在学院超市进行，由于大学生们的消费能力和消费偏好等各方面的要求，校园超市在其供应商管理、供应物流、仓储物流、销售物流等方面有突出的特色表现。要求对所在校园超市进行调查，了解其供应商管理、供应物流、仓储物流、销售物流的情况，形成调查报告。通过实训，使学生能够熟将学习到的知识学以致用，并加深对理论知识的理解。

二、实训步骤

1. 了解校园超市物流的组成与现状。

2. 具体步骤：

（1）学生自由组合成小组，每组约为8个人。

（2）明确每个人的职责，合理分工。

（3）制定调研方案。

（4）撰写调查报告。

三、实训要求

1. 了解本次实训的目的。

2. 学生在参观过程中应做好记录。

3. 形成实训报告。

4. 进行实训考评。

四、实训报告

实训报告

班级		姓名		时间	
实训目的					
实训步骤					
实训内容					
我的做法					
我的结论					
我的想法					

五、实训考评

教师对各组的设计方案做出综合评价。

考评表

<table>
<tr><th>考评人</th><th colspan="2"></th><th>被考评人</th><th></th></tr>
<tr><td>考评地点</td><td colspan="4"></td></tr>
<tr><td>考评内容</td><td colspan="4"></td></tr>
<tr><td rowspan="6">考评标准</td><td colspan="2">具体内容</td><td>分值</td><td>实际得分</td></tr>
<tr><td colspan="2">项目背景调查</td><td>20</td><td></td></tr>
<tr><td colspan="2">项目可行性、科学性分析</td><td>20</td><td></td></tr>
<tr><td colspan="2">制定调研方案</td><td>20</td><td></td></tr>
<tr><td colspan="2">撰写调研报告</td><td>10</td><td></td></tr>
<tr><td colspan="2">团队合作和职业素养表现</td><td>30</td><td></td></tr>
<tr><td colspan="3">合　计</td><td>100</td><td></td></tr>
</table>

项目十　物流企业

【知识目标】

1. 掌握物流的概念
2. 了解物流企业的分类
3. 熟悉物流企业的组织机构
4. 了解我国物流企业的发展前景

【技能目标】

1. 能根据企业的运营情况，判断物流企业的类型
2. 能够分析物流企业的组织状态
3. 能够分析我国物流企业发展的情况

【素质目标】

1. 爱岗敬业、忠于职守
2. 遵章守法、服从指令
3. 勤学苦练、钻研业务
4. 诚实礼貌、周到服务
5. 及时准确、规范操作
6. 团结协作、讲求效率

思维导图

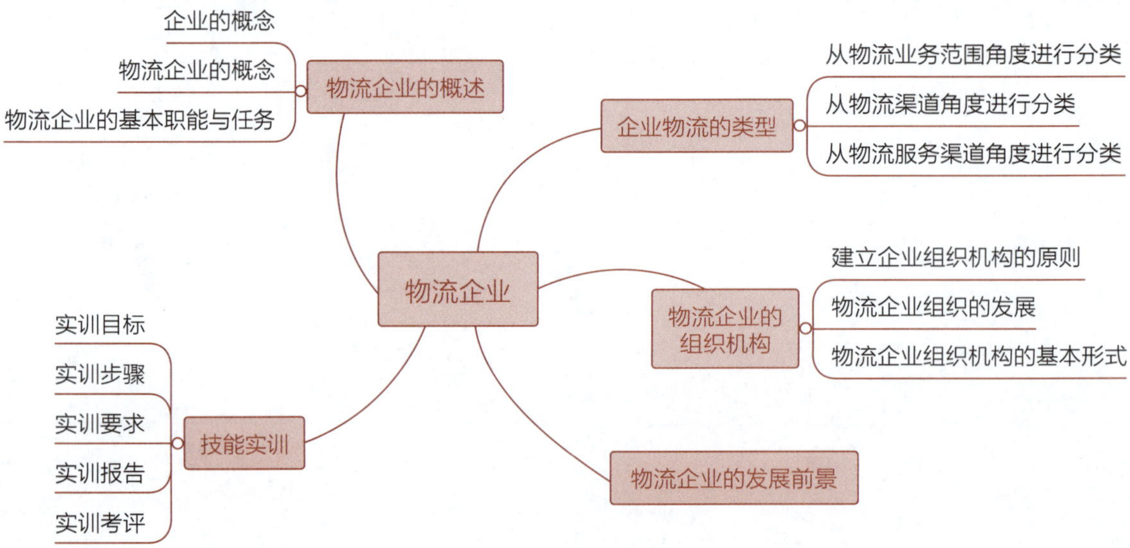

案例导入

用一件件包裹，传递战疫必胜的信心

突如其来的疫情撞上春节假期，原本就因员工返乡过年而人手紧张的快递行业，此时又迎来了医疗物资和生活物资运输的压力。加之，受疫情中交通状况的掣肘，快递行业难免在疫情中遭受冲击。

挑战重重，但总有人负重前行。2020年1月25日，中通快递的网点司机王慎才开着满载着十万只口罩的蓝色大货车，横穿安徽、江西两省，进入肺炎疫情的重灾区湖北武汉。冒险去疫区送货让王慎才家人有些担忧，但当王慎才知道这次要送的货是“十万个口罩”的时候，他说“没事，跑一趟就跑一趟”。

也就是在王慎才驱车前往武汉的当天，中通快递开通从全国到湖北疫情重点地区的免费绿色通道，保障疫情防控相关物资运输。从春节至今，中通利用自己的网络多次为湖北运送医疗及救援物资，包括口罩、防护服、消毒液、医用手套、民生保障物资等超过700吨。

面对疫情，抗疫一线的医护人员在生死线上坚守，物流企业也义不容辞坚守住了物资的运输线。正是他们一次次驱车前往武汉，带来一箱箱的医疗物资，才让这场防疫阻击战的胜利成为可能，当光束投影在时代的巨幕上，那些心存社会责任的企业和个人将成为2020耀眼的主角。

大到成千上万吨的应急物资运输，小到百姓餐桌的一饭一果一蔬，快递业都发挥了积极的抗疫情、保民生的作用，其背后是如红杉成员企业中通快递、京东物流、满帮集团等物流企业始终如一的勇担责任、坚守岗位。

（资料来源：腾讯网https://xw.qq.com/amphtml/20200330A040S600）

案例分析：

1. 物流企业运营对于社会各领域的意义有哪些？
2. 物流企业的基本职能有哪些？
3. 物流企业的发展前景如何？
4. 在这次疫情中，你身边的物流企业为保障民生有哪些举措？

任务一　物流企业的概述

一、企业的概念

企业一般是指以盈利为目的，运用各种生产要素（土地、劳动力、资本、技术和企业家才能等），向市场提供商品或服务，实行自主经营、自负盈亏、独立核算的法人或其他社会经济组织。

在商品经济范畴内，作为组织单元的多种模式之一，按照一定的组织规律，有机构成的经济实体，一般以营利为目的，以实现投资人、客户、员工、社会大众的利益最大化为使命，通过提供产品或服务换取收入。它是社会发展的产物，因社会分工的发展而成长壮大。企业是市场经济活动的主要参与者；在社会主义经济体制下，各种企业并存共同构成社会主义市场经济

的微观基础。企业存在三类基本组织形式：独资企业、合伙企业和公司，公司制企业是现代企业中最主要的最典型的组织形式。

现代经济学理论认为，企业本质上是“一种资源配置的机制”，其能够实现整个社会经济资源的优化配置，降低整个社会的“交易成本”。

二、物流企业的概念

（一）物流企业概念的界定

目前，关于物流和物流企业的观点很多，《物流术语》（GB/T 18354—2021）对物流企业下的定义是：从事物流基本功能范围内的物流业务设计及系统运作，具有与自身业务相适应的信息管理系统，实行独立核算、独立承担民事责任的经济组织。

另外，关于物流企业的定义还有以下几个观点：

（1）单纯的运输、仓储或货代企业不是物流企业，因为物流的运作是管理服务，并不是一般的作业操作。

（2）传统的运输、仓储或货代企业是物流企业。

（3）物流不能算作独立的一个产业而存在，物流业应该属于更大的商贸流通业的范畴。

（4）国家计委综合运输研究所的汪铭先生提出，物流产业是“复合产业”的观点，认为物流产业是“专门从事物流活动的企业集成”。

（5）国家经贸委在《关于鼓励我国现代物流发展的若干政策》中对物流企业下的定义是：物流企业（Logistics Enterprise）指从事物流活动的经济组织，至少从事运输（含运输代理、货物快递）或仓储一种经营业务，并能够按照客户的物流需求对运输、储存、装卸、包装、流通加工、配送等基本功能进行组织和管理，具有与自身业务相适应的信息管理系统，实行独立核算、独立承担民事责任的经济组织。

（二）现代物流企业的概念

现代物流企业应采用网络化的计算技术和现代化的硬件设备、软件系统及先进的管理手段，使商品流通能从较传统的物流配送方式向更容易实现信息化、自动化、现代化、社会化、智能化、合理化、简单化的现代物流方式转变，使货畅其流，物尽其用，既减少生产企业库存，加速资金周转，提高物流效率，降低物流成本，又刺激了社会需求，还有利于整个社会的宏观调控。因此，它必将提高整个社会的经济效益，促进市场经济的健康发展。作为现代物流企业应具备以下特征。

1. 反应快速化

生产者和消费者选择物流企业配送，理由之一是比其自己采购节约时间。只有当物流企业做到“快速化”，才能保证生产者的零库存，实现消费者的及时需求。

2. 服务系列化

现代物流企业除了传统的储存、运输、包装、流通加工等服务外，还在外延上扩展至市场调查与预测、采购及订单处理、向下延伸至物流配送咨询、物流配送方案的选择与规划、库存控制策略建议、货款回收与结算、教育培训等增值服务。

3. 作业规范化

现代物流企业应使物流动作标准化和程序化，使复杂的作业变成简单。

4. 目标系统化

现代物流企业应从系统的角度统筹规划一个企业整体的各种物流配送活动，处理好物流配送活动与商流活动及企业目标之间、物流配送各作业活动之间的关系，不求单个活动的最优化，但求整体活动的最优化。

5. 手段现代化

现代物流企业应使用先进技术、设备与管理，为销售提供服务。

6. 组织网络化

为了保证对产品促销提供快速、全方位的物流支持，新型物流配送要有完善、健全的物流配送网络体系，网络上点与点之间的物流配送活动保持系统性、一致性，这样可以保证整个物流配送网络有最优的总水平及库存分布，运输与配送快捷、机动，既能铺开又能收拢。分散的物流配送单体只有形成网络才能满足现代生产与流通的需要。

【知识拓展】

传统物流企业与现代物流企业的关系

所谓传统物流企业，是指计划经济体制下的商业、物资和粮食等部门以及传统的仓储、运输及批发贸易企业，经过转轨变型、改制后设立的物流企业。其主要特点：传统物流企业运作大多基于职能部门的专业化模式，专业化分工可以提高单个物流活动效率，但系统总效率不高；传统物流企业的组织机构是等级层次结构，这种组织机构的特点是多职能部门、多层次、严格的等级制度，已经大大落后于经济发展；传统物流企业在信息技术应用上应用不够，由于员工素质偏低，许多业务部门仍采用手工操作，极其不适应客户要求。概括地讲，传统物流企业只提供简单地位移和被动服务，无统一服务标准，侧重点到点或线到线服务，实行人工控制和单一环节地管理。

现代物流企业实际上是一种集成的一体化的专门的物流企业，它具有系统工程理论、网络通信手段、系统控制方法、现代信息处理技术和物流工程技术，整合流通加工、包装、装卸、搬运、运输、储存、保管、信息、单证、结算等功能，在商家和用户之之间架起一座门对门无缝连接服务的桥梁。北京工商大学何明珂教授在区分传统物流与现代物流时，从物流系统论地高度提出了现代物流地九个本质特征：物流目标的系统化、物流要素的集成化、物流组织的网络化、物流接口的无缝化、物流信息的电子化、物流运作的规范化、物流经营的市场化、物流管理的现代化、物流服务的系列化。

三、物流企业的基本职能与任务

物流企业的基本职能包括宏观职能和微观职能。

（一）物流企业的宏观职能

物流企业作为独立于生产企业之外，专门从事商品交换活动的经济实体，从全社会来看，其基本的职能是以商品的买者和卖者的双重身份交替出现在市场中，解决社会生产与消费之间在数量、质量、时间和空间上的矛盾，实现生产和消费的供求结合，保证社会再生产的良性循环。这一基本职能称为物流企业的宏观职能。

（二）物流企业的微观职能

1. 购买职能

这一职能是物流过程的起点。物流企业以商品的买者和卖者是的双重身份交替出现在市场中，按照供求状况来完成物质的交换，解决社会生产与消费之间在数量、质量、时间和空间上的矛盾，实现生产和消费的供求结合，保证社会再生产的良性循环。

2. 销售职能

这一职能是物流过程的终点。它表现为物质资源到货币的转换，获得增值的货币——销售利润。

3. 储存职能

商品储存是指物质产品离开生产领域，尚未进入消费领域而在流通领域内的暂时停滞。

4. 运送物质实体的职能

这一职能是将暂时停滞在流通领域的物质产品，借助于运力完成其商品实体在空间分布上的转移，运送到消费者所在地，从而创造出生产总过程的空间价值。

5. 信息流通职能

由于物流企业在连接产需双方及其直接置身于市场的特殊地位，使它们在收集信息方面具有得天独厚的条件，将市场供求变化和潜在需求的信息反馈给供求双方，起到了指导生产、引导消费、开拓市场的作用。

（三）物流企业的任务

物流企业的任务主要包括以下四个方面：一是促进生产、引导消费、组织进货；二是搞好销售工作，满足市场需要；三是加速商品流转，缩短流通时间；四是实现商品实物上的节约。

课堂讨论

九州通协助武汉红十字管理物资

2020年2月1日晚间获悉，武汉新冠肺炎防控指挥部已指派湖北九州通医药集团，赴被临时征用为红十字会仓库的武汉汉阳国博中心分装医疗防护物资。

九州通医药物流公司协助武汉红十字会，于2020年1月31日中午12点正式启用A2、A3馆，给公司的准备时间只有一天，负责武汉红十字会捐赠物资的物流运营管理。现在所有产品的卸货由武汉城投负责，入库商品的分类堆码由九州通医药物流公司负责，商品质量和是否医用由市场监督管理局派驻人员在负责，产品数量是市统计局派驻人员在统计，待核验无误后，三方在入库单进行签字确认。

九州通医药物流公司应用自主研发的九州云仓管理软件进行商品货位库存管理；同时将药品、器械、重点器械产品类库存交市卫健委，非药品类交市发改委进行货物的分配，九州通医药物流公司接受上述单位的出库下发调拨指令，在九州云仓系统中进行出库单开具并打印出库拣货单，现场拣选完成后，核减库存确认，将拣选商品按照配送单位进行投放出库暂存区，等待配送。公司每天晚班人员会在24点进行扎账，对当天收发货完成的商品进行动销盘点，保证账务准确。

九州通医药集团物流有限公司是九州通医药集团于2014年8月投资成立的专业医药物流公司。它作为全集团物流资源整合及战略管控中心，负责整合全集团物流资源，并为行业内客户提供专业化医药物流服务，是一家医药健康行业物流一体化平台服务商。从2001年至今，九州通共规划建设了112座医药物流配送中心，拥有220万平方米GSP仓库、7万立方米GSP冷库、1000万箱的储存能力以及1亿箱的吞吐能力，仓储能力远远超过同行业其他企业。在健全的营销网络和现代医药物流中心的支撑下，“低成本、高效率”的模式被中国医药界誉为“九州通模式”。100万元的药品从订货到装车只需2个小时，出库效率10000行，出库准确率99.99%。公司及下属企业配置了各种类型配送专用车辆共计100余辆。市内配送自订单下达之时起6小时内送达、一般货物200千米内12小时送达、500千米内24小时到达。

专业的事还有由专业的人来处理，让更多的药品物流及相关企业参与进来，不仅能加强工作效率，也会更加公平公正，相信一切都会好起来。

谈论：为什么武汉红十字会管理不好捐赠的物资，而九州通医药集团却能够使物资发运井井有条的运行？请分析。

任务二　物流企业的类型

物流本身是一个综合性很强的概念，一项物流活动的完成要涉及多种运输手段和多种作业活动，这就决定了物流企业有多种类型。

一、从物流业务范围角度进行分类

从物流业务范围角度划分，物流企业可以分为三种类型：运输型物流企业、仓储型物流企业和综合服务型物流企业。

1．运输型物流企业

运输型物流企业应同时符合以下要求：一是以从事货物运输服务为主，包括货物快递服务或运输代理服务，具备一定规模；二是可以提供门到门运输、门到站运输、站到门运输、站到站运输服务和其他物流服务；三是企业自有一定数量的运输设备；四是具备网络化信息服务功能，应用信息系统可对运输货物进行状态查询、监控。

2．仓储型物流企业

仓储型物流企业应同时符合以下要求：一是以从事仓储业务为主，为客户提供货物储存、保管、中转等仓储服务，具备一定规模；二是企业能为客户提供配送服务以及商品经销、流通加工等其他服务；三是企业自有一定规模的仓储设施、设备、自有或租用必要的货运车辆；四是具备网络化信息服务功能，应用信息系统可对货物进行状态查询、监控。

3. 综合服务型物流企业

综合服务型物流企业应同时符合以下要求：一是从事多种物流服务业务，可以为客户提供运输、货运代理、仓储、配送等多种物流服务，具备一定规模；二是根据客户的需求，为客户制定整合物流资源的运作方案，为客户提供契约性的综合物流服务；三是按照业务要求，企业自有或租用必要的运输设备、仓储设施及设备；四是企业具有一定运营范围的货物集散、分拨网络；五是企业配置专门的机构和人员，建立完备的客户服务体系，能及时、有效地提供客户服务；六是具备网络化信息服务功能，应用信息系统可对物流服务全过程进行状态查询和监控。

二、从物流渠道角度进行分类

从物流渠道角度划分，物流企业可以分为三种类型：陆路运输企业、水路运输企业、航空运输企业、邮政物流企业、管道运输企业。

1. 陆路运输企业

它包括从事公路和铁路运输为主的物流企业。比如：汽车货运公司、铁路运输企业，它们为客户提供整车运输、零担运输等服务。

2. 水路运输企业

它包括从事国内内河航运和国际远洋运输的物流企业。比如：中国远洋海运有限公司，主要从事海洋运输物流服务，同时也有少量的内河运输物流服务。还有一些物流企业要么专门从事内河航运物流服务，要么专门从事海洋运输物流服务。

3. 航空运输企业

航空运输企业是主要以航空运输为主的物流企业。比如：中国南方航空公司、海南航空公司等都是用飞机载物的方式为客户提供物流服务。

4. 邮政物流企业

它主要以邮政线路为客户提供物流服务的物流企业。比如：河南邮政、广州邮政等都属于邮政物流企业。

5. 管道运输企业

管道运输企业主要是利用管道来运输物品，为客户提供物流服务。比如：中国石油管道、中国石油西气东输管道公司等。

三、从物流服务渠道角度进行分类

从物流服务渠道角度划分，物流企业可以划分为自营型物流企业、第三方物流企业和第四方物流企业。

1. 自营型物流企业

自营型物流企业是指企业自身经营物流业务，建设全资或是控股物流子公司，完成企业物流配送业务，即企业自己建立一套物流体系。自营型物流企业具有以下优势：有利于企业掌握控制权，可以利用企业原有的资源，降低交易成本，避免商业秘密泄露，提高企业品牌价值，推进客户关系管理。自营型物流企业具有以下弱势：投资高、风险大，增加企业管理难度等。比如：京东物流、海尔物流，它就是自营型物流企业。但是它的最大利润源却不是物流。但它有能力自身承担物流业务并且从中获利。自营物流是企业物流模式的一种。趋势：没有能力承担物流业务的企业把其物流业务外包给专业的第三方物流公司。由于我国物流体系制度很不完善，所以经过分析第三方物流也不是一个很好的解决办法。所以有许多生产型企业两难，不知道是该自营还是该外包。这也是我国物流行业的重要矛盾之一。

2. 第三方物流企业

第三方物流（Third-Party Logistics，TPL，3PL），也称作委外物流（Logistics Outsourcing）或是合约物流（Contract Logistics），第三方物流企业是指为公司提供全部或部分物流服务的外部供应商。3PL供应商提供的物流服务一般包括运输、仓储管理、配送等。在此过程中，3PL供应商即非生产方，又非销售方，而是在从生产到销售的整个物流过程中进行服务的第三方，它一般不拥有商品，只是为客户提供仓储、配送等物流服务。

第三方物流的诞生，是因为生产经营企业为集中精力搞好主业，把原来属于自己处理的物流活动，以合同方式委托给专业物流服务企业，同时通过信息系统与物流企业保持密切联系，以达到对物流全程管理控制的一种物流运作与管理方式。

第三方物流内部的构成一般可分为两类：资产基础供应商和非资产基础供应商。对于资产基础供应商而言，他们有自己的运输工具和仓库，他们通常实实在在地进行物流操作。而非资产基础供应商则是管理公司，不拥有或租赁资产，他们提供人力资源和先进的物流管理系统，专业管理顾客的物流功能。广义的第三方物流可定义为两者结合。

3. 第四方物流企业

第四方物流的概念是1998年美国埃森哲咨询公司率先提出的。该公司对“第四方物流”是这样定义的：“第四方物流（4PL）供应商是一个供应链的集成商，它对公司内部和具有互补性的服务供应商所拥有的不同资源、能力和技术进行整合与管理，提供一套供应链解决方案。”第四方物流的主要作用是：对制造企业或分销企业的供应链进行监控，在客户和它的物流与信息供应商之间充当唯一“联系人”的角色。

目前，中国的第四方物流仍然停留在“概念化”的第四方物流公司。它必须具备良好的物流行业背景和相关的物流咨询服务经验，但不需要从事特定的物流活动，不需要建立物流基础设施，而是为整个供应链提供综合解决方案。第四方物流的关键是为客户提供最好的增值服务，即快速、高效、低成本和个性化的服务。

第四方物流公司拥有一大批高素质的国际物流和供应链管理专业人才与团队，可以为客户提供全面优质的供应链管理和运营，提供个性化、多元化的供应链解决方案。解决实际物流业务，同时实施符合公司战略的物流发展战略。减少物流资金投入，减少资金占用。企业可以大大减少物流设施（如仓库、配送中心、车队、物流服务网点等）的资金投入，减少资金占用，增加资金周转，降低投资风险，降低库存管理和存储成本。通过其卓越的供应链管理和运营能力，第四方物流可以实现供应链中“零库存”的目标，并降低供应链中所有公司的存储成本。同时，大大提高了客户企业的库存管理水平，从而降低了库存管理成本，提高了物流服务质量，提升了企业形象。

案例链接

中国外运：打造世界一流智慧物流平台企业

中国外运股份有限公司（简称“中国外运”）是招商局集团物流业务统一运营平台和统一品牌。2003年2月13日在香港联合交易所有限公司上市，2019年1月18日在上海证券交易所有限公司上市，是“A+H”两地上市公司（股票代码：0598.HK，601598.SH）。根据Armstrong & Associates，Inc.发布的2020年榜单，中国外运货运代理服务居全球第三，全球第三方物流居全球第七。

中国外运以海、陆、空国际货运代理业务为主，集海上运输、航空运输、航空快递、铁路运输、国际多式联运、汽车运输、仓储、船舶经营和管理、船舶租赁、船务代理、综合物流为一体的国际化大型现代综合物流企业集团。公司以打造世界一流智慧物流平台企业为愿景，聚焦客户需求和深层次的商业压力与挑战，以最佳的解决方案与服务持续创造商业价值和社会价值，形成了以专业物流、代理及相关业务、电商业务为主的三大业务板块，为客户提供端到端的全程供应链方案和服务。

任务三　物流企业的组织机构

著名的管理学大师彼得·德鲁克曾说过：“一个好的组织机构本身并不创造好的业绩，就好比一部完善的宪法并不能保证产生伟大的总统、严谨的法律、或者是一个道德的社会。但无论个别的管理者多么优秀，没有好的组织结构也不可能创造出好的业绩。”物流企业是一个复杂的组织，要使物流企业更好的经营下去，需要有与之相适应的组织结构。

物流企业为了进行经营管理活动，实现企业目标，必须建立相应的组织机构，形成合理的企业组织机构。所谓企业组织机构，是指企业内部组织机构按分工协作关系和领导隶属关系有序结合的总体。它的基本内容包括明确组织机构的部门划分和层次划分，以及各个机构的职责、权限和相互关系，由此形成一个有机整体。不同部门及其责权的划分，反映组织机构之间的分工协作关系，称为部门机构；不同层次及其责权的划分，反映组织机构之间的上下级或领导隶属关系，称为层次机构。典型的物流企业组织机构有直线式组织形式、直线职能式组织形式、事业部制组织形式和矩阵式组织形式。

一、建立企业组织机构的原则

1. 精简原则

精简是指企业经营管理的各类机构的组建应同企业的经营规模和经营的任务相适应，它要求机构设置精简管理层次，压缩管理人员的编制。因此，企业要在服从经营需要的前提下，因事设机构、设职，因职用人，尽量减少不必要的机构和人员，力求精兵简政，以达到组织机构设置的合理化，提高工作效率。同时，还要求企业各级组织机构具有明确的职责范围、权限，以及相互之间的协作关系；具有健全和完善的信息沟通渠道；制定合理的奖惩制度；还应有利于发挥职工的主动性和积极性，全力投身工作。

2. 统一原则

统一是指企业的各部门、各环节的组织机构必须是一个有机结合的统一的组织体系。在这个组织体系中的各层次的机构，形成一条职责、权限分明的等级链，不得越级指挥与管理。实行这种指挥的优点是：谁命令，谁执行都很清楚，执行者负执行的责任，指挥者负指挥的责任，自上而下地逐级负责，层层负责，保证经营任务的顺利进行。

3. 自主原则

自主是指企业等级链上的各部门、环节机构都在各自的职责和权限范围内，独立自主地履行职能，充分发挥各级组织机构的主动性和积极性，提高管理工作效率。上级对下级在其职权范围内做出决定不能随意否定。可见，自主的原则是统一领导和分级管理，原则性与灵活性相结合的要求。

4. 高效原则

效率是建立组织机构都必须遵循的根本原则，它是验证组织机构合理与否的准绳。组织机构必须以完成经营目标和任务为准绳，必须具有管理工作的高效率和经营的高效益。因此，组织机构必须讲求科学分工，明确职责，实行责、权、利的统一，以提高管理效率和全员劳动效率。

上述各项原则是现代企业建立和健全高管理组织机构时应遵循的基本原则。但是每个企业的经营情况不同，要根据企业的经营实践情况有所侧重。同时，也要处理好这些原则相互之间的关系，如统一指挥和分级管理、集权与分权、综合管理与专业管理、领导者与被领导者的关系等。

二、物流企业组织的发展

随着经济全球化、网络化和信息化的发展以及社会分工的细化，物流在社会经济中的地位不断提高，传统的物流企业组织结构已不能适应和满足新的市场环境的变化与客户多元化的需求，物流企业组织结构进行创新，成为物流企业对内提高组织工作效率和对外增强核心竞争力的关键。

从物流组织的基本类型来说，分为两个大类：一是传统物流组织；二是现代物流组织。物流组织结构的变化简单地说就是从传统型到现代型的演变。

从物流组织机构的发展阶段来说，可以分为三个阶段。正如良好的物流理念随着时间的推移在不断改变，数十年来物流活动的组织机构也是在不断发展。

第一阶段大约出现在20世纪50年代初期，以一些对理解物流管理内在成本规律十分重要的经营活动的组合为代表。企业将运输活动与库存、订单处理过程协调起来进行管理，以实现实物分拨中成本和服务的双重目标。同时，将采购、运输和物料管理归到一个机构名下以便统一管理。在20世纪70年代，人们就已经认识到与实物分拨和实物供应相关的一系列活动，及其相关协调的必要性。然而，当时的组织机构非常不完善。许多公司是通过言辞说服或人员协调等非正式的手段来平衡各项活动的利益。由于组织形式的变化不是一个突变过程，而是一个渐进过程，因此在其有关物流组织方面的尝试并没有对当时企业内部的物流组织形式做出根本性的改变。

第二阶段就朝发展相对更正式的组织形式开始努力，设置一名高级主管专门负责相关的物流活动。这样可以更直接的协调各项物流活动。这是物流组织机构的又一次演进。企业对良好的物流管理所带来的收益也有了更好的认识和了解。

组织机构发展的第三阶段是物流活动全面一体化的阶段。越来越普遍的做法是物流活动完全一体化，并且建立起协调各项物流活动的有一定职权范围的组织结构。适时管理、快速反应和压缩时间的管理理念要求对整个公司内部的所有活动准确协调，这些驱动着物流活动的完全一体化。如今，一体化的物流组织管理已经得到企业的普遍认同。一体化的物流组织以产出和顾客为中心，将决策点定位于物流流程执行的地方，并强调整体全局最优，而不是单个环节或作业任务的最优。可见，与传统的物流管理相比，一体化的物流组织具有明显的优势。

以上可以知道，物流组织结构的变化不是偶然而是必然，从传统到现代的最优化，每一个阶段都有一定的改革，而促进这些改革的因素就是物流业的发展，还有每个阶段出现的问题，也使得物流结构变化成为必然。

案例链接

京东物流组织架构的调整历程

三、物流企业组织机构的基本形式

（一）直线式组织形式

直线式组织形式指物流部门对所有物流活动具有管理权和指挥权的物流组织结构，是一种较为简单的正式的组织结构形式。直线式组织结构（Linear Structure）是工业发展初期的一种简单的组织结构形式，适用于小型组织或现场作业。其特点是组织中的一切管理工作均由领导者直接指挥和管理，不设专门的职能机构。在这种组织中，上下级的权责关系是直线型，上级在其职权范围内具有直接指挥权和决策权，下属必须服从。这种结构形式具有权责明确、命令统一、决策迅速、反应灵敏和管理机构简单的优点；其缺点是权限高度集中，易于造成家长式管理作风、形成独断专行、长官意志，组织发展受到管理者个人能力的限制，组织成员只注意上下沟通，而忽视横向联系。这种组织结构的适用范围有限，它只适应于小规模组织，或者是组织规模较大但活动内容比较单纯的组织。

直线式组织机构示意如图10-1所示。

1. 直线式组织形式的特点

（1）各级行政单位，从上到下进行垂直领导，各级领导者直接行使对下级的指挥与管理。

（2）主管人员在其管辖范围内，拥有绝对的职权或完全职权。即主管人员对所管辖的部门的所有业务活动行使决策权、指挥权和监督权。

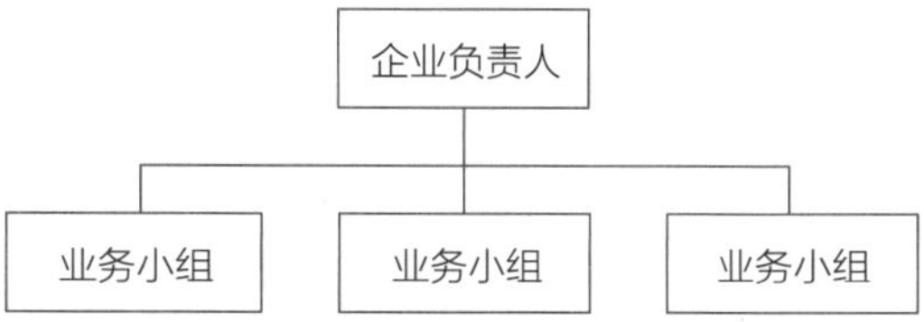

图10-1 直线式组织机构示意

（3）不设单独的职能管理机构。

2. 直线式组织形式的优点

（1）物流经理全权负责所有的物流活动，互相牵制、互相推诿的现象不再出现，物流活动效率较高，职权明晰。

（2）结构简单，易于实行，容易控制企业运行。

3. 直线式组织形式的缺点

（1）物流总经理的决策风险较大。

（2）各部门之间的协调能力差。

（二）直线职能式组织形式

直线职能制组织形式是以直线制为基础，在各级行政领导下，设置相应的职能部门。即在直线制组织统一指挥的原则下，增加了参谋机构。其职能管理人员是直线指挥人员的助手，只能对下级机构进行业务指导，而不能对它们进行直线指挥和命令。其作用包括：提供情报；把直线指挥的方案具体化；把决策转化成命令并传给下属；不断研究当前情况，为未来可能采取的行动准备方案；监督命令的执行等。它摒弃了职能式机构多头领导、指挥不统一的缺点，保留了职能式结构管理专业化的优点，又吸取了直线式结构统一指挥的优点，因而是一种有助于提高管理效率的组织形式（图10-2）。

1. 直线职能式组织形式的优点

（1）把直线制组织结构和职能制组织结构的优点结合起来，既能保持统一指挥，又能发挥参谋人员的作用。

（2）分工精细，责任清楚，各部门仅对自己应做的工作负责，效率较高。

（3）组织稳定性较高，在外部环境变化不大的情况下，易于发挥组织的集团效率。

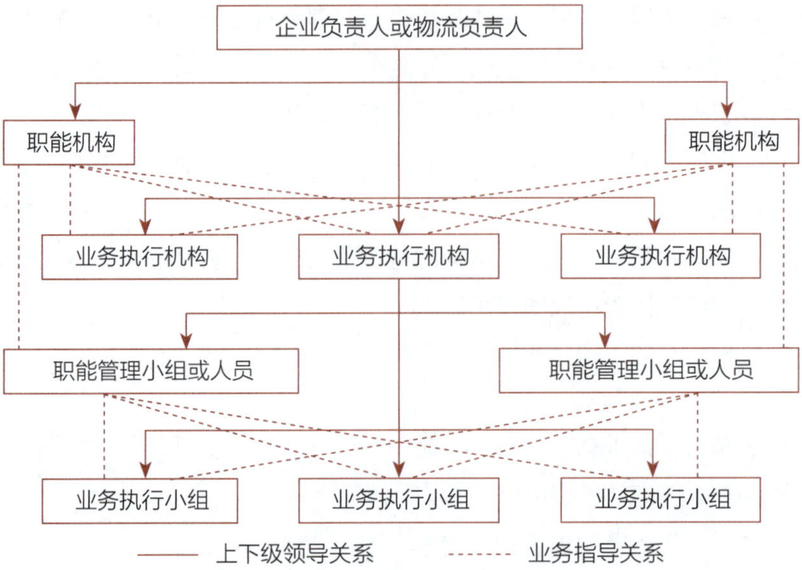

图10-2 直线职能式物流组织机构模式

2. 直线职能式组织形式的缺点

（1）部门间缺乏信息交流，不利于集思广益地做出决策。

（2）直线部门与职能部门（参谋部门）之间目标不易统一，职能部门之间横向联系较差，信息传递路线较长，矛盾较多，上层主管的协调工作量大。

（3）难以从组织内部培养熟悉全面情况的管理人才。

（4）系统刚性大，适应性差，容易因循守旧，对新情况不易及时做出反应。

（三）事业部制组织形式

所谓事业部是按产品或服务类别划分为多个类似分公司的事业部单位，实行独立核算。事业部实际上是实行一种分权式的管理制度，即分级核算盈亏，分级管理。第三方物流的事业部相当于多个物流子公司，负责不同类型的物流业务。事业部制结构主要适用于产业多元化、品种多样化、各有独立的市场，而且市场环境变化较快的大型企业。

事业部制最早是由美国通用汽车公司总裁斯隆于1924年提出的，故有“斯隆模型”之称，也叫“联邦分权化”，是一种高度（层）集权下的分权管理体制。它适用于规模庞大，品种繁多，技术复杂的大型企业，是国外较大的联合公司所采用的一种组织形式，近几年我国一些大型企业集团或公司也引进了这种组织结构形式（图10-3）。

1. 事业部制组织形式的优点

（1）各事业部按物流服务类别划分，有利于充分发挥第三方物流的专业优势，提高物流服务的质量。

（2）各事业部采取独立核算制，使得各部门的经营情况一目了然，便于互相比较，互相促进。

（3）各事业部由于权力下放，分工明确，因而形成一种责任经营制，有利于锻炼和培养出精通物流经营管理的人员，有利于发挥个人的才能和创造性。

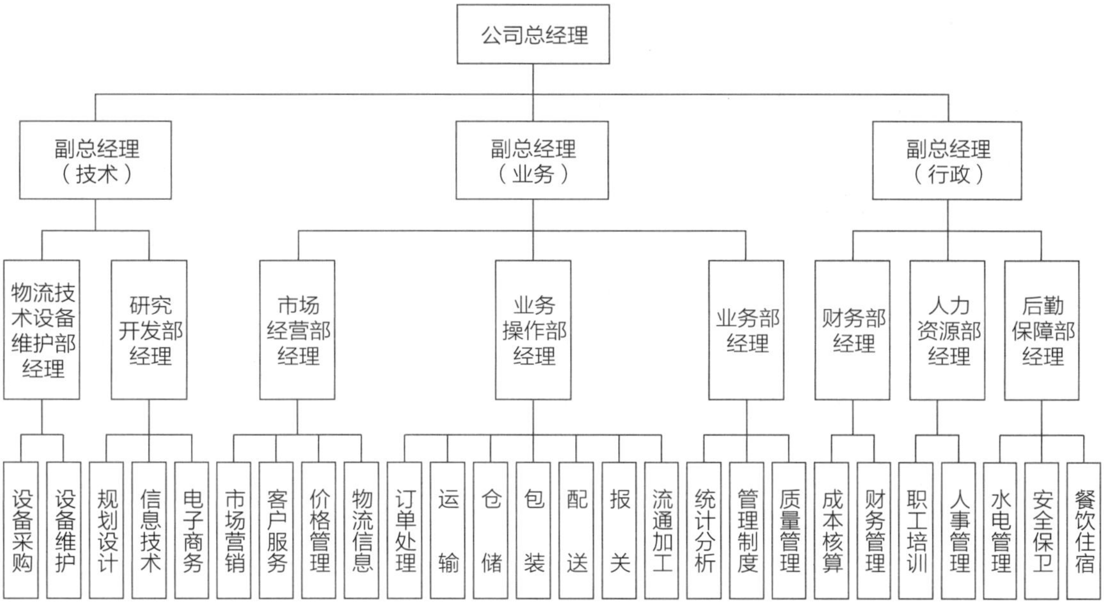

图10-3　事业部制组织形式

（4）各事业部门之间可以有比较、有竞争。由此而增强企业活力，促进企业的全面发展。

（5）各事业部自主经营，责任明确，使得目标管理和自我控制能有效的进行，在这样的条件下，高层领导的管理幅度便可以适当扩大。

（6）事业部作为利润中心，既便于建立衡量事业部及其经理工作效率的标准，进行严格的考核，又便于评价每种产品对公司总利润的贡献大小，用以指导企业发展的战略决策。

（7）按产品划分事业部，便于组织专业化生产，形成经济规模，采用专用设备，并能使个人的技术和专业知识在生产与销售领域得到最大限度地发挥，因而有利于提高劳动生产率和企业经济效益。

2．事业部制组织形式的缺点

（1）存在诸如管理费用高和综合能力差等问题，容易产生本位主义和分散倾向。

（2）过度的分权可能会架空公司领导，削弱对事业部的控制。

（3）事业部的管理需要专业的人才，人才难以招聘。

（4）以利润为考核，在成立初期，因考虑成本问题，不敢投入，决策会比较着重短期效应，而不重视长期效益。

（5）事业部技术实力无保障，产品研发人员要兼顾实施客服等，产品研发体系与竞争对手相比会跟不上。以一个小团队，与专业的公司，那压力会有多大。

事业部制是在一个企业内对具有独立产品市场、独立责任和利益的部门实行分权管理的一种组织形式，具备以下几个条件公司适合实行事业部制：

（1）具备专业化原则划分的条件，并能确保独立性，以便承担利润责任。

（2）事业部之间相互依存，不硬性拼凑。

（3）保持事业部之间适度竞争。

（4）公司有管理的经济机制，尽量避免单纯使用行政手段。

（5）适时而动：一是外部环境好，有利于事业部制；二是外部环境不好，应收缩，集中力量渡过难关。

（四）矩阵式组织形式

矩阵式物流组织结构由美国学者丹尼尔·W.蒂海斯和罗伯特·L.泰勒于1972年提出，大体内容：履行物流业务所需的各种物流活动仍由原部门（垂直方向）管理，但水平方向上又加入类似于项目管理的部门（一般也称为物流部门），负责管理一个完整的物流业务（作为一个物流“项目”），从而形成了纵横交错的矩阵式物流组织结构。

矩阵式组织形式如图10–4所示。

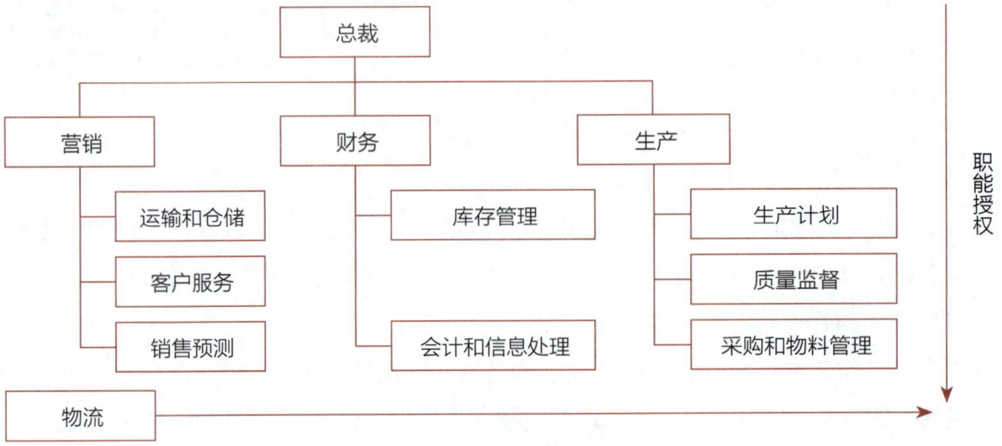

图10–4　矩阵式组织形式

矩阵式组织结构具有双道命令系统，两道系统的权力平衡是这一组织结构的关键。但在现实中无法存在绝对的平衡，因而在实际工作中就会存在两条相互结合的划分职权的路线：职能与产品，并形成两种深化演化形式：职能式矩阵和项目式矩阵。前者是以职能主管为主要决策人，后者则是以产品/项目负责人为主。这种组织结构最为突出的特点就是打破了单一指令系统的概念，而使管理矩阵中的员工同时拥有两个上级。

1. 矩阵式组织形式的主要优点

（1）物流部门作为一个责任中心，允许其基于目标进行管理，可提高物流运作效率。

（2）该形式比较灵活，适合于任何企业的各种需求。

（3）它可以允许物流经理对物流进行一体化的规划和设计，提高物流的整合效应。

（4）具有较大的机动性，促进各种专业人员互相帮助，互相激发，相得益彰。

2. 矩阵式组织形式的主要缺点

（1）职权关系受到纵横两个方向上的控制，可能会导致某些冲突和不协调。

（2）成员位置不固定，有临时观念，有时责任心不够强。

案例链接

联合设备公司（United Fixtures）生产管道装置和设备，其销售额约为8000万美元。这家公司最近设立了一个分拨部门来解决物流问题。新上任的分拨部经理对销售和市场副总裁负责，其部门目标是确定客户服务标准，并协调该服务标准与配送计划、生产计划之间的关系。

以前，销售部门为了取悦大客户的要求直接将企业生产的产品从工厂运出，但生产管理人员却常常跟不上进度。新部门成立以来，很快就发现了企业的这一瓶颈约束，并着手建立一套系统以更好地协调订单录入、生产计划、基层仓储和运输之间的关系，满足客户的需求。与此同时，为了迎合客户的口味，销售人员又制定出了新方案，从而打乱了生产计划，采购人员则不停地抱怨新的生产计划对原材料需求的波动太大，情况进一步复杂化。

尽管新部门的成立给运输成本和准时送货带来了积极的影响，但是仍有不少问题存在。比如：公司里大多数与物料流动有关或参与物料流动系统的职能部门认为分拨部门只对改善产成品的分拨系统有兴趣。而分拨经理也因无权控制成品库存心存不满。企业的生产副总裁“负责企业库存管理”，而且并不打算放弃产成品库存的控制权。

面对上述问题，在物流组织设计上你能给该公司什么样的建议？

任务四　物流企业的发展前景

经过改革开放以来40余年的持续快速发展，中国已经成为有全球影响力的物流大国和全球最大的物流市场。中国物流业规模虽大，但绩效并不理想。大而不强、全球连接能力弱、现代化程度不高，物流成本偏高、质量效益不佳，中高端、体系化、集约式物流服务与供应链服务等严重不足，传统运作模式难以为继等问题突出。“十三五”及未来更长时期，中国的工业化、信息化、市场化、城镇化、全球化、绿色化进程将深入推进，物流业发展的需求、技术供给、制度、资源环境以及国际格局会发生重大变化，要求中国物流业朝着安全、高效、便利、自动化、信息化、数字化、网络化、智能化、精细化、绿色化、全球化等方向发展。

（一）全球物流业发展现状

物流服务是指物流供应方通过对运输、储存、装卸、搬运、包装、流通加工、配送和信息管理等功能的组织与管理来满足其客户物流需求的行为。现代物流是借助现代科技特别是计算机网络技术的力量，对社会现有的物流资源进行整合，实现物品从生产地到消费地的快速、准确和低成本转移的全过程，获取物流资源在时间和空间上的最优配置。随着全球和区域经济一体化的深度推进，以及互联网信息技术的广泛运用，全球物流业的发展经历了深刻的变革并获得越来越多的关注。目前，现代物流已经发展成包括合同物流（第三方物流）、地面运输（公路和铁路系统提供的物流）、快递及包裹、货运代理、第四方物流、分销公司在内的庞大体系。中国物流业市场规模位居全球第一，美国位列其次，预计未来几年，全球物流业仍将快速发展。目前，现代物流行业的发展趋势是从基础物流、综合物流逐渐向供应链管理发展。供应链概念是传统物流理念的升级，将物流划为供应链的一部分，综合考虑整体供应链的效率和成本。供应链是生产及流通过程中，涉及将产品或服务提供给最终用户活动的上游与下游企业，所形成的网链结构。供应链管理渗透至物流活动和制造活动，涉及从原材料到产品交付最终用户的整个物流增值过程。供应链管理属于物流发展的高级阶段，供应链管理的出现标志着物流企业与客户之间从物流合作上升到战略合作高度。物流企业从基础服务的提供逐渐转变为供应链方案的整合与优化，在利用较少资源的情况下，为客户创造更大的价值。

（二）我国物流业发展现状

现代物流业属于生产性服务业，是国家重点鼓励发展行业。现代物流业作为国民经济基础产业，融合了道路运输业、仓储业和信息业等多个产业，涉及领域广，吸纳就业人数多，现代物流业的发展可以推动产业结构调整升级，其发展程度成为衡量综合国力的重要标志之一。物流行业规模与经济增长速度具有直接关系，近十几年的物流行业快速发展主要得益于国内经济的增长，但是与发达国家物流发展水平相比，我国物流业尚处于发展期向成熟期过渡的阶段。物流企业资产重组和资源整合步伐进一步加快，形成了一批所有制多元化、服务网络化和管理现代化的物流企业。一方面物流市场结构不断优化，以“互联网+”带动的物流新业态增长较快；另一方面，社会物流总费用与GDP的比率逐渐下降，物流产业转型升级态势明显，物流运行质量和效率有所提升。

1．物流运行总体平稳，有力支撑国民经济发展

2020年全国社会物流总额300.1万亿元，按可比价格计算，同比增长3.5%。分季度看，一季度、上半年和前三季度增速分别为-7.3%、-0.5%和2.0%，物流规模增长持续恢复，四季度增速回升进一步加快。

物流业总收入保持增长。2020年，物流业总收入10.5万亿元，同比增长2.2%。物流业总收入增速自三季度由负转正，四季度以来呈现加速回升态势，恢复至上年水平。

2．供给侧结构性改革推进，物流发展质量稳步提升

2020年我国物流需求结构继续调整，新动能带动引领作用凸显。工业领域的高新技术物流需求、国际物流需求、网上零售物流需求快速发展，新产业、新业态、新产品的拉动作用持续增强。

2020年工业品物流总额同比增长2.8%，其中一季度下降8.4%，上半年下降1.3%，前三季度增长1.2%，呈现逐季回升态势。在内需及海外出口的带动下，四季度各月增速均保持6%～8%的快速增长，升至年内新高。在疫情影响下，世界经济增长和全球贸易遭受严重冲击，但我国经济展现出强大市场活力和综合竞争力，进出口物流量快速回稳。

2020年我国进口物流量同比增长8.9%，增速比上年提高4.7个百分点。出口物流需求保持平稳较快增长。海外疫情持续蔓延且有加速扩散趋势，欧美等主要经济体的需求向货物需求转变，同时我国制造业较为完备，恢复速度较快，出口物流量增速提高至近5%。2020年社会物流总费用与GDP的比率为14.7%，5年间下降1.3个百分点，物流降本增效成果显著。

2006—2020年全国社会物流总费用与GDP的比率如图10-5所示。

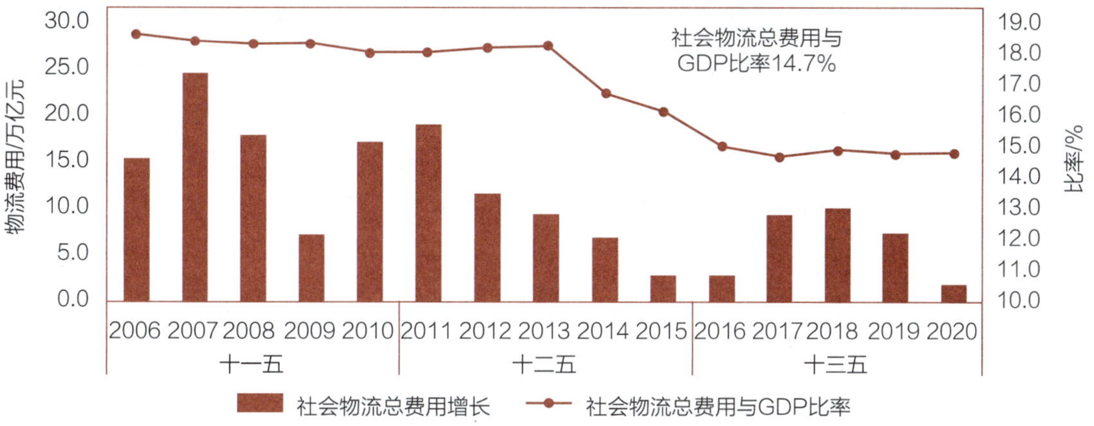

图10-5 2006—2020年全国社会物流总费用与GDP的比率

3. 物流运行压力犹存，不稳定问题仍需关注

总体来看，2021年我国宏观经济和物流发展将保持较强韧性，物流总规模稳定增长，需求结构继续调整，高质量物流服务体系加快形成，对各行业支撑和带动作用进一步增强，但也要看到物流运行仍存在一些问题值得关注。

未来一段时期，我国将加快构建以国内大循环为主体、国内国际双循环相互促进的新发展格局，宏观经济高质量发展的基本面不会改变，物流市场规模增长、业态更趋丰富、行业提质增效、运作效率持续改善的基本态势也不会改变，物流继续处于重要战略机遇期。2021年是“十四五”规划的开局之年、关键之年，各地区、各部门科学统筹常态化疫情防控和经济社会发展，在经济持续复苏和低基数的基础上，年度物流运行主要指标将保持较快增速，部分指标或为两位数增长，总体呈现前高后低，工业、国际、消费物流需求继续修复，物流市场规模加速扩张，物流运行效率有望恢复到正常水平。

（三）我国物流业未来发展趋势

面对复杂严峻的国际环境和艰巨繁重的改革发展稳定任务，物流业面临着结构调整、产业优化、降本增效等挑战，也迎来了信息技术、智慧物流、市场升级等发展机遇。未来我国物流业发展的前景与方向如何，企业面临哪些机遇与挑战。

1. 物流市场增速或放缓

受宏观经济下滑、消费需求增速回落、产业结构优化以及国际经济环境不确定因素的影响，近期我国物流强度将进一步下降，物流市场规模增速或将收窄至低于经济增速，尤其是占主体地位的道路货运业受运输结构调整等政策影响将更加低迷。但是物流市场结构将持续优化，大运量、低附加值的物流需求进一步降低，小批量、高附加值货物的比重将大幅增长。

2. 物流行业将迎来政策春天

若物流运行更有效率，则成本有足够的下降空间，因此物流业能推动产业结构升级和促进经济提质增效。这使得政府更加重视和推进物流业的发展，因此物流业也受到了有史以来最大的关注：

（1）从宏观层面看，国家陆续提出了跨区域长江经济带、京津冀协同发展、丝绸之路经济带等一系列区域经济规划，利于跨区域物流的发展。尤其是近年京津冀协同发展问题摆上日程，其中，重工业大省河北转变经济增长模式，开始引导新兴商贸物流业态集聚，充分利用集群化所独有的专业化分工与互动协作能力，指导建立新兴商贸物流业态的研发与传播中心，它们是物流企业专业化、信息化、快速崛起的代表，也是区域协同发展出现的新型服务模式。

（2）从政策层面看，政府部门通过发布多项文件，提出有综合性的指导意见和专项性的园区规划、信息互联、绩效考核、税收改革等，随着国家政策支持力度加大，物流行业越来越受资本市场青睐。

3．内贸物流市场释放潜力

要促进形成强大国内市场。随着我国经济转向高质量发展阶段，经济的对外依赖性将会逐渐降低，国内市场具有更大的空间。2020年人均国内生产总值连续两年超过1万美元，居民消费升级、现代化产业体系构建、城乡区域协调发展不断为国内市场拓展新空间。

物流业将在促进国内市场供需匹配、支撑现代化产业体系、降低国内市场交易成本、创造新市场需求等方面发挥更加重要的作用。此消彼长，在物流市场规模保持中低速增长的总体趋势下，出口加工导向下的大进大出物流模式将不可持续，内贸物流市场比外贸物流市场具有更大的发展潜力。

4．新型物流基础设施投资规模扩大

自动驾驶、无人仓等技术的发展对物流基础设施智能化的要求越来越高，建设互联互通的物流物联网迫在眉睫。但是，我国存量巨大的物流基础设施目前还达不到智能化的要求，推动传统基础设施的智能化改造将成为发展重点。

“5G、人工智能、工业互联网、物联网”已定义为“新型基础设施建设”，并且提出“加大城际交通、物流、市政基础设施等投资力度”，《国家物流枢纽布局和建设规划》提出以127个城市作为国家物流枢纽承载城市建设现代化物流运行体系。作为政府稳增长稳投资的重点领域，智慧型物流园区、物流物联网络、农村物流、冷链物流等新型物流基础设施的投资规模将进一步加大。

5．铁路货改助推运输结构调整

铁路货运市场化改革将继续成为运输结构调整的重要助推力，适应多样化、个性化、碎片化等物流市场需求特点，物流企业可深度参与铁路货运市场化改革，加强与国铁在货运价格、枢纽基地、技术装备、运输组织、数据共享等领域的深度合作，积极创新高铁快递、零担快运、冷链班列、中欧班列、驮背运输、集装箱多式联运等市场化产品。

6．物流市场监管转向信用和数据

物流信息化建设深入推进，国家综合物流信息平台实体化营运，部分地区交通运输、海关、税务、工商等部门积极开展政府物流信息平台建设，20家部委就物流业严重违法失信市场主体及其有关人员实施联合惩戒，物流业信用体系建设步入规范化轨道。信息技术的进步为政府监管提供了新的手段，货运市场监管向实时监管、视频监管、远程监管、平台监管发展，监管信息透明化程度和监管力度得到加强。

未来监管的重点将由以审批为主的事前资质监管转向以信用为主的事中、事后监管转变。随着区块链技术商业化，物流信用记录方式、契约规则将发生改变，物流信用系统、物流金融创新将具有极大的发展潜力。

7. 跨境电商物流成市场蓝海

习近平总书记在首届中国国际进口博览会开幕式上强调“加快跨境电子商务等新业态新模式发展”。国务院先后批准在上海、杭州、宁波等35个城市设立了跨境电子商务综合试验区，跨境电商的业务模式已经基本成熟。随着我国消费水平的升级，国内消费者对国外优质产品和服务的需求将会大大增加，推动跨境电子商务等新业态、新模式的快速发展，进口导向的跨境电商物流将成为市场蓝海。

8. 物流业务流程数字化改造

推动物流企业拥抱智能科技，加快推进传统企业业务流程的数字化改造，是物流业下一步发展面临的艰巨挑战。通过云计算、大数据、物联网等新型基础设施的建设，把物流每个环节的信息转化为数据，并将这些数据打通实现在线化，只是解决传统物流企业业务数据化的第一步。更重要的是按照数字化的要求对业务流程及组织管理体系进行重构，推动全流程的透明化改造，通过智能化技术赋能物流各个环节实现效率提高和成本降低，实现数据业务化。

9. 物流业和制造业深度联动

伴随新一轮产业革命，全球产业布局和全球供应链格局均将发生重大调整。《中国制造2025》将推动我国的制造业加速向智能化、高端化、精细化发展，对于物流供应链可视化、协同化、全球化和稳健性的要求越来越高。作为生产性服务业的重要组成，物流业将在提升制造业核心竞争力方面发挥更加重要的作用。这种趋势将进一步驱动物流业与制造业深度联动融合发展。对于物流企业而言，竞争力的关键不再是单纯提供物流运营业务，而是能够输出上下游供应链一体化的解决方案，实现制造、流通和消费的无缝对接。培育具有国际竞争力的全球供应链体系，将成为物流业和制造业深度联动融合发展的核心。

10. 区域物流一体化加速推进

2018年，港珠澳大桥通车，京津冀、长三角、粤港澳大湾区等城市圈（群）和区域一体化正成为引领高质量发展的重要动力源。推动城市圈（群）一体化发展，要求打破传统的城市行政边界，在更大的范围内调整物流布局。以京津冀协同发展、粤港澳大湾区、长三角高质量一体化三大国家战略为核心，以基础设施互联互通、运输组织协同高效、信息资源共享应用、管理政策规范统一、推动区域物流与产业协同为重点，区域物流一体化将加速推进。

11. 信息技术影响物流模式变革

随着新型信息技术的广泛应用，物流管理理念转向以轻资产的形态管理重资产，推动物流业跨界融合、动态化演进。物联网和大数据在物流领域中的应用潜力已经得到验证，今年人工智能和区块链技术在物流领域将迎来应用的爆发。信息技术对物流业的支持，也逐步由问题解决型向方案设计型过渡，新兴技术给物流业带来信息收集、精准匹配及产业链整合的机会，同时也扮演着流量端口和精准营销端口的双重角色。新零售的变革带来线上线下的进一步融合落地，推动智慧物流加速前进的同时，也对物流效率和体验提出了新要求。

• 项目小结

本项目主要介绍了物流企业的概念，详细阐述了物流企业的基本职能以及传统物流企业与现代物流企业的区别。从不同的角度对物流企业进行了分类，并详细阐述了物流组织的基本形式，物流组织的基本形式可以分为直线式组织机构、直线职能式组织机构、事业部制组织机构和矩阵式组织机构。最后分析了我国物流企业发展的前景。

重点概念：物流企业　物流企业的类型　物流企业组织机构　物流企业发展前景

• 知识巩固

一、不定项选择题

1.（　　）指从事物流活动的经济组织，至少从事运输（含运输代理、货物快递）或仓储一种经营业务，并能够按照客户的物流需求对运输、储存、装卸、包装、流通加工、配送等基本功能进行组织和管理，具有与自身业务相适应的信息管理系统，实行独立核算、独立承担民事责任的经济组织。

A. 企业　　B. 企业物流　　C. 物流企业　　D. 公司

2. 现代物流企业的特征（　　）。

A. 反应快速化　　B. 服务系列化　　C. 目标系统化　　D. 手段现代化

3. 物流企业的基本职能包括（　　）。

A. 销售职能　　B. 宏观职能　　C. 微观职能　　D. 储存职能

4. 从物流业务范围角度划分，可将物流企业分为（　　）。

A. 运输型物流企业　　B. 仓储型物流企业

C. 综合服务型物流企业　　D. 陆路运输物流企业

5.（　　）是指企业内部组织机构按分工协作关系和领导隶属关系有序结合的总体。

A. 企业组织机构　　B. 企业文化　　C. 企业战略　　D. 企业组织形式

6.（　　）指物流部门对所有物流活动具有管理权和指挥权的物流组织结构，是一种较为简单的正式的组织结构形式。

A. 直线式　　B. 直线职能式　　C. 事业部制　　D. 矩阵式

7.（　　）是按产品或服务类别划分为多个类似分公司的事业部单位，实行独立核算。事业部实际上是实行一种分权式的管理制度，即分级核算盈亏，分级管理。

A. 直线式　　B. 直线职能式　　C. 事业部制　　D. 矩阵式

8. 从物流服务渠道角度划分，物流企业可以划分为（　　）。

A. 自营　　B. 第三方　　C. 第四方　　D. 航空运输企业

9. 直线职能式组织形式的缺点（　　）。

A. 部门间缺乏信息交流，不利于集思广益地做出决策

B．物流总经理的决策风险较大

C．难以从组织内部培养熟悉全面情况的管理人才

D．系统刚性大，适应性差，容易因循守旧，对新情况不易及时做出反应

10.（　　）是指物流供应方通过对运输、储存、装卸、搬运、包装、流通加工、配送和信息管理等功能的组织与管理来满足其客户物流需求的行为。

A．物流职能　　B．物流服务　　C．物流行为　　D．物流战略

二、判断题

1．购买职能属于物流企业的宏观职能。（　　）

2．组织网络化是现代物流企业的特征。（　　）

3．物流企业组织机构的基本形式有直线式组织形式、直线职能式组织形式、事业部制组织形式和矩阵式组织形式。（　　）

4．结构简单，易于实行，容易控制企业运行是直线职能式组织机构的优点。（　　）

5．成员位置不固定，有临时观念，有时责任心不够强大是事业部制组织机构的缺点。（　　）

三、简答题

1．简述物流企业的基本职能。

2．物流企业的类型有哪些？

3．分析矩阵式组织机构的特点。

4．简述建立组织机构的原则。

5．简述我国物流企业发展前景。

课后习题答案

拓展阅读

京东物流的B面

技能实训

一、实训目标

院校拟根据专业协会和兴趣小组的需求对城市物流企业进行调研，请运用学过的理论分析这些物流企业的类型以及组织机构。通过实训，使学生能够熟将学习到的知识学以致用，并加深对理论知识的理解。

二、实训步骤

1．走访调查周围的物流企业。

2．具体步骤

（1）学生自由组合成小组，每组约为8个人。

（2）明确每个人的职责，合理分工。

（3）制定调研方案。

（4）得出调研结果。

三、实训要求

1. 了解本次实训的目的。

2. 学生在参观过程中应做好记录。

3. 形成实训报告。

4. 进行实训考评。

四、实训报告

实训报告

班级		姓名		时间	
实训目的					
实训步骤					
实训内容					
我的做法					
我的结论					
我的想法					

五、实训考评

考评表

考评人	实训教师	被考评人	
考评地点			
考评内容			
考评标准	具体内容	分值	实际得分
	物流企业类型分析	20	
	物流企业组织机构分析	20	
	调研方案的撰写	20	
	撰写调研报告	30	
	团队合作和职业素养表现	10	
合 计		100	

模块四

物流案例

项目十一 物流案例研究

项目目标

【知识目标】

1. 认知绿色物流的概念
2. 认知电子商务物流的特点
3. 熟悉冷链物流的对象
4. 了解快递物流的发展态势
5. 认知物流成本的组成
6. 了解物流法规的主要内容

【技能目标】

1. 认知电子商务物流的基本知识
2. 能对合适商品提出冷链物流方案
3. 能合理规划快递物流
4. 能提出降低物流成本的举措

【素质目标】

1. 培养学生良好的职业素养和职业能力
2. 能利用适当的物流法规处理问题

思维导图

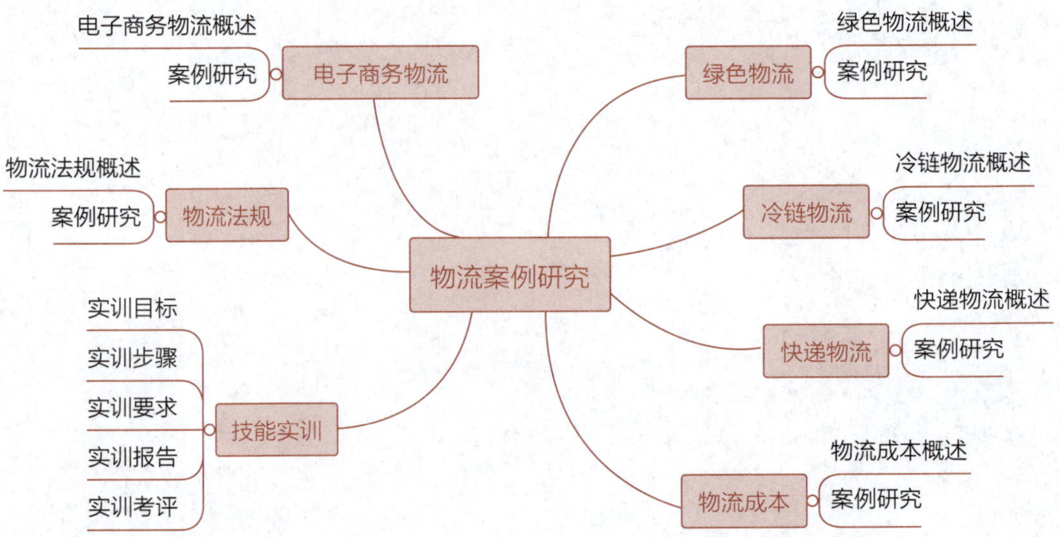

· 项目知识

任务一　绿色物流

一、绿色物流概述

（一）绿色物流的概念

绿色物流（Environmental Logistics）是指在物流过程中抑制物流对环境造成危害的同时，实现对物流环境的净化，使物流资源得到最充分利用。绿色物流的最终目标是可持续性发展，实现该目标的准则是经济利益、社会利益和环境利益的统一。

"绿色物流"里的绿色，是一个特定的形象用语，它泛指保护地球生态环境的活动、行为、计划、思想和观念在物流及其管理活动中的体现。

（二）绿色物流的内涵

绿色物流是以经济学一般原理为基础，建立在可持续发展理论、生态经济学理论、生态伦理学理论、外部成本内部化理论和物流绩效评估的基础上的物流科学发展观。同时，绿色物流也是一种能抑制物流活动对环境的污染，减少资源消耗，利用先进的物流技术规划和实施运输、仓储、装卸搬运、流通加工、包装、配送等作业流程的物流活动。绿色物流的内涵包括以下五个方面。

1. 集约资源

这是绿色物流的本质内容，也是物流业发展的主要指导思想之一。通过整合现有资源，优化资源配置，企业可以提高资源利用率，减少资源浪费。

2. 绿色运输

运输过程中的燃油消耗和尾气排放，是物流活动造成环境污染的主要原因之一。因此，要想打造绿色物流，首先要对运输线路进行合理布局与规划，通过缩短运输路线，提高车辆装载率等措施，实现节能减排的目标。另外，还要注重对运输车辆的养护，使用清洁燃料，减少能耗及尾气排放。

3. 绿色仓储

绿色仓储：一方面，要求仓库选址要合理，有利于节约运输成本；另一方面，仓储布局要科学，使仓库得以充分利用，实现仓储面积利用的最大化，减少仓储成本。

4. 绿色包装

包装是物流活动的一个重要环节，绿色包装可以提高包装材料的回收利用率，有效控制资源消耗，避免环境污染。

5. 废弃物物流

废弃物物流是指在经济活动中失去原有价值的物品，根据实际需要对其进行搜集、分类、加工、包装、搬运、储存等，然后分送到专门处理场所后形成的物品流动活动。

问题讨论

购物狂欢后，快递纸箱、胶带和填充料去了哪儿?

每年“双11”落下帷幕，快递包裹陆陆续续送到了家。满心欢喜拆开层层包裹的商品时，很多人也忧心，这些快递包装垃圾最后都去了哪里？快递行业“绿”到什么程度了？

菜鸟网络科技有限公司最新数据显示，“双11”当天，仅天猫的订单就达12.92亿件。事实上，从2012年的56.9亿件，到2018年的超500亿件，近些年我国快递单量快速增长。业内人士预测，2021年快递单量更将突破950亿件。快速增长的快递单量背后，是快递包装垃圾的爆发性增加。

快递包装主要以瓦楞纸箱和塑料袋为主。根据中华环保联合会等机构联合发布的关于中国快递包装废弃物产生特征与管理现状的报告，通过从业者估算以及抽样称重，纸箱类包装废弃物只有不到5%被重复使用，更多的纸箱是被回收，约占80%。

然而从环境角度，业内人士更建议纸箱重复利用，而非回收。回收的话，纸箱的处置链条会变长，纸箱粉碎成纸浆重新生产的过程中，仍然会带来大量的碳排放。

快递的塑料包装垃圾，目前来看，主要是塑料薄膜、填充料和透明胶带。根据上述报告，分别约占塑料包装的60%、18%和9%。这些塑料包装价值低、回收难度大，更多是作为生活垃圾被焚烧或者填埋。然而无论是消费者，还是各类电商平台卖家，都存在过度包装的倾向。

此外，中华环保联合会国际合作部副部长倪垚认为，一些快递包装中使用的塑料薄膜质量堪忧。“这些薄膜约70%是由再生料直接再生，呈现灰色或黑色；约25%由再生料和少量原生料混合生产，一般呈现黄绿色。由于包装材料多由商家自主进货，他们倾向于选购价格较低的包材，再生料来源不明，生产过程中可能造成环境污染，也可能对接触该类材料的消费者和快递员的健康产生影响。”

事实上，随着快递物流行业的“绿色化”引起社会关注，目前包装、配送、回收等各环节都已经有了一些举措。

如“四通一达”等快递企业在快递收发点设置了回收箱，鼓励居民将完好的纸箱送回，促进循环使用；两联电子面单正在替代原有的四联手写单，中国快递协会副秘书长杨骏介绍，目前行业内电子面单普及率超过90%，用纸比原来节省至少40%；给胶带“瘦身”，缩减胶带宽度；以大颗粒气体填充物代替小颗粒填充物；推出“可降解”包装袋等。

但在具体实施过程中，却仍存在一定难度，还需要快递企业、电商平台与商家、消费者等多方共同参与。

——用户配合意愿低。以纸箱的循环使用为例，深圳大学在快递的收存点设置了回收箱，鼓励学生现场拆快递，但出于方便或隐私等方面考虑，高峰期一小时内取件人数约170人，仅有7个现场拆解。

——快递网点回收存储不便。有快递公司表示，快递站点空间窄小，没办法储存大量回收再利用的纸箱；此外，电商平台及快递公司对纸箱回收再利用尚无明确的激励政策，站点缺乏回收动力。塑料类的快递包装，则面临更大的循环使用难题。据菜鸟介绍，目前“一些末端网点也对填充物进行回收”，但这些填充物更占空间，无疑增加了存储难度。此外，由于塑料的回收价值低，绝大多数包装塑料无法进入回收通道，与其他生活垃圾一起，被焚烧或者填埋。

——过度包装常见。商家和消费者多有“多层包装才能保证产品的安全无损”的心理。目前来看，快递公司、电商平台对商家的包装方式均无特定的要求。

——可降解塑料袋成本高，降解效果待验证。菜鸟绿色行动负责人牛智敬表示，环保快递袋的市场价格，为普通快递袋价格的1.5倍到2倍。上海市绿化市容局环卫处处长徐志平则认为，市面上的可降解塑料质量参差不齐，工艺颇多，能否完全降解存疑。

针对这些快递行业"变绿"的瓶颈，业内人士建议细化行业标准的同时，利用市场化手段探索快递的新业态。

倪垚认为，目前国内针对减少过度包装、提高回收和再利用率等政策法规，"均以倡导为主，缺乏相应强制或激励性政策，造成电商平台、快递公司包装绿色化革新动力不足"。

快递公司也认为推广绿色包装，需要在全行业同时强制推进，"目前国内快递行业竞争激烈，利润摊薄，使用绿色包装意味着企业成本增加。除非整个行业统一推进，单独某家企业难以承受市场压力"。牛智敬说。

倪垚认为，"当前阶段我们暂无快递行业包装环保标准，不少快递袋来源不明，生产过程污染严重"。没有无用的垃圾，只有放错地方的资源，清华大学循环经济产业研究中心主任温宗国认为，"包装材料明确行业标准，将有效降低收集整理的难度和成本"。

有业内人士建议，将绿色包装作为快递企业从事快递经营的准入条件之一，推动绿色信息披露和消费端绿色选择。

此外，清华美院社会创新与可持续设计实验室协调人钟芳建议，建立包装材料回收机制和循环使用体系，鼓励探索新的快递业态。钟芳介绍，国外一些企业已经有了一些尝试，如宝洁、雀巢、百事等快消品牌与循环电子商务平台Loop合作，除了上门送货，Loop还上门回收用完的包装瓶，经专门的清洁后实现容器循环。

（资料来源：新华社https://baijiahao.baidu.com/s?id=1650083403854138783&wfr=spider&for=pc）

二、案例研究

中国邮政、菜鸟、顺丰、德邦、百世、京东、苏宁等2019环保行动大盘点

虽然绿色环保一词在近几年总是被提起，但是想要真正实现环保的推广还有很长的路要走。在人人都在追求速度和效益的时代，如何在降本增效的同时，铺展绿色物流的新路，需要的不仅仅是菜鸟、通达系等快递公司的努力，更需要各位消费者坚持绿色物流的理念并付诸行动。

1. 菜鸟联合五家快递公司启动"回箱计划"

菜鸟"回箱计划"如图11-1所示。

2019年8月21日，菜鸟网络联合中通、圆通、申通、韵达、百世五家快递公司宣布，将在上海启动一项旨在促进快递包装分类回收、循环利用再次寄件的"回箱计划"。首批1000个快递回收箱已经在上海地区的上述五大快递公司末端站点进行铺设。

点评：菜鸟一直是绿色物流的先行者，在电子面单、环保袋、新能源物流车等方面一直积极推进，同时"三通一达"等多家快递公司一直积极响应菜鸟的号召，绿色物流的网络得以扩张和铺展。

2. 苏宁"青城计划"11城落地

苏宁"青城计划"如图11-2所示。

图11-1 菜鸟“回箱计划”

图11-2 苏宁“青城计划”

随着2019年“绿色快递宣传周”的到来，苏宁物流“青城计划”全国绿色实践继续加速。“双11”期间，苏宁物流在北京、上海、广州、南京、沈阳、武汉、成都、深圳、杭州、郑州、重庆等城市继续新增20万只共享快递盒，同时宣布正式启动“青城计划”绿色城市群的建设。

点评：苏宁物流的绿色世界观是持续在供应链流程深化“共享理念”，快递箱、新能源汽车、无人承运平台，苏宁力图协同各方实现长三角、京津冀、珠三角、川渝、中部地区等近十个城市群的可持续发展。

3.“绿色邮政”正在进行

2019年11月1日—7日“绿色宣传周”期间，全国各地邮政以“绿色邮政、绿色发展”为主题，走进社区，来到城市繁华区域，通过发放明信片、宣传折页、摆放展架等方式，向市民介绍中国邮政在治理企业包装污染和运输污染方面为绿色城市建设所做出的努力，引导市民实践绿色生活。

点评：绿色一直是邮政的标准色。这次的“绿色宣传周”活动成功地展现了“国家队”对于绿色实践的重视，由于无法形成商业模式，绝大多数企业都处于探索阶段，这也是绿色邮政当前建设行动的痛点。

4. 2亿人次参与“绿色双11”

随着天猫2019“双11”当天诞生的近13亿快递加速送向消费者，菜鸟和物流合作伙伴，正在让物流更加绿色。截至2019年11月11日当天，有超2亿人次以多种形式参与“绿色双11”，包括绿色消费、绿色物流等环保行动，还有超过2000万人次加入成为“绿色合伙人”。

点评：各方的响应表明了对于坚持绿色物流发展的决心，“独木不成林”，有了各方从理念到技术再到实践的推广，真正实现让绿色物流理念深入人心、绿色包装进入万家生活，相信绿色物流在未来会有更好的发展。

5. 电子运单“瘦身”成功

据媒体2019年11月17日报道，顺丰速运电子运单使用率达100%，热敏运单执行了减量化，面纸从原克重70g降低到65g；申通快递全网停止使用五联单，电子运单使用率为100%；京东在电子运单100%全覆盖运用的基础上，还将电子运单缩减……

点评：从菜鸟推行的电子运单问世，到四、五联单演变成一联单，再到各家电商、快递公司积极响应，如拼多多、顺丰、“三通一达”、百世快递等，真正在大范围内实现了在降本增效的同时保护环境。据了解，自2014年推行到2019年6月底，菜鸟电子运单已节约纸张3200亿张。

6. 盒马计划“减塑”380万千克

2019年2月14日，盒马宣布启动绿色盒区计划，通过供应链和流程优化，从源头到餐桌力求减少塑料制品的使用。这一计划覆盖了绿色消费、绿色回收、绿色供应链三部分，全年目标减少使用塑料380万千克。

点评：在快递行业绿色物流已经是老生常谈了，但是生鲜领域对于绿色物流的行动却不多见。盒马率先将水产品通用的一次性泡沫箱替换为可重复利用的水车、联合章鱼回收App放置回收塑料智能机，踏出了生鲜领域绿色环保第一步。

图11-3 京东物流“青流箱”配送

7. 京东物流7城推进“青流箱”配送

京东物流“青流箱”配送如图11-3所示。

2019年4月2日，北京、上海、广州、武汉、沈阳、成都、西安7个城市的用户，在京东购买部分商品时，已经可以自主选择使用京东物流可循环包装“青流箱”进行配送。

点评：绿色快递是“理念+行动”的实践。京东推行的青流箱活动，需要的是一线快递员们与消费者充分沟通，但这种沟通通常费时费力，很难全面铺展。这就需要企业自上至下引起重视，建议可以对快递员采取适当的奖励机制，引导大家重视绿色环保。

8. 第三届“顺丰杯”绿色包装设计大赛圆满落幕

2019年12月14日，第三届“顺丰杯”绿色包装设计大赛总决赛在深圳隆重举行。本届大赛以“内外兼修—小包装大智慧”为主题，旨在从包装的“结构功能”及“销售外观”两个方面向全国征集包装优秀作品，吸引了上千支设计队伍报名，最终由东莞理工学院的“认真学习小组”获得本年度“顺丰杯”绿色包装设计大赛金奖。

点评：“顺丰杯”绿色包装设计大赛历经三年的沉淀，在业界做出了不错的口碑和影响力，也见证了许多年轻包装人的梦想和激情。作为绿色环保、节能减排的最早驱动角色之一，顺丰一直积极响应国家号召。

9. 百世推“绿意再生”计划

2019年3月23日，百世集团发布“绿意再生”计划，同时正式启动“绿色物流，百世先行”大型公益活动，以“绿意再生”为主题倡导“绿色物流”环保理念。

点评：从电子面单到环保袋再到各校园活动，百世快递在一步步推动绿色环保进程，也在一步步践行自己对于社会的责任，联手上下游企业，共同为地球增加一抹绿。

10. 德邦快递展示“无胶纸箱”与“魔扣箱”

2019年10月17日，广东省佛山举办“携手共创美丽文明石洲村”集市活动，德邦快递工作人员在活动现场展示了“无胶纸箱”与“魔扣箱”这一绿色发展成果。

点评：在发展绿色物流方面，德邦快递正在奋力直追顺丰、京东物流、菜鸟等先行者，积极研究可回收、可重复利用的快递包装，为下一步绿色快递的推行做好准备。

（资料来源：物流时代周刊https://mp.weixin.qq.com/s/60ngngwwy/AGRZYteCfpg）

任务二 电子商务物流

一、电子商务物流概述

（一）电子商务物流的概念

电子商务物流的概念是伴随电子商务技术和社会需求的发展而出现的，它是电子商务真正的经济价值实现不可或缺的重要组成部分。一般认为，电子商务物流是一整套的电子物流解决方案，也有人理解为是物流企业的电子商务化。其实，可以从更广义的角度去理解这一个概念，既可以理解为“电子商务时代的物流”，即电子商务对物流管理提出的新要求，也可以理解为“物流管理电子化”，即利用电子商务技术（主要是计算机技术和信息技术）对传统物流管理的改造。因此，有人称其为虚拟物流（Virtual Logistics），即以计算机网络技术进行物流运作与管理，实现企业之间物流资源共享和优化配置的物流方式。

（二）电子商务物流的特点

电子商务时代的来临，给全球物流带来了新的发展，使物流具备了一系列新特点。

1. 信息化

电子商务时代，物流信息化是电子商务的必然要求。物流信息化表现为物流信息的商品化、物流信息收集的数据库化和代码化、物流信息处理的电子化和计算机化、物流信息传递的标准化和实时化、物流信息存储的数字化等。因此，条码技术（Barcode）、数据库技术（Database）、电子订货系统（Electronic Ordering System，EOS）、电子数据交换（Electronic Data Interchange，EDI）、快速反应（Quick Response，QR）及有效的客户反映（Effective Customer Response，ECR）、企业资源计划（Enterprise Resource Planning，ERP）等技术与观念在中国的物流中将会得到普遍的应用。信息化是一切的基础，没有物流的信息化，任何先进的技术设备都不可能应用于物流领域，信息技术及计算机技术在物流中的应用将会彻底改变世界物流的面貌。

2. 自动化

自动化的基础是信息化，自动化的核心是机电一体化，自动化的外在表现是无人化，自动化的效果是省力化，另外还可以扩大物流作业能力、提高劳动生产率、减少物流作业的差错等。物流自动化的设施非常多，如条码/语音/射频自动识别系统、自动分拣系统、自动存取系统、自动导向车、货物自动跟踪系统等。这些设施在发达国家已普遍用于物流作业流程中，而在中国由于物流业起步晚，发展水平低，自动化技术的普及还需要相当长的时间。

3. 网络化

物流领域网络化的基础也是信息化，是电子商务下物流活动主要特征之一。这里指的网络化有两层含义：一是物流配送系统的计算机通信网络，包括物流配送中心与供应商或制造商的联系要通过计算机网络，另外与下游顾客之间的联系也要通过计算机网络通信，如物流配送中心向供应商提出订单这个过程，就可以使用计算机通信方式，借助于增值网（Value Added

Network，VAN）上的电子订货系统（EOS）和电子数据交换技术（EDI）来自动实现，物流配送中心通过计算机网络收集下游客户的订货的过程也可以自动完成；二是组织的网络化，即所谓的企业内部网（Intranet）。比如：台湾的电脑业在20世纪90年代创造出了“全球运筹式产销模式”，这种模式的基本点是按照客户订单组织生产，生产采取分散形式，即将全世界的电脑资源都利用起来，采取外包的形式将一台电脑的所有零部件、元器件、芯片外包给世界各地的制造商去生产，然后通过全球的物流网络将这些零部件、元器件和芯片发往同一个物流配送中心进行组装，由该物流配送中心将组装的电脑迅速发给订户。这一过程需要有高效的物流网络支持，当然物流网络的基础是信息、电脑网络。

物流的网络化是物流信息化的必然，是电子商务下物流活动的主要特征之一。当今世界Internet等全球网络资源的可用性及网络技术的普及为物流的网络化提供了良好的外部环境，物流网络化不可阻挡。

二、案例研究

加速布局长三角！苏宁长三角电商产业园平湖开工

2020年1月2日，苏宁长三角电商产业园项目在嘉兴平湖正式开工。该项目立足场景零售，建成后将进一步提速上海以及整个长三角地区的物流服务时效，革新物流服务体验（图11-4）。

据悉，苏宁长三角电商产业园位于平湖独山港经济开发区内，项目规划面积500亩，项目一期总用地约312亩，规划建筑规模37万平方米，规划建设成为集电子商务订单生产中心、结算中心、分拣中心、智慧云仓、供应链管理及电商开放平台等功能为一体的综合型园区。

苏宁产业园项目效果如图11-5所示。

苏宁长三角电商产业园的建成将服务于苏宁易购线上交易，包括苏宁易购集团旗下苏宁易购广场、云店、苏鲜生、汽车超市、直营店、小店等业态。值得一提的是，该项目的一大重点，围绕苏宁物流“冷链+”模式，打造生鲜电商仓、生鲜产品加工、智能中央厨房等一体化冷链基础设施，并通过苏宁物流近场网络赋能商品“上行”，将嘉兴区域特别是平湖市的特色产品、农产品运向全国乃至全球市场。苏宁上海地区相关负责人表示，“该项目满足上海地区

图11-4　嘉宾为苏宁长三角电商产业园项目奠基培土

图11-5　苏宁产业园项目效果图

的快消仓储、生鲜冷链业务需求，也为苏宁在长三角一体化智慧零售业务迅猛发展提供强有力的后台支撑”。

平湖县有着接沪联杭、通江达海的独特优势。在当地政府的规划指导下，通过打造全面接轨上海示范区、共建沪嘉杭G60科创走廊等一系列举措，不断扩大开放，现已成为长三角对外开放程度最高的地区之一，是接轨上海的前沿高地，发展潜力巨大。

苏宁物流集团副总裁王长林致辞如图11-6所示。

图11-6 苏宁物流集团副总裁王长林致辞

据预测，苏宁长三角电商产业园投入使用以后，将全面提升上海以及长三角地区的物流服务时效和商品在长三角各个大区间的调拨转运效率。尤其是在苏宁上海市场，将为苏宁易购、苏鲜生、苏宁小店、苏宁菜场、家乐福等800家业态门店，提供高效的物流配送效率，也将加速社区服务的下沉。

同时，长三角地区“1小时场景生活圈”将全面覆盖，“上午买、下午到”的“半日达”辐射范围也将大大增加，超过1.5亿人口将享受苏宁物流“在身边、有温度”的便捷服务。

苏宁物流副总裁王长林表示，苏宁长三角产业园的建成，将联动苏宁物流上海、南京、杭州等地的超级云仓，以智能物流中心为核心，发挥集群化效应，进一步加速上海以及长三角地区商品流通和供应链升级，为当地企业降本增效，为长三角一体化创新发展带来重要助力。

（资料来源：搜狐网https://www.sohu.com/a/365063236_104421）

任务三 冷链物流

一、冷链物流概述

（一）冷链物流的概念

冷链物流（Cold Chain Logistics）一般指冷藏冷冻类食品在生产、贮藏运输、销售，到消费前的各个环节中始终处于规定的低温环境下，以保证食品质量，减少食品损耗的一项系统工程。它是随着科学技术的进步、制冷技术的发展而建立起来的，是以冷冻工艺学为基础、以制冷技术为手段的低温物流过程。中国农产品冷链物流业的快速发展，国家必须尽早制定和实施科学、有效的宏观政策。冷链物流的要求比较高，相应的管理和资金方面的投入也比普通的常温物流要大。

（二）冷链物流的适用范围

冷链物流的适用范围包括：初级农产品（蔬菜、水果；肉、禽、蛋；水产品、花卉产品）；加工食品（速冻食品、禽、肉、水产等包装熟食、冰淇淋和奶制品、巧克力；快餐原料）；特殊商品（药品）等。

冷链物流比一般常温物流系统的要求更高、更复杂，建设投资也要大很多，是一个庞大的系统工程。由于易腐食品的时效性要求冷链各环节具有更高的组织协调性，所以食品冷链的运作始终是和能耗成本相关联的，有效控制运作成本与食品冷链的发展密切相关。中国肉制品加工业已经经历市场启动阶段，正值成长期。此阶段的特点是消费群体迅速壮大，产量与销售额持续增长。在未来10年内，肉类加工业将进入一个新的高速发展时期。肉类食品的消费除在城市仍有扩展的余地外，在农村有着更大的增长潜力。随着中国农村城市化进程的加快和农民收入水平的提高，肉类食品消费数量会在较长时期内持续增长。据数据统计，2020年全国肉类产量为7639万吨，其中由于低温肉制品具有口味鲜嫩且影响丰富的特点，更受消费者的青睐，符合消费升级及健康化发展趋势，低温肉制品占比将持续提升，目前已超过65%，未来增长空间巨大。

二、案例研究

冷链物流疏通农产品“最先一公里”梗阻

田间地头一个个冷库，国际物流一厢厢冷柜，让农产品外销半径扩大，实现错峰销售提高收益。作为农产品进城的“大动脉”，不断发展的冷链物流惠及越来越多的农户，带动群众脱贫增收，在巩固脱贫成果中的作用越发明显。

然而，当前在中西部地区农产品采收入库“最先一公里”上，仍存在基础设施薄弱、数量不足、果蔬产品损耗大、基层冷链物流人才缺乏等问题。面对巨大的市场需求，农村冷链物流建设还需从发挥政策引导作用、完善标准、精准“补短板”等方面发力。

农产品物流如图11-7所示。

1. 山里蔬果上了大江南北餐桌

冷链建设不仅有效延长农产品市场周期，推动果蔬、海产品、肉类产品上行，调节了农产品市场供求关系，还延伸了农产品产业链条，从而增加农产品收益，为决战脱贫攻坚提供了坚实的产业支撑。

20世纪80年代，地处湖北省武陵山区的长阳县火烧坪、乐园等地率先规模种植白菜、萝卜、西红柿等蔬菜。最初只卖到宜昌，随着种植规模和产量成倍增长，菜多得吃不完。菜农老覃说，眼睁睁看着上好的鲜菜囤在地里，卖不上价，让人痛心。

图11-7　农产品物流

严峻的形势倒逼人们开拓外地市场，建设冷库，扩大销售半径。如今，长阳高山蔬菜的最远销售半径达到1500千米，综合产值超过20亿元，10多万农民依靠蔬菜产业增收脱贫奔小康。

2017年初至今年4月，贵州省累计投入38亿元建设冷链体系，建成冷库722座，投运冷链运输车辆1281辆，助推"黔货出山"。统计数据显示，在不断完善的冷链体系支撑下，贵州省农产品外销率从2016年的10%提升至2018年的23.4%。安顺韭黄、黔东南莲花白将原有300千米的销售半径，延伸到山东青岛等城市。

革命老区广西百色是重要的"南菜北运"基地，每年蔬菜产量约270万吨，其中150万吨左右用于外调；上百万吨的水果产量，外运比例也超过三分之一。近两个月，杧果、香蕉、猕猴桃等水果陆续上市，一趟趟"百色一号专列"满载着这些新鲜果蔬，经过长途跨省冷链物流，运抵北京等地。

百色一号农业发展有限公司总经理何永晨介绍说："专列已实现每月不低于3列常态运营。相较于汽运高峰期，铁路冷链物流成本降低30%，第一时间让北方消费者品尝到新鲜的南方果蔬。"

此外，随着"一带一路"建设的不断深入，一些藏在深山的蔬果凭借冷链物流上了外国人的餐桌。2018年俄罗斯世界杯足球赛期间，10万只小龙虾通过中欧班列（武汉）运到莫斯科，当地的进口商通过线下渠道将小龙虾送入当地餐馆和酒吧。

武汉汉欧国际物流有限公司副总经理王雷称，冷链化是中欧班列的发展趋势。自2016年中欧班列（武汉）首次采用冷链技术以来，小龙虾、宜昌柑橘等中国农产品被运往欧洲。

"我们去年出口柑橘3万多吨，价值2.1亿元，户均增收5000元以上。"湖北星翔农产品专业合作社联合社理事长王恩珍说，"一带一路"倡议提出以来，客商越来越多，物流越来越便捷，柑橘出口量逐年递增，为农民打开了脱贫致富的新路径。

2."三多三少"暴露短板

尽管冷链物流建设在广大的农村地区已经逐渐铺开，山区农特产品出山通道基本打开，但是冷库建设空间布局不平衡以及冷链物流人才的缺失，导致生鲜农产品在"最先一公里"上损耗较高。

在总量上，东部多、西部少。总体来看，西部地区冷库与冷链车总量不足，与迅速发展的农村脱贫产业不相适应。以贵州为例，2017年至2019年4月，全省社会累计投入冷链体系建设资金38亿元，建成冷库722座，冷库容量120.57万吨，但仍无法满足逐年增多的果蔬产品需求。

贵州省威宁县果蔬产业发展中心主任李顺雨介绍，近年来，威宁县调整农业产业结构，结合易地扶贫搬迁建设"易地蔬菜产业扶贫基地"，目前5.1万亩土地种上了以白萝卜、莲花白、大白菜"三白"为代表的高山冷凉蔬菜，有效地带动当地易地扶贫搬迁户脱贫增收。

"但是，调整后的农业产业亟须一批冷链物流配套设施来支撑，目前威宁县共有28个冷库，容量6000吨，而威宁县每年需要打冷外销的蔬菜有200万吨，现有的冷库远远满足不了需求。"李顺雨说："按照规划，明年威宁县即将达到年产打冷外销蔬菜300万吨，冷库容量必须达到15000吨以上，增加冷库建设迫在眉睫。"

在结构上，菜篮子多，菜园子少。冷库建设空间布局不平衡，城市多农村少，城郊多基地少，运营成本高，导致果蔬产品在"最先一公里"上损耗较高。

有数据表明，我国一年因为采收不当、采后处理技术落后、贮藏条件不到位等原因造成损耗的果蔬产品超过1亿吨。果蔬等生鲜农产品流通损耗率高达20%至30%，而发达国家仅为1.7%

至5%。业内人士表示，这一问题主要出在“最先一公里”上，农户、企业对果蔬采后保鲜认识不到位，贮藏和运输管理技术匮乏。

在人才上，需求多、供给少。中国物流与采购联合会副会长兼秘书长崔忠付在《2018年中国冷链物流回顾与2019年趋势展望》一文中提出，冷链行业缺乏制定战略、运营管理和掌握冷链专业技能的人才，中物联冷链委发布的《2018冷链行业人力资源报告》显示，当前冷链物流行业既有理论基础又具备实操能力的高级管理人才不足2000人。

在京东冷链从事相关工作两年的一位员工说，冷链物流对技术的专业性要求很高，冷链运输设备运营以及冷链物流信息化体系建设都需要专业人才。“而冷链物流人才招聘却很难，我们去年有一次招聘2名冷链物流人才，3个月都没有招到合适的，对我们当时正在实施的项目造成了一定的阻碍。”他说。

3. 精准让农产品保“鲜”

梳理发现，近期以来，已有多个支持冷链物流产业的政策出台。国务院办公厅印发的《关于加快发展流通促进商业消费的意见》提到，加快发展农产品冷链物流，完善农产品流通体系。日前发布的《西部陆海新通道总体规划》也专门提到大力推进冷链物流发展、加快建设冷链物流体系等内容。

2016年以来，重庆市利用中央财政2亿元专项资金，积极推动应用现代信息技术和冷链物流标准项目，通过着力源头补短、中间整合、终端发力三个环节，构筑农产品全程冷链物流体系。先后出台《保鲜花椒冷链作业规范》《动物性火锅食材冷链物流作业操作规范》《重庆脐橙冷链物流作业规范》等冷链物流团体标准，并在有关骨干企业应用，取得一定效果。

政策红利下，标准化、信息化也成为冷链物流发展的关键。“随着市场需求提升，冷链物流将上升到智能化、一体化服务等领域，需要不断完善中间环节，提升冷链信息化水平，培育冷链物流主体。”湖北宜昌市物流业发展中心主任任小军说。

与此同时，在行业标准方面，业内人士建议，发挥重点冷链物流企业、科研机构、行业协会等单位作用，通过加强合作研究，制定、实施重点果蔬、生鲜肉制品、水产品等产品的温度控制标准，让冷链物流及冷库建设“有章可循”。

“冷链物流对技术的专业性要求很高，冷链运输设备以及冷链物流信息化体系的建设都需要专业人才来完成。”一些受访人士建议，高校、企业可瞄准冷链物流领域，培养一批专业人才。

北京工商大学商业经济研究所所长洪涛等专家建议，加强冷链物流的整体性建设，推动冷链物流的引导性投资、示范性投资，促进龙头企业在智能骨干网络中的建设，推动冷链物流产业链、供应链、价值链、区块链“四链合一”。

（资料来源：腾讯网https://new.qq.com/omn/20191119/20191119A0OU7500.html）

任务四　快递物流

一、快递物流概述

快递物流行业作为物流业的重要组成部分，具有带动产业领域广、吸纳就业人数多、经济附加值高、技术特征显著等特点。它将信息传递、物品递送、资金流通和文化传播等多种功能融合在一起，关联生产、流通、消费、投资和金融等多个领域，是现代社会不可替代的基础产业。

（一）快递的概念

快递又称速递或快运，是指物流企业（含货运代理）通过自身的独立网络或以联营合作（即联网）的方式，将用户委托的文件或包裹，快捷而安全地从发件人送达收件人的门到门（手递手）的新型运输方式。

（二）快递的特征

从快递的定义中，可以概括出快递的以下3个特征：

（1）从经济类别看，快递是物流产业的一个分支行业，快递研究是从属于物流学的范畴。

（2）从业务运作看，快递是一种新型的运输方式，是供应链的一个重要环节。

（3）从经营性质看，快递属于高附加值的新兴服务贸易。

（三）快递的分类

快递有广义和狭义之分。广义的快递是指任何货物（包括大宗货件）的快递；而狭义的快递专指商务文件和小件的紧急递送服务。

二、案例研究

顺丰、百世、德邦、申通、圆通、中通、韵达……2020年要争什么？

回顾2019年，有着更多的二三线快递企业倒下，而头部快递企业构筑的竞争壁垒更为坚固，竞争也更为激烈。那么，2020年龙头快递之争，主要将争些什么呢？

1. 市场占有率

打开各家上市快递企业的季报、半年报，你会发现，以业务量、业务收入为基础，反映该企业在市场上地位的“市场占有率”这项，是经营者、投资者、竞争对手最为关心的焦点。

这其中，业务量的竞争是近两年快递业竞争的最主要因素。因为，没有业务量就没有市场份额，没有业务量就没有利润的产生，没有业务量更不可能得到资本的青睐和支持，总之，没有业务量就没有生存权。

即便是手握百亿一年业务量的龙头快递企业，面对残酷的竞争，仍然如履薄冰，丝毫不敢大意。中通快递稳站市场份额第一已经连续3年，但赖梅松在谈话中仍然透露着“船到中流浪更急”的警惕性：“随着快递行业的市场份额越来越集中，我们将加快扩张步伐”“规模是第一要务”，他表示，未来中通的战略仍然是在保证盈利水平的基础上、提高市场份额。

在可预见的一两年内，市场占有率的争夺仍将非常激烈。快递业的竞争才过中场，犹如从“群雄争霸的春秋”转向“七国争雄的战国时代”。为什么行业内感觉，即便去除了一些中小快递，但这两年行业的竞争还是越发的激烈了呢？实际上，这也是市场竞争的规律使然，好比是战国时代的战役，小国之战换成了大国之争，自然会使得战役资源投入更大、搏杀也更残酷。连快递头部企业，如果对市场发展把握不准，也会有倒下的可能。

毋庸置疑，市场集中度仍将会持续向一线龙头快递公司集中。在支撑市场占有率竞争的背后，是龙头快递企业们品牌、能力、网络、成本管控等综合实力的竞争，哪一项不足了都不行。

2. 发展战略

上兵伐谋。快递业竞争已过了“爱拼才会赢”的时代，转向发展战略的竞争态势越发明显。2019年有两家快递的案例，就非常值得点评。

第一家是圆通。“圆通B网”是圆通于2017年“二次创业”后重金打造的城市高频配送直营网络。2018年，圆通正式宣布以B网为基础、成立直营品牌“承诺达特快”，产品包括同城特快、即日达、次晨达等，还加入了即时配送、O2O配送等服务，主打中高端客户。圆通官网介绍，承诺达特快已在92个城市设立700余个直营管理的营业部，预期至2019年底将达到近1000个。但2019年10月，B网业务停摆。

应当承认，“圆通B网”是通达系中走出同质化竞争的第一个有力举措，战略方向是对的。但是在落实战略的步骤中，如何调节自身实际与理想之间的巨大差距，圆通采用的有效措施还不够。

另一家是顺丰。此前，据顺丰2019年上半年报显示，其速运物流业务量为20.17亿票，较上年同比增长8.54%；营业收入476.37亿元，较上年同比增长12.99%。

据国家邮政局公布的数据显示，2019年上半年快递行业的业务量、收入平均增速分别为25.7%和23.7%，顺丰的增幅较大幅度低于行业平均水平。在市场份额上，2019年上半年，顺丰的市占率为7.3%，同比下滑1.11个百分点。面对此，顺丰及时调整了战略，放低姿态，推出电商特惠件，降低价格争夺占比巨大的电商市场。此后，顺丰扭转了业务困顿的局面：增速从5月起持续回升，10月增速更是高达48%，以高出行业20%多的增速远超通达系。

其实，越是同质化严重的时期，越是行业中的竞争者重新研究细分市场，发现新需求、找准独特定位的时候。在完成一系列的积累后，在下一个10年之中，我们会看到这些快递巨头的差异化会越来越明显，将逐步告别当前这种同质化的竞争，发展战略的作用将更为凸显。

3. 科技运用能力

科技是第一生产力。竞争促使快递企业不断加大对于科技的投入，无疑为整个行业的发展增添助力。作为最初严重依赖劳动力的行业，到如今却拥有最前沿的高科技，快递业正在逐渐由劳动密集型向技术密集转型。

首先，科技能够帮助管控全网，平衡网络。快递企业作为网络型组织，面对成千上万的快递网点，并且数量越来越密集，那么如何管控网络，是对快递总部的巨大考验。面对管控难度越来越大的情况，需要借用科技的力量，以信息系统为抓手，来帮助实现对越来越多网点实现可视化管控。在信息系统中能够第一时间看到所有的数据，实时处理，才能实现实时决策、实时优化，帮助管控和平衡整个网络。

其次，科技能够帮助实现降本增效。在快递分拣一线，如果没有新技术的加入，就意味着长长的流水线上，几十甚至几百个流水线工人需要肉眼识别快递单、手动分拣，显然效率低下，人工成本过高。当然这只是其中一个环节，揽收、派送等环节存在相同的问题。同时，现如今快递行业普遍面临招不到人和人员不稳定的问题，科技的投入将大大减少对于人力的依赖，提升生产效率。

2019年以来，作为快递末端第三方细分市场代表的递易智能，接连推出了快递塔、自助寄件终端等“黑科技”产物；而递易股东之一的京东，则有无人机、智能配送机器人、无人配送站等陆续问世，为快递末端派送问题提供智能化解决方案。

行业的痛点不断成为前沿技术发力的方向，下一步，快递企业之间的科技实力差距将进一步拉开，其壁垒作用进一步上升。

在机械化、信息化、智能化中飞奔的快递业，可能还得思考另一个问题，那就是在国家大力确保全社会充分就业的背景下，作为一个国家重视、能较好容纳劳动力的行业，如何平衡人工与机器的关系。

4. 盈利及成本管控能力

认真审阅上市快递企业的季报，它们的经营稳健，经营性现金流随着市场规模和营业收入不断扩张而快速增长，资产负债率普遍不高（除顺丰外，2018年底顺丰为48.45%，但相对全球直营快递企业巨头——德国邮政DHL、联邦快递、UPS等平均70%左右的资产负债率，顺丰仍保持较低负债水平）。实际上，龙头企业凭借走入“资本开支扩大→服务水平上升、成本下降→业务量上升→规模效应带来成本进一步下降”的良性循环，它们已经在盈利模式上形成了行业壁垒。2019年，仍是延续和深化这一模式。

同样，在成本管控方面，这一年，龙头企业仍是在适应快递单票价格不断降低中，相互学习如何降低和管控成本的一年。除了通达系，其他的快递企业也都在向以中通为标杆学习。最主要的做法有，在运输环节目前线路装载率合适的情况下，从外包转为自营，从小车转为大车；在内部处理环节，运用自动化分拣设备大量替代人工劳动；在中转环节，优化中转节点带来中转效率提升。

正因此，电商蓬勃发展10年间，尽管从行业单票收入角度看，从2009年的25.8元降至2018年的11.9元，连年下降；2019年上半年12.2元，同比再下降1.6%。但凭借业务规模扩大、边际效益不断扩大，以及有效的成本管控，龙头快递企业仍然有较好的经营业绩。

这样的盈利及成本管控模式仍会持续1～2年。在成本基本无压缩空间之前，龙头快递企业必须转变盈利模式，更多依靠新市场、新业务来转换跑道，而不能一直延续当前这一盈利模式。

5. 资本运营能力

群雄争霸，现金为王。近几年，上市后的快递龙头企业，竞相在融资的道路上快速前行，通过资本市场融资、再融资实现扩大再生产。而2019年，是快递巨头们资本运营可圈可点的一年。

9月，申通快递公告称，公司向合格投资者公开发行公司债券的申请已获中国证监会核准，这意味着在未来两年内，申通快递将发行不超过20亿元的公司债券。

同样在9月，百世集团也公布了拟发行可转债计划。

8月下旬，顺丰控股发布公告称，中国证监会发审委审核通过了公司公开发行可转换债券的申请。顺丰拟公开发行58亿元可转换公司债券，募集资金主要用于五大项目，分别是飞机购置及航材购置维修项目、智慧物流信息系统建设项目、速运设备自动化升级、陆路运力提升和偿还银行贷款。

此前的2018年11月，圆通速递公开发行了3650万张可转换公司债券（可转债），发行总额36.5亿元。圆通转债自2019年5月27日起可转换为圆通速递股份。

除了债券融资，通达系还通过股权转让方式，实现了与电商巨头阿里巴巴的进一步融合。2019年3月，申通快递发布公告，阿里巴巴投资46.6亿元，入股申通快递。经过多轮投资，阿里已是百世集团第一大股东，是申通快递、圆通快递第二大股东，中通快递第三大股东。时值年底，有消息称阿里正持续寻找入股韵达的投资机会。

当前处于龙头快递企业的快速扩张期，又适逢低利率时代，企业资产要想继续保值增值，做一些战略性扩张，收购、兼并、重组一些优质标的，或者做一些战略性的投资，显然非常划算。

（资料来源：物流+网https://www.wuliujia2018.com/html/58245.html?id=21288）

任务五　物流成本

一、物流成本概述

（一）物流成本的概念

物流成本是指与物流相关的开支、花费，或物流活动的最基本的费用。它是产品在实物运动过程中，如包装、装卸、运输、储存、流通加工等各个活动中所支出的人力、财力和物力的总和。物流成本管理就是对物流相关费用进行的计划、协调与控制。

物流成本是以物流活动的整体为对象的。物流成本是进行物流管理、物流合理化的基础。如何降低物流成本是物流部门的传统课题，把物流管理的历史叫作降低成本的历史也绝非言过其实。在竞争加剧的市场背景下，如何使企业效益最大化是所有企业家们最关心的问题。

（二）物流成本的分类

物流成本一般有以下几种分类：

（1）一般分类：直接成本或运营成本、间接成本。

（2）按物流功能范围分类：运输成本、流通加工成本、配送成本、包装成本、装卸与搬运成本、仓储成本、物流信息技术相关成本。

（3）按物流活动范围分类：供应物流费、企业内物流费、销售物流费、回收物流费、废弃物物流费。

（三）物流成本的构成

我国在《物流术语》（GB/T 18354—2021）中指出：物流成本是企业物流活动中所消耗的物化劳动和活劳动的货币表现。包括货物在运输、储存、包装、装卸搬运、流通加工、物流信息、物流管理等过程中所耗费的人力、物力和财力的总和以及与存货有关的流动资金占用成本、存货风险成本和存货保险成本。该定义的物流成本包含的内容：一方面是直接在物流环节产生的支付给劳动力的成本，耗费在机器设备上的成本以及支付给外部第三方的成本；另一方面包括在物流环节中因持有存货等所潜在的成本，如占有资金成本、保险费等。

现代物流成本的范围更广，贯穿于企业经营活动的全过程，包括从原材料供应开始一直到将商品送达到消费者手中所发生的全部物流费用。物流成本按不同的标准有不同的分类，按产生物流成本主体的不同，可以分为企业自身物流成本和委托第三方从事物流业务所发生的费用，即委托物流费。如果按物流的功能，物流成本的构成如下：

（1）运输成本主要包括人工费用，如运输人员工资、福利等；营运费用，如营运车辆燃料费、折旧、公路运输管理费等；其他费用，如差旅费等。

（2）仓储成本主要包括建造、购买或租赁等仓库设施设备的成本和各类仓储作业带来的成本。

（3）流通加工成本主要有流通加工设备费用、流通加工材料费用、流通加工劳务费用及其他费用。

（4）包装成本主要包括包装材料费用、包装机械费用、包装技术费用、包装人工费用等。

（5）装卸与搬运成本主要包括人工费用、资产折旧费、维修费、能源消耗费以及其他相关费用。

（6）物流管理成本包括企业为物流管理所发生的差旅费、会议费、交际费、管理信息系统费以及其他杂费。

二、案例研究

利润以角为计，快递成本管控路在何方

当前，成本管控不仅是快递龙头企业的核心竞争力之一，而且形成了坚硬的行业壁垒，极大地压缩了二三线快递企业的生存空间。那么，将原本属于劳动力密集的产业，其成本开支压缩到能适应极低价格的电商客户群，快递龙头企业们是如何做到的，未来还将有哪些“黑科技”来加持呢？

1. 成本管控原因何在

从当前和长远来看，快递企业都要严格抓好成本管控，原因有三。

首先，这是适应市场的需要。据相关数据显示，2018年电商包裹量已占到国内快递量的78%左右。2019年上半年，实物商品网上零售额同比增长21.6%，占社会消费品零售总额比重达19.6%，比上年同期提高2.2个百分点，拉动社会消费品零售总额增长3.8个百分点，电商消费渗透率持续上升。

“电商兴则快递兴”，电商和快递是需求和供给的关系，两者有很强的关联性。但是在高速增长的背后，是电商不断压低自身产品价格的同时、也在压低快递价格，很多店铺都用包邮的形式来吸引客户。快递利润已进入以角为计的时代，极端情况下，一些基层快递网点为了分摊包车等成本，偶尔亏本的买卖也愿意接。所以，我们才会看到这几年快递增量高、但增收慢的趋势越来越明显。

其次，这是适应行业竞争的需要。快递业务量高增长下，但快递行业价格战似乎并未停止。据国家邮政局公布数据显示，2019年1～10月全国快递行业单票价格为11.94元，较2018年同期下跌近1.5%。10月数据显示，大部分快递公司单票收入仍呈下滑态势，除韵达外，其他三家A股快递公司单票价格同比下降幅度均超过10%。其中，顺丰控股快递业务单票收入为20.51元，同比下降16.18%；申通快递单票收入为2.82元，同比下滑13.23%；圆通速递快递业务单票收入为2.79元，同比下降15.26%。

通过分析电商发展趋势，假设8年后网购渗透率达30%，电商快递将有约3倍的增长空间，年复合增长约15%。相比美、日快递市场的寡头垄断局面，中国快递市场集中度仍有提升空间，快递公司的激烈竞争还未结束。因此，长期来看，这场激烈的价格战仍将持续下去，“成本领先”仍是快递企业们的进化方向，成本领先战略仍是快递最有效的战略。而且，成本领先者，有望获得更大的市场份额。

最后，这是应对产业长远发展的需要。事实上，相对于发达经济体，在很长一段时间，国内国民消费的层次仍以中低端为主，“提档升级”将是一个较为长期的过程。作为服务业更是如此。这也可以解释，为什么2019年以来，面对“通达系”的追赶，顺丰不得不放低姿态，推出电商特惠件，降低价格争夺巨大的电商市场。

眼界放宽，快递业要向下（向乡镇、农村）下沉，向外（国际市场）扩展，肯定要像一些先行行业一样，注意以价格因素取胜。所以，即便是上市的快递龙头企业，都会坚持把成本管控放在极为重要的位置。

2. 从哪些环节进行成本管控

其实，降低运输费和中心处理成本，是当前各家龙头快递企业管控成本最主要的环节。以中通快递为例进行说明。

第一，降低运输成本。近期，中通快递发布2019年3季度季报，提到：快件单票成本为1.11元，同比下降11%（−0.14元），其中：干线运输成本同比下降9.7%（−0.06元，2018年底时为0.68元）。取得这一成绩，中通董事长兼总裁赖梅松解释称，主要原因是“包裹重量的下降和车型的优化、牵引车占比的增加，并逐步降低对外部第三方物流车的依赖性”。目前，中通的干线直营车辆占比达到85%，同时不断提升大运力车型占比，提升了运输效率。

自营与外包车辆孰优孰劣，一直是物流行业争议不休的话题。很多业内外人士认为，自有车辆有着投入、运行成本高、不好管理等问题，将运输环节外包，不仅少了这些管理烦恼，而且运输费用还会更低一些。但中通的案例说明，事实不一定如此。其实，用好自有的车辆，成本应低于将其外包的情况。这一点，作为自有车辆较多的企业，应是一个有效启示。赖梅松表示，今后中通将继续优化路由，减少中转环节，增加自有车辆，推进“小车换大车”（如提高牵引车比例）等措施。

第二，降低中心处理成本。中通2019年3季度季报中提到，分拣中心单票成本同比下降12.4%（−0.05元），主要由于自动化设备增至208套（2018年3季度为78套），占处理包裹总数的66%，而分拣中心员工数量同比16.7%的增长，远低于包裹数量增速。

包裹自动分拣机的成本远远低于人工分拣的成本。据某快递企业数据显示，在引入包裹自动分拣机后，快件处理单价由人工处理时的0.42元/件下降为0.18元/件，下降了57%。而且，包裹自动分拣机一天上百万件的处理效率，远非人工能及。

除了区域级、省级快件处理引进自动化设备，在地市一级引入小型分拣机也很有必要。如今年“双11”期间，江苏省常州市邮政分公司以小件分拣机代替了原有的环形皮带机，原来处理高峰快递量需要250多人，现在只要100人左右。

当前，快递自动化处理设备价格有了一定的下降，快递企业宜持续增加分拨中心自动化分拣设备投入，提高分拣效率，进一步降低人力成本（图11−8）。

3. 成本管控需“黑科技”加持

智能化、信息化布局 。以智能化改造传统产业链，是当前各行业都在积极开展的一项工作。事实上，随着顺丰、“三通一达”、德邦快递、百世等企业纷纷登陆资本市场，同时在业务增长放缓、运营成本攀高的压力下，快递行业也在积极转型，从过去粗放式管理发展模式向精细化发展方向转型，以提升效率、降低成本，而智能化、信息化无疑是一个重要的抓手。

透过各快递企业“双11”的备战策略可发现，其已进行智能、信息化布局。顺丰表示，本次“双11”期间，将通过智能仓储、智能终端、智能语音、智能地图等科技手段的运用，实施全流程智能化管理和实时监控，提高运营效率与质量。圆通则通过将企业管理的各类APP进行数据化、可视化升级，将总部、各管理区、转运中心和加盟商的数据打通，从而实现快件各环节流转的可视化。

运用无人化设备。人工成本是快递企业最大的成本之一（高的时候曾维持在企业总成本的40%以上）。如今，在快件运输、处理、派送等环节都已引入或即将引入无人设备，将大大降低这一成本（图11-9）。

图11-8 快递分拣

图11-9 无人机配送

无人运输方面，据报道，由上汽集团建造的无人驾驶集装箱卡车正在上海洋山港区的码头和物流园之间上路行驶，搬运集装箱。目前，已有5台车正式投入试运营，每台都通过了129项功能测试和39项性能测试，累积了近20万千米的路试数据。

无人处理方面，除了物流业已经广泛投入使用的“小黄人”轻型智能分拣机器人。近期，北京邮政中心局上线运行“AGV机器人”。据了解，“AGV机器人”主要适用于标准化作业场地少、异形邮件处理量大和人机交互环节较多的复杂工作环境，北京邮政中心局将停用60辆电动搬运车，节省搬运车驾驶员80余人。

无人派送方面，“双11”期间，由中国邮政研发的智能无人投递车已在湖北省仙桃市投入商业运营。这辆智能无人投递车长约2米、宽约0.8米、高约1.5米，最高时速15千米，有30个包裹格口，一次最多可装载200千克邮件。车体采用防水防尘设计，能在不同的天气环境下完成投递作业，并确保邮件不损坏。

众包和承包。近日，点我达首席营销官杨璐在一次发言中表示:零售变革下，未来的物流将全面众包直管。她说，在共享经济和技术革命的时代，物流一定会呈现众包这种集约的形态，形成一种新形态的直营方式，即系统直管人，或者AI管人。据悉，顺丰的同城业务在运力组织上就大幅度地引入了众包的模式。“双11”期间，天猫超市的快件派送中，也广泛使用众包模式。

而中国邮政为了抓好快递业务，也提出因地制宜、探索实践营销端“准加盟制”。在“准加盟”制下，经营部赚取的利润，按照预先约定，一部分上缴；剩下的部分，根据合约，由“准加盟”经营部负责人和员工共享。目前，浙江邮政在全省范围内推广“准加盟”制，截至2019年10月末，已有314个经营部加盟。

（资料来源：物流+网https://www.wuliujia2018.com/html/55969.html）

任务六　物流法规

一、物流法规概述

（一）物流法规的概念

物流法规是指与物流活动中产生的以及与物流活动有关的社会关系的法律规范的总称。物流法律制度的特征：广泛性、技术性、多样性、综合性。

（二）主要的物流法规

主要的物流法规有：货物运输法律法规、仓储法律法规、物流配送法律法规、装卸搬运法律法规、流通加工法律法规、信息处理法律法规、物流包装法律法规，以及在物流活动中涉及的货物运输保险、海关、网络管理等法律法规。

二、案例研究

物流人必须了解的30个法律知识

随着我国物流业的快速发展，物流法律法规的滞后与不完善凸现出来，成为我国物流业发展比较混乱的原因之一。因此，物流企业了解法律知识，规范物流发展中的无序现象，成为我国物流发展中面临的关键。无论是物流公司、大车司机或是快递员，多了解一些物流相关的法律法规知识，对平时的工作是有帮助的。

物流作业如图11-10所示。

（1）书面合同很重要，但没有签订书面合同，并不意味着合同关系无法被证明：电子邮件、QQ、微信以及电话录音等均有可能成为证明合同关系存在的关键性证据；建议物流企业在未签订书面合同时，注意通过电子邮件、QQ、微信及电话录音等方式补证合同关系，并保留相关电子记录。

（2）运输单证是物流企业与货主之间存在运输合同的有力证据：运输单证（特别是提单）的背面条款在很多情况下可以作为运输合同条款使用，但物流企业应在签发运输单证时注意提示货主背面条款中免除物流企业责任的条款（如保价条款、免责条款），并要求货主签字确认知晓且同意该等条款，否则该等条款可能被认定为无效，无法为物流企业保驾护航。

图11-10　物流作业

（3）用以佐证合同关系存在的证据，以双方签字盖章文件为最佳：如使用电子邮件、QQ、微信以及电话录音等方式时，最好能在该等证据中明确对方的身份信息，如姓名、职务等；所有证据以原件为最佳，不建议使用传真件、扫描件、复印件等。

（4）物流企业尽到对保价、免责等格式条款的提示义务并不意味着必然免责或限制赔偿责任。如损失系物流企业故意或重大过失所导致的，物流企业依旧无法援引上述条款。

（5）物流企业从事国际货运代理业务时，应注意在合同中明确约定己方在货主未付清相关费用时有权扣留包括运输单证在内的一切单证。如未签订书面合同，也应通过电子邮件、QQ、微信等方式告知货主，并询问其是否接受；否则物流企业只能扣留报关单、核销单等，而无法扣留运输单证。

（6）识别物流企业是承运人还是代理人，必须综合考虑合同约定、是否签发运输单证、收费种类、开具何种发票、交易习惯以及合同履行等因素。

（7）物流企业在从事国际货运代理业务时，如以承运人的代理人名义签发运输单证，必须证明其已经获得承运人的授权，否则将被认定为承运人。

（8）身份不同，物流企业承担赔偿责任的基础亦不同：如系代理人，物流企业仅需对自己的过错行为负责；如系承运人，不论是否存在过错，物流企业均应对货物损失、迟延交付等负责，除非能够证明免责事项的存在。

（9）即便均为承运人，不同运输方式下物流企业的赔偿责任和免责事由也不同：相比于公路运输，海运、空运下承运人的赔偿责任较轻、免责事由较多。

（10）没有民用飞机的物流企业在以承运人身份从事航空货物运输时，不享有《民用航空法》赋予承运人的责任限制、免责事由等权利，只能同公路运输一样，受《合同法》的调整。

（11）物流企业从事公路货物运输时，必须取得《道路运输经营许可证》；如从事危险品或大型物件运输的，物流企业所运输的货物必须与《道路运输经营许可证》批准经营的类别相符；但物流企业缺少资质并不影响运输合同的效力。

（12）物流企业从事大型物件运输时，除了必须获得相应类别的《道路运输经营许可证》以外，还应查对核实托运人填写的运单和其他资料，并起运前获得相关部门的同意；如物流企业未履行上述程序并因此发生交通事故的，交通运输行政管理部门将认定物流企业承担全部责任。

（13）如物流企业违规储存、运输危险品并发生重大事故、造成严重后果的，相关直接负责人或行为人可能构成刑事犯罪。

（14）没有运输经营资质的司机挂靠在物流企业名下时，如在从事货物运输活动中发生交通事故的，物流企业与司机应对第三方人身或财产损失承担连带责任；如物流企业履行了全部赔偿责任，可依据挂靠协议向司机追偿，但司机的赔偿能力有限，物流企业可能会无法追回全部损失。

（15）货物运至目的地后，如收货人未在物流企业指定期限内提货的，物流企业可要求收货人支付保管费。

（16）当托运人或收货人拒付运费、保管费或其他运输费用时，物流企业可留置货物，但合同约定承运人不得留置货物的除外；物流企业对其留置的货物仍负有保管义务。

（17）如在运输过程中因不可抗力致使货物灭失时，运费按承、托双方的约定处理；如没有约定的，一是公路运输：承运人不得要求托运人支付未收取的运费且应返还已收取的运费；二是国内海上运输：与公路运输相同，但如货物因不可抗力部分灭失的，承运人按实际交付货物比例收取运费；三是国际海上运输：承运人应返还已收取的运费；如货物已装船的，托运人应承担装卸费用。

（18）从事货运代理业务时，如直接委托人不是货主，而是其他货运代理企业或中间人时，物流企业在主张其与货主之间存在直接货运代理关系的，应注意直接委托人是否具有转委托权限以及真正的委托人（即货主）是否明确同意转委托；货主直接付款、接受单据和发票并不意味着货主同意转委托。

（19）物流企业从事货运代理业务时，如既接受缔约托运人的委托订舱，又接受实际托人的委托交货给承运人时，物流企业应将提单等运输单证交给实际托运人，而非缔约托运人；如物流企业仅接受一方委托的，只需将单证交付委托方即可，不存在上述交单问题。

（20）物流企业识别缔约托运人和实际托运人的关键在于委托事项的内容，缔约托运人委托的是订舱，物流企业代表其与承运人订立海上货物运输合同；而实际托运人委托的是交货，物流企业代表其将货物交付承运人。

（21）运输方式不同，迟延交付的内涵也不尽相同，如在公路运输和国内水路运输中，承运人未在合理期限或约定期限内交付货物即构成迟延交付；国际海上货物运输中，承运人只有在约定期限内未交付货物才构成迟延交付；而在铁路运输中，承运人未在合同约定或国家铁路主管部门规定的期限内交付货物才构成迟延交付。

（22）公路运输中货物发生灭失、毁损时，承、托双方首先应依据合同约定来确定损失；如没有约定或约定不明的，可通过补充约定或交易习惯来确定；仍无法确定的，则应依据交货或应当交货时目的地的市场价格来确定。

（23）用两种以上的不同运输方式运输货物，且其中一种方式为国际海上运输的：与托运人订立运输合同的承运人应对全程负责，而实际承运人仅对各自运输的区段负责；如能确定货损发生的运输区段，则依据调整该区段运输方式的法律法规来确定赔偿责任；如不能确定区段，则依据《中华人民共和国海商法》确定赔偿责任。

（24）水路运输（含国际海上运输）中，物流企业作为有船承运人可同时享有两种责任限制的权利：一种是单位责任限制，指对承运人不能免责的原因造成的货物灭失、损坏或迟延交付所造成的损失，承运人的赔偿责任可限制在一定数额内；另一种是海事赔偿责任限制，指在发生重大海损事故时，作为责任人的船舶所有人、经营人和承租人等，可将其赔偿责任限制在一定范围内；但物流企业作为无船承运人时仅享有单位责任限制，不享有海事赔偿责任限制。

（25）物流企业如以代理人身份从事国际海上货运代理业务时，未尽谨慎义务而与不具备资质的无船承运人签订海上货物运输合同并给委托人造成损失的，物流企业应承担相应的赔偿责任。

（26）物流企业以代理人身份从事国际海上货运代理业务时，必须举证证明自己的代理行为没有过错，否则物流企业应对委托人的损失承担责任。

（27）运输方式不同，货损索赔的诉讼时效也不尽相同：公路运输和航空运输为2年；水路运输（含国际海上运输）为1年，且在国际海上运输中，物流企业承担赔偿责任后再向实际承运人或其他责任方追偿的期限为90日。

（28）航空运输中，托运人应在法定期限内就货损或迟延交付向航空公司提出异议，一是货损：应在自收到货物之日起十四日内提出；二是迟延交付：应在自货物交付收货人处置之日起二十一日内提出。未在上述期限内提出异议的，托运人不能向航空公司提出索赔诉讼，除非能够证明航空公司存在欺诈行为；但如承运人不是航空公司，而是没有民用飞机的物流企业时，托运人的索赔权不受上述期限的限制。

（29）因铁路、公路、水上、航空运输和联合运输合同纠纷提起的诉讼，由运输始发地、目的地或者被告住所地人民法院管辖，且因铁路运输发生的纠纷受铁路运输法院管辖、因水路运输（含国际海上运输）和海上货运代理合同发生的纠纷受海事法院管辖。

（30）如运输合同中约定了有效仲裁条款的，承、托双方在协商不成时只能通过仲裁解决争议，不能诉至法院；如未约定有效仲裁条款的，承、托双方可以在运输合同约定诉讼管辖（即可约定选择被告住所地、合同履行地、合同签订地、原告住所地、标的物所在地等与争议有实际联系的地点的人民法院管辖），但不得违反级别管辖和专属管辖的要求（即第29项所列的铁路运输法院和海事法院的管辖范围）；如在运输单证的背面条款约定诉讼管辖或仲裁条款的，承运人应在签单时尽到提示义务，否则该等约定可能会认定为无效。

（资料来源：中国智能制造网https://wuliu.gkzhan.com/news/1766.html）

• 项目小结

本项目主要介绍了绿色物流、电子商务物流、冷链物流、快递物流、物流成本以及物流法规等相关概念及体系，通过具体案例，分析了绿色物流在物流过程中抑制物流对环境造成危害的同时，实现对物流环境的净化，使物流资源得到最充分利用的重要性和发展趋势，突出了电子商务物流是电子商务真正的经济价值实现不可或缺的重要组成部分，指出了冷链物流是随着科学技术的进步、制冷技术的发展而建立起来的，是以冷冻工艺学为基础、以制冷技术为手段的低温物流过程。同时，通过案例我们也可以看出快递物流行业作为物流业的重要组成部分，具有带动产业领域广、吸纳就业人数多、经济附加值高、技术特征显著等特点。它将信息传递、物品递送、资金流通和文化传播等多种功能融合在一起，关联生产、流通、消费、投资和金融等多个领域，是现代社会不可替代的基础产业。在竞争加剧的市场背景下，提出如何降低产品在实物运动过程中，如包装、装卸、运输、储存、流通加工等各个活动中所支出的人力、财力和物力的成本也是物流部门的传统课题，通过了解主要的物流法规进一步规范物流发展中的无序现象，从而为物流整个行业的发展提供一个良好的市场环境。

重点概念：绿色物流；电子商务物流；冷链物流；快递物流；物流成本；物流法规

• 知识巩固

一、不定项选择题

1. 绿色物流的最终目标是（　　）。

A. 经济效益　　B. 社会效益　　C. 企业利益　　D. 可持续性发展

2. 绿色物流的内涵包括（　　）。

A. 集约资源　　B. 绿色运输

C. 绿色仓储、绿色包装　　D. 废弃物物流

3. 电子商务物流的特点包括（　　）。

A. 信息化　　B. 自动化　　C. 网络化　　D. 公开化

4. 冷链物流的适用范围包括（　　）。

A. 初级农产品　　B. 加工食品　　C. 化工产品　　D 特殊商品

5. 物流成本的构成包括（　　）。

A. 运输、仓储成本　　B. 流通加工成本

C. 包装、装卸与搬运成本　　D. 物流管理成本

6. 物流法律制度的特征包括（　　）。

A. 广泛性　　B. 技术性　　C. 多样性　　D. 综合性

7. 快递物流行业关联生产、（　　）、消费、投资和金融等多个领域，是现代社会不可替代的基础产业。

A. 流通　　B. 生活　　C. 技术　　D. 社会

8. 物流企业宏观环境因素主要包括政治与法律、人口、经济、自然、科技和（　　）。

A. 气候　　B. 地理位置　　C. 民俗　　D. 社会文化

9. 现代物流信息的特点有多样性、动态性、双向流动性和（　　）。

A. 广域性　　B. 信息性　　C. 传递性　　D. 替代性

10. 从经营性质来看，快递属于（　　）的新兴服务贸易。

A. 信息传递　　B. 消费　　C. 投资　　D. 高附加值

二、判断题

1. 物流领域网络化的基础也是信息化，是电子商务下物流活动主要特征之一。（　　）

2. “绿色物流”里的绿色，是一个特定的形象用语，它泛指保护地球生态环境的活动、行为、计划、思想和观念在物流及其管理活动中的体现。（　　）

3. 物流成本管理要求物流围绕降低成本展开。（　　）

4. 物流企业违规储存、运输危险品并发生重大事故、造成严重后果的，相关直接负责人或行为人要受到行政处罚。（　　）

5. 废弃物物流是指在经济活动中失去原有价值的物品，根据实际需要对其进行搜集、分类、加工、包装、搬运、储存等，然后分送到专门处理场所后形成的物品流动活动。（　　）

三、简答题

1. 简述冷链物流的概念及适用范围。

2. 物流成本一般有哪些分类？

3. 主要的物流法规包括哪些？

4. 物流信息化的表现包括哪些具体内容？

5. 简述快递物流的特征及作用。

课后习题答案

拓展阅读

**这座城营商环境优渥，
政策大力扶持企业物流发展**

• 技能实训

我与物流有个约会

一、实训目标

通过组织学生分组进行物流热点问题的实地调研活动，完成对绿色物流、电子商务物流、冷链物流、快递物流、物流成本、物流法规等物流热点课题的认知实践，帮助学生拓展理解物流个领域的主要内容和功能，加深学生对社会物流活动的直观理解，从而培养和提升学生学习物流的兴趣的同时，为学习物流打下夯实的基础。

二、实训步骤

1. 按照本项目内容分组形成绿色物流、电子商务物流、冷链物流、快递物流、物流成本、物流法规的实地调研活动小组。
2. 形成调研计划。
3. 确定组织分工。
4. 进行实地调研。
5. 形成实训报告并进行汇报。

三、实训要求

1. 了解本次实训的目的。
2. 学生在参观过程中应做好记录。
3. 形成实训报告。
4. 进行实训汇报。
5. 实施实训考评。

四、实训报告

实训报告

班级		姓名		时间	
实训目的					
实训步骤					
实训内容					
我的做法					
我的结论					
我的想法					